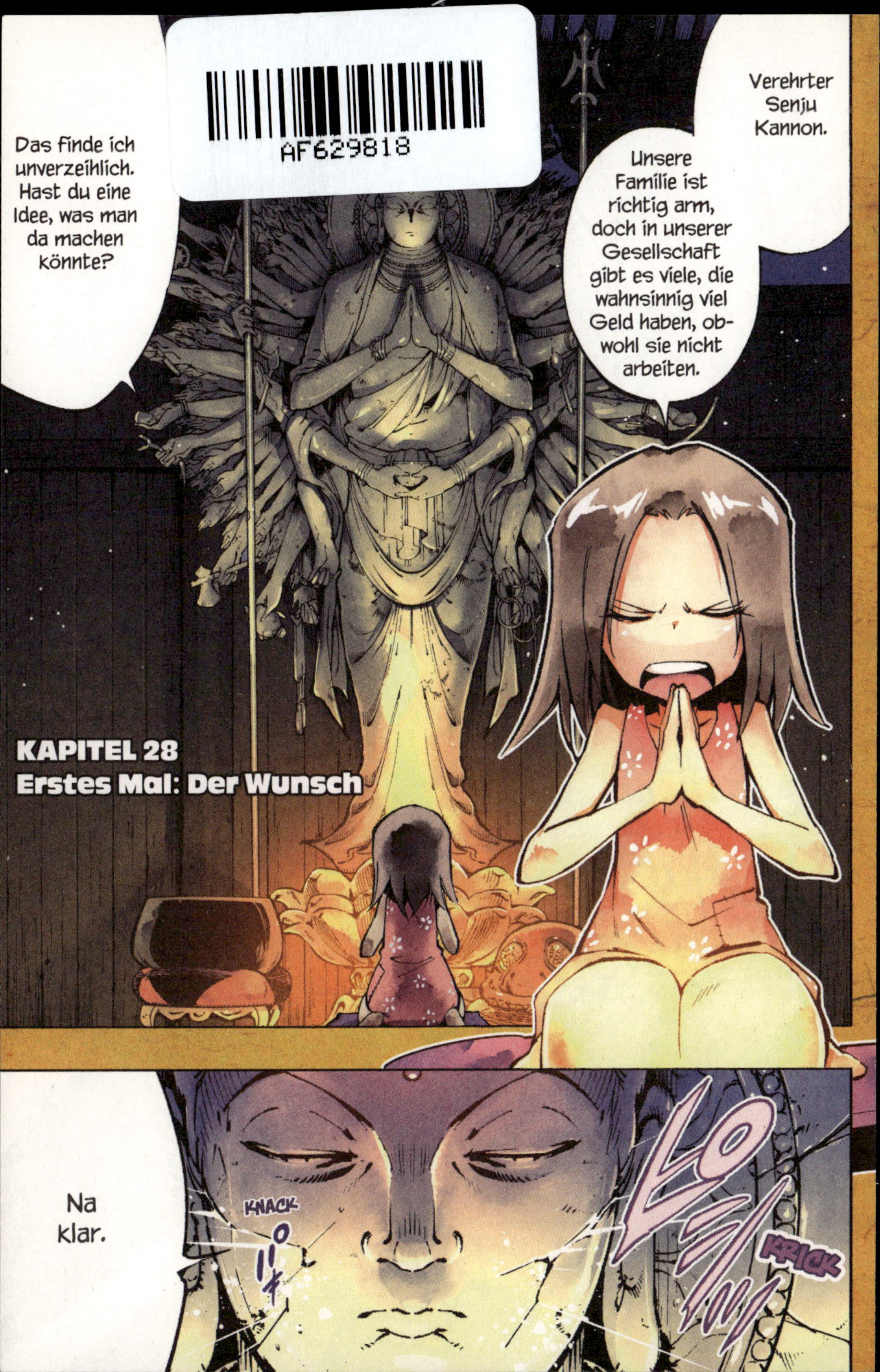
Verehrter Senju Kannon.
Unsere Familie ist richtig arm, doch in unserer Gesellschaft gibt es viele, die wahnsinnig viel Geld haben, obwohl sie nicht arbeiten.
Das finde ich unverzeihlich. Hast du eine Idee, was man da machen könnte?
KAPITEL 28
Erstes Mal: Der Wunsch
KRICK
KNACK
Na klar.

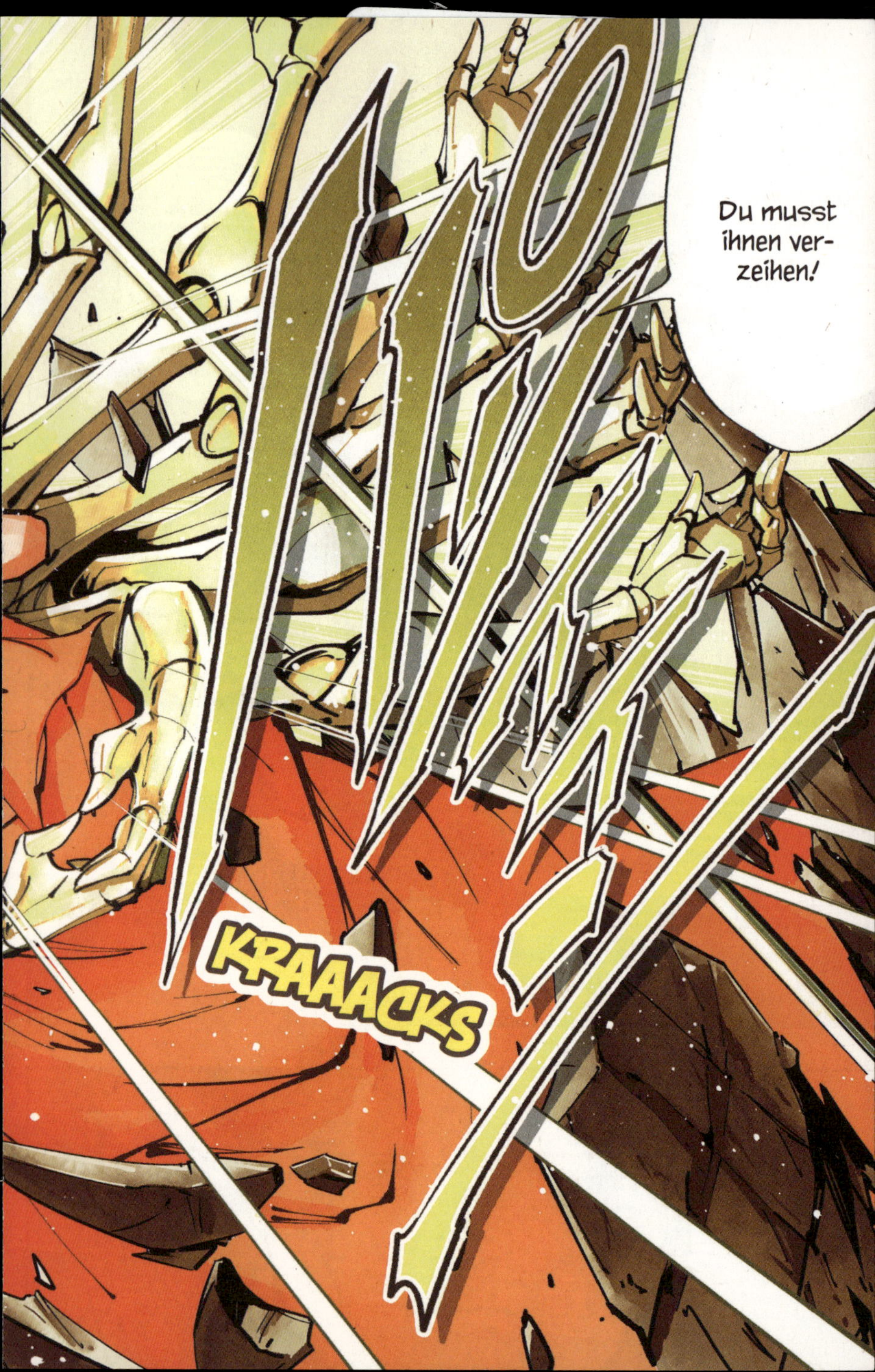
Du musst ihnen verzeihen!
KRAAACKS

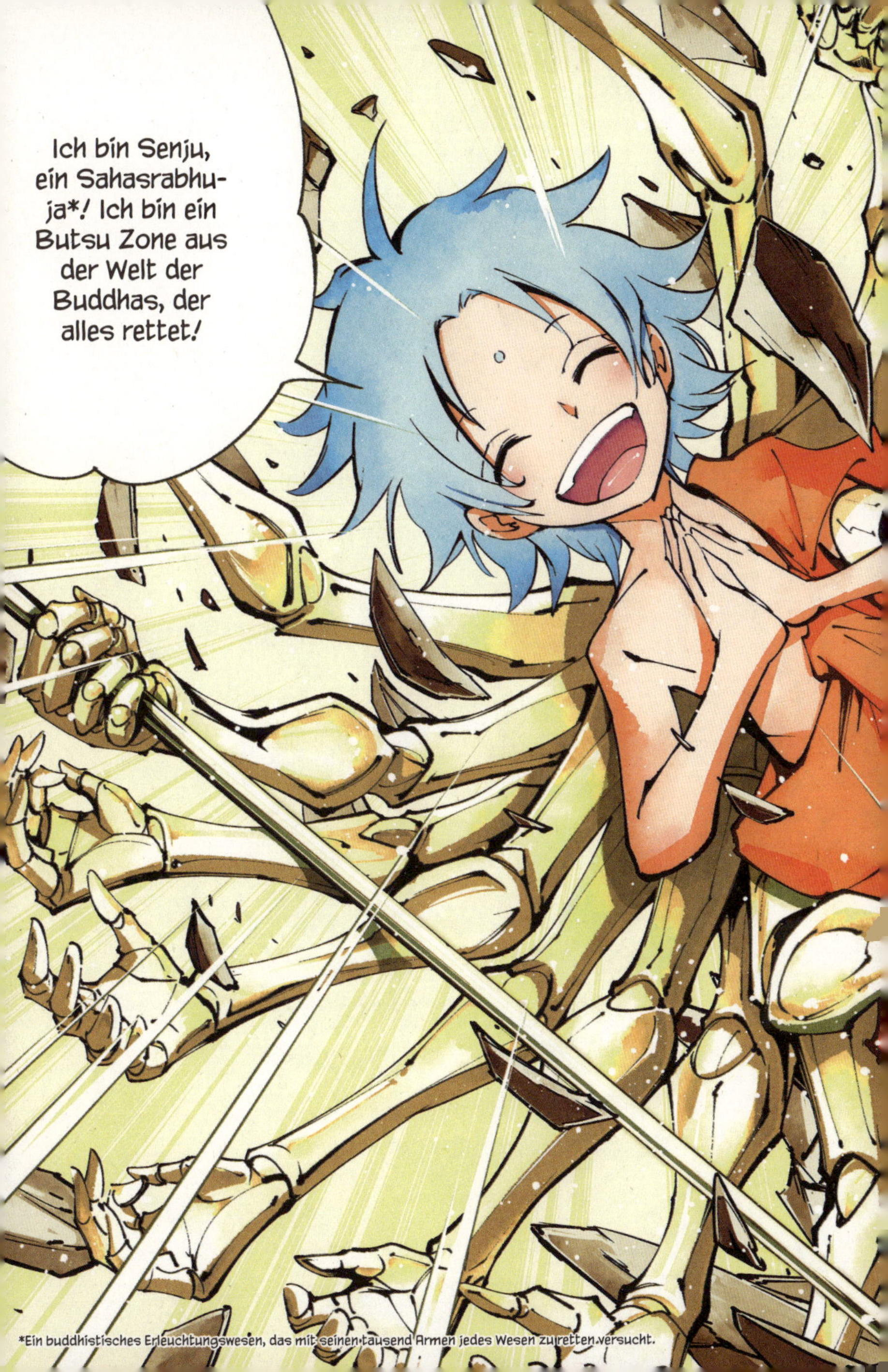

*Ein buddhistisches Erleuchtungswesen, das mit seinen tausend Armen jedes Wesen zu retten versucht.

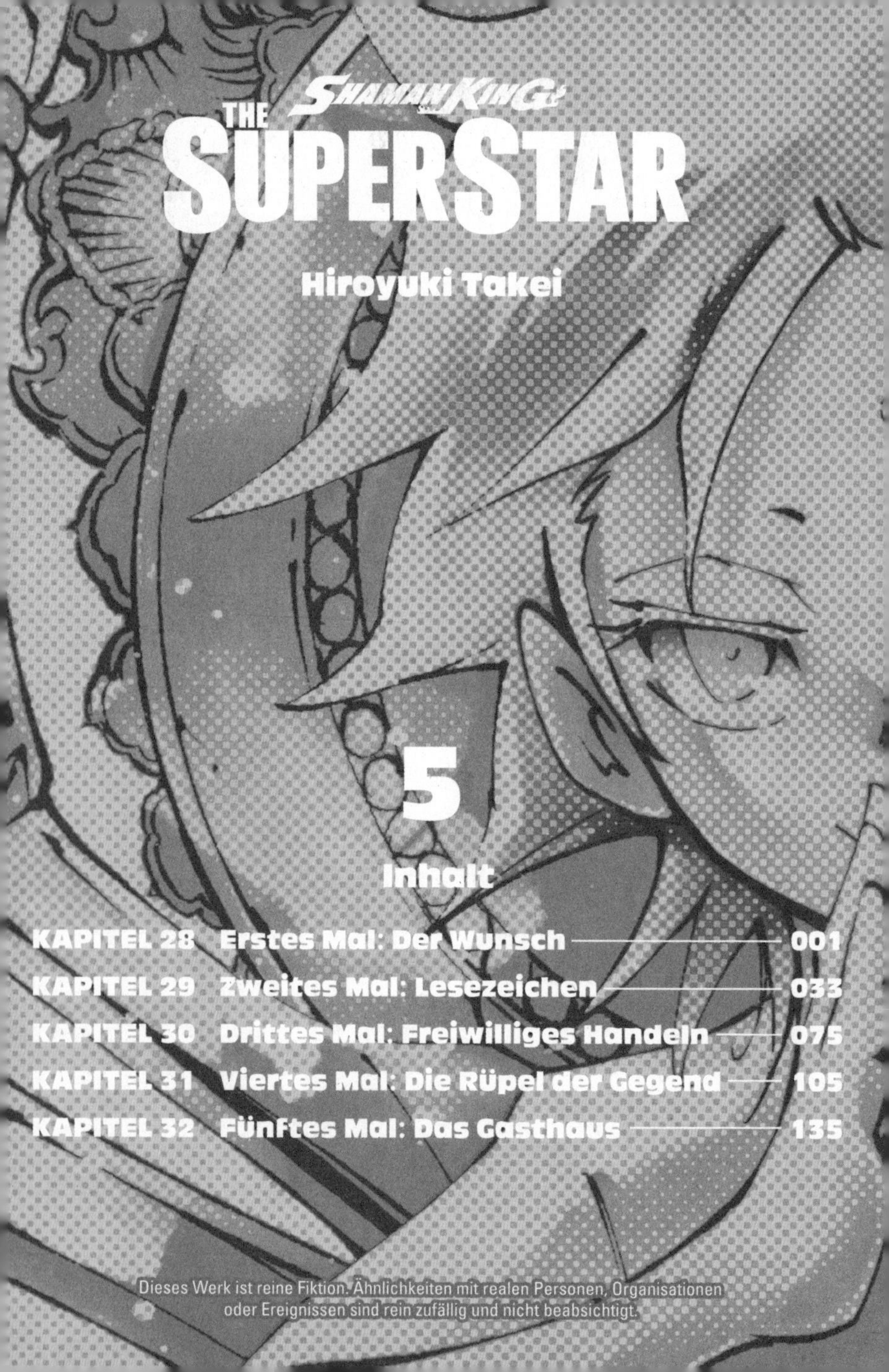

Shaman King

The SuperStar

Hiroyuki Takei

5

Inhalt

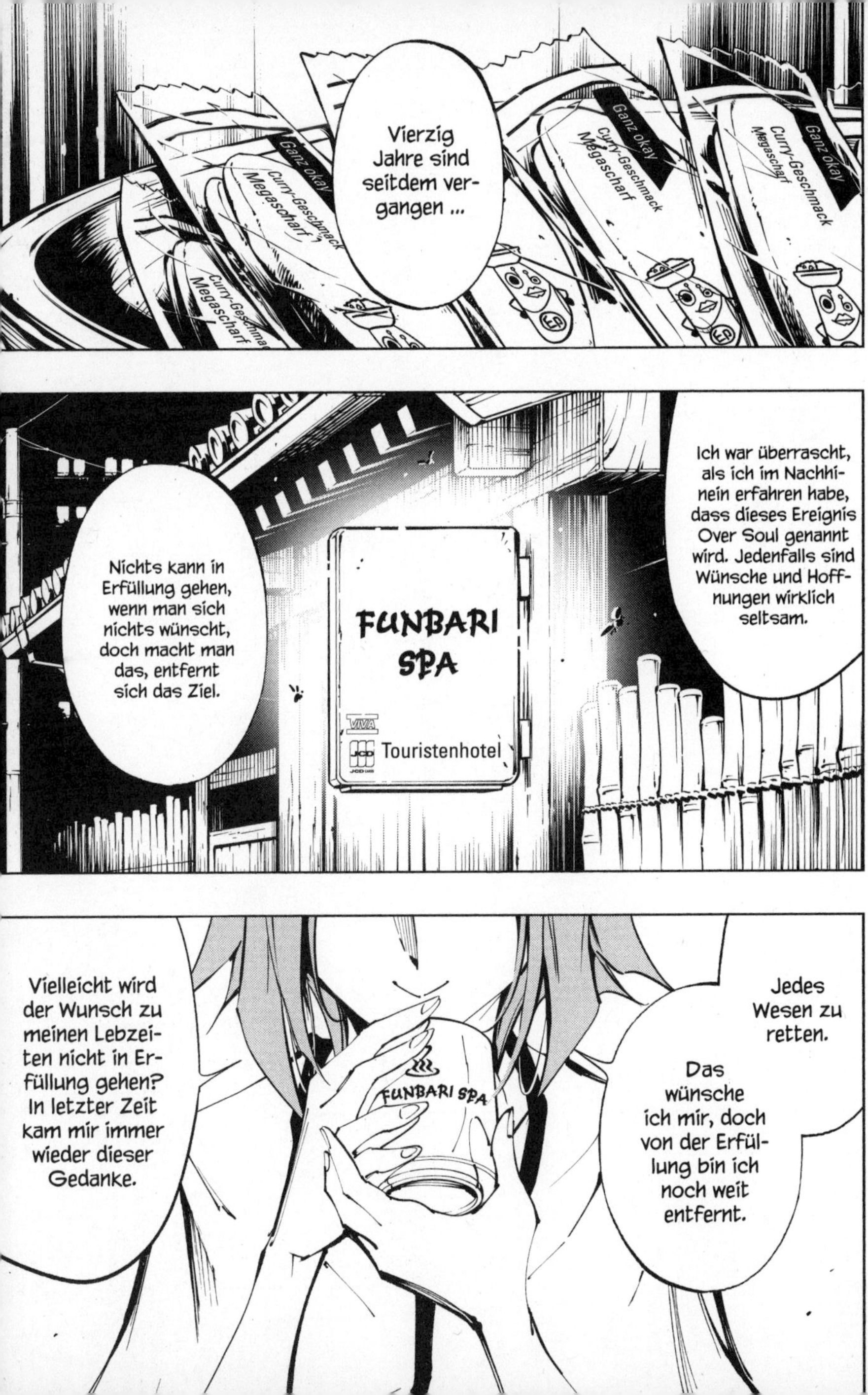
Ganz okay
Curry-Geschmack
Megascharf
Vierzig Jahre sind seitdem vergangen ...
Ich war überrascht, als ich im Nachhinein erfahren habe, dass dieses Ereignis Over Soul genannt wird. Jedenfalls sind Wünsche und Hoffnungen wirklich seltsam.
FUNBARI SPA
Touristenhotel
Nichts kann in Erfüllung gehen, wenn man sich nichts wünscht, doch macht man das, entfernt sich das Ziel.
Jedes Wesen zu retten.
Das wünsche ich mir, doch von der Erfüllung bin ich noch weit entfernt.
FUNBARI SPA
Vielleicht wird der Wunsch zu meinen Lebzeiten nicht in Erfüllung gehen? In letzter Zeit kam mir immer wieder dieser Gedanke.

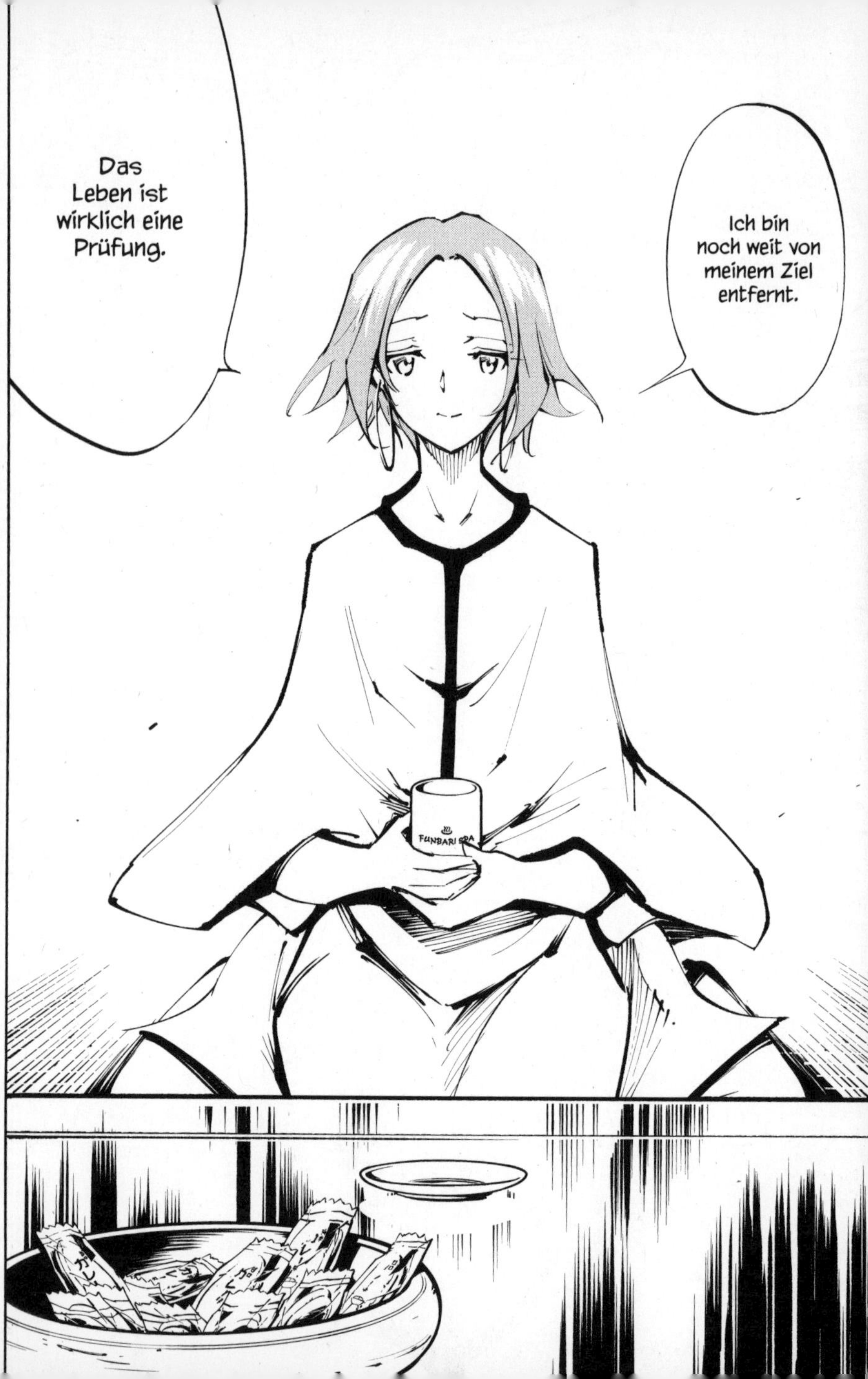
Ich bin noch weit von meinem Ziel entfernt.
Das Leben ist wirklich eine Prüfung.
FUNBARI SPA

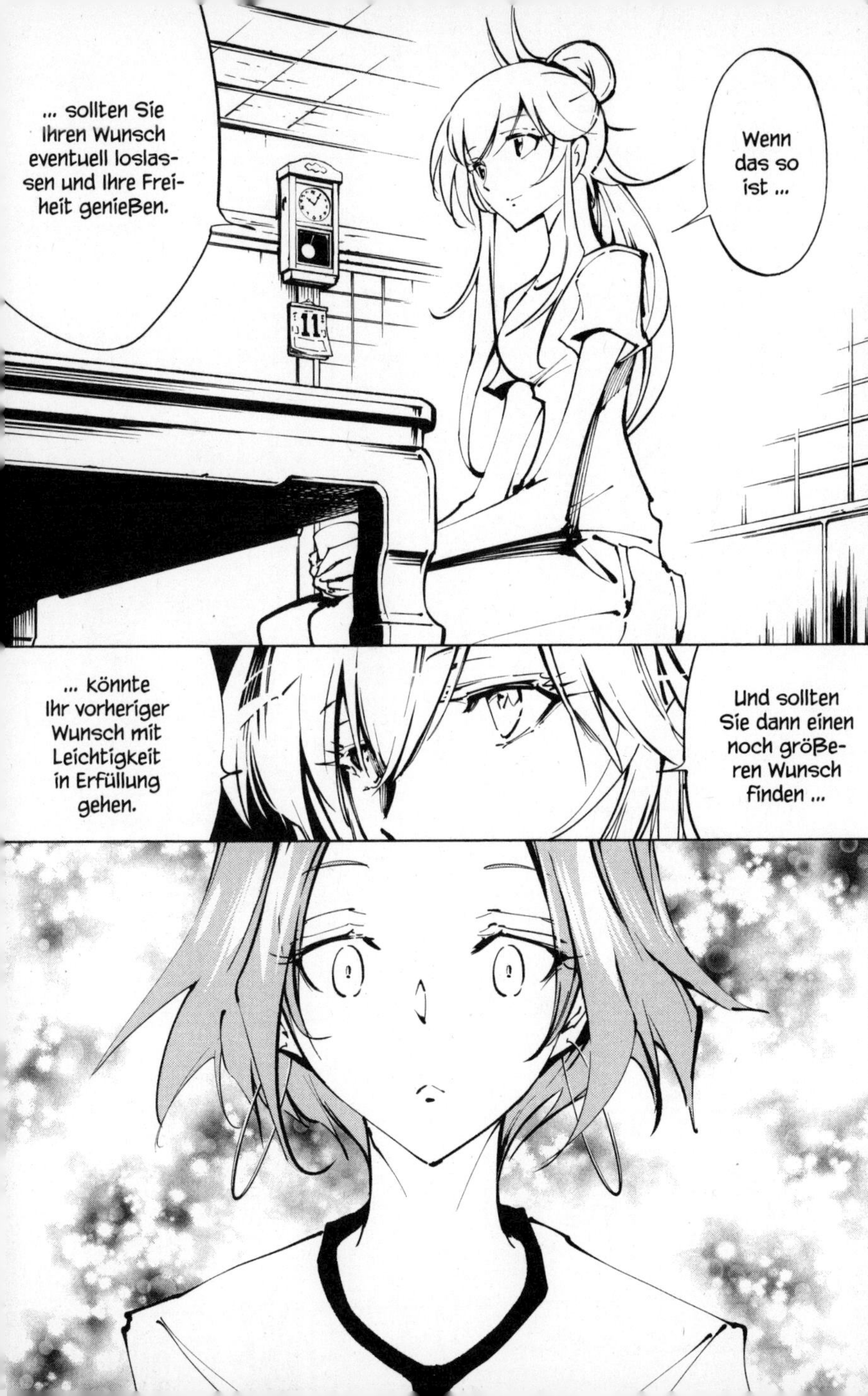
Wenn das so ist ...
... sollten Sie Ihren Wunsch eventuell loslassen und Ihre Freiheit genießen.
Und sollten Sie dann einen noch größeren Wunsch finden ...
... könnte Ihr vorheriger Wunsch mit Leichtigkeit in Erfüllung gehen.

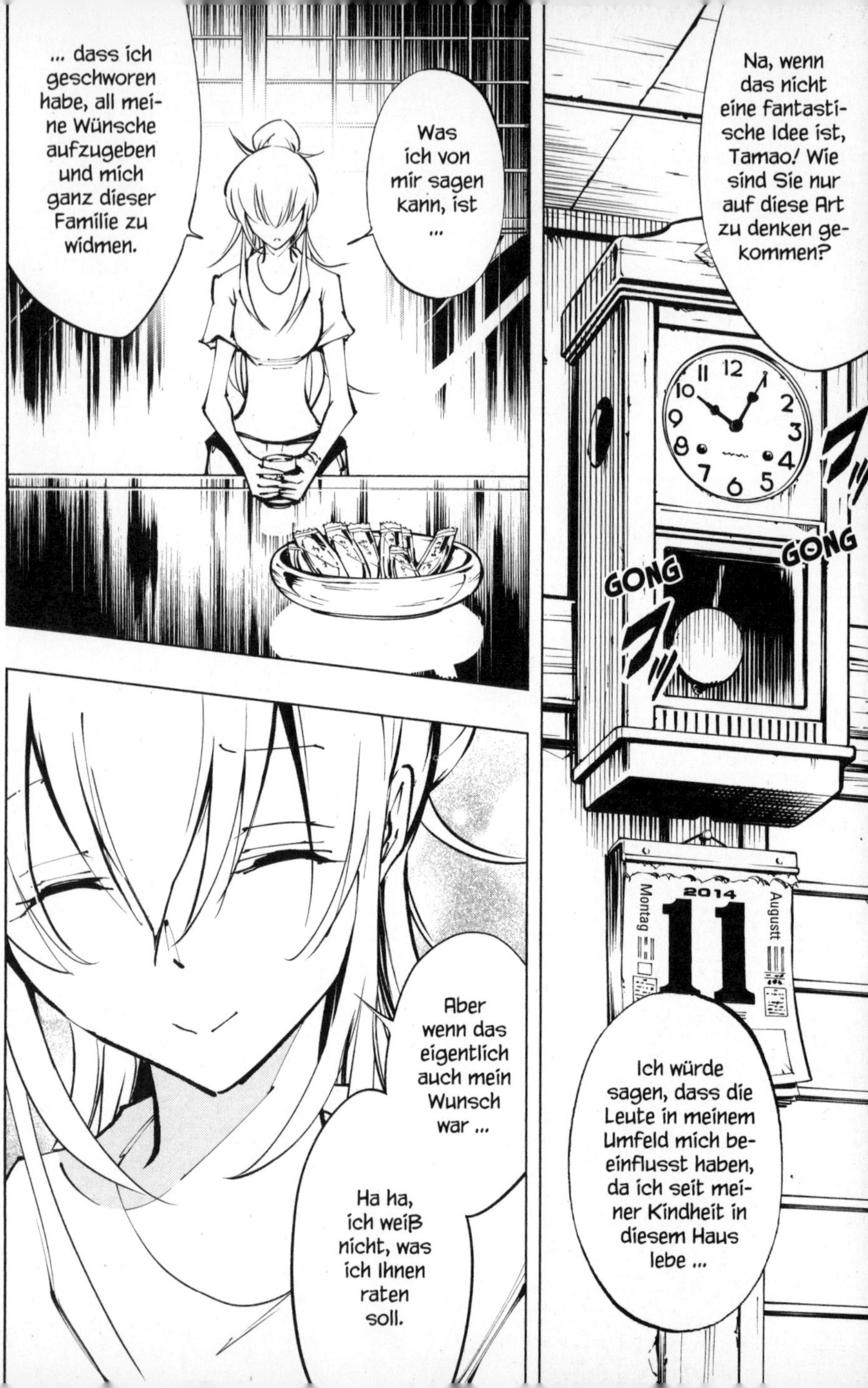

Na, wenn das nicht eine fantastische Idee ist, Tamao! Wie sind Sie nur auf diese Art zu denken gekommen?
GONG
GONG
2014
Montag
11
Augustt
Ich würde sagen, dass die Leute in meinem Umfeld mich beeinflusst haben, da ich seit meiner Kindheit in diesem Haus lebe ...
Was ich von mir sagen kann, ist ...
... dass ich geschworen habe, all meine Wünsche aufzugeben und mich ganz dieser Familie zu widmen.
Aber wenn das eigentlich auch mein Wunsch war ...
Ha ha, ich weiß nicht, was ich Ihnen raten soll.

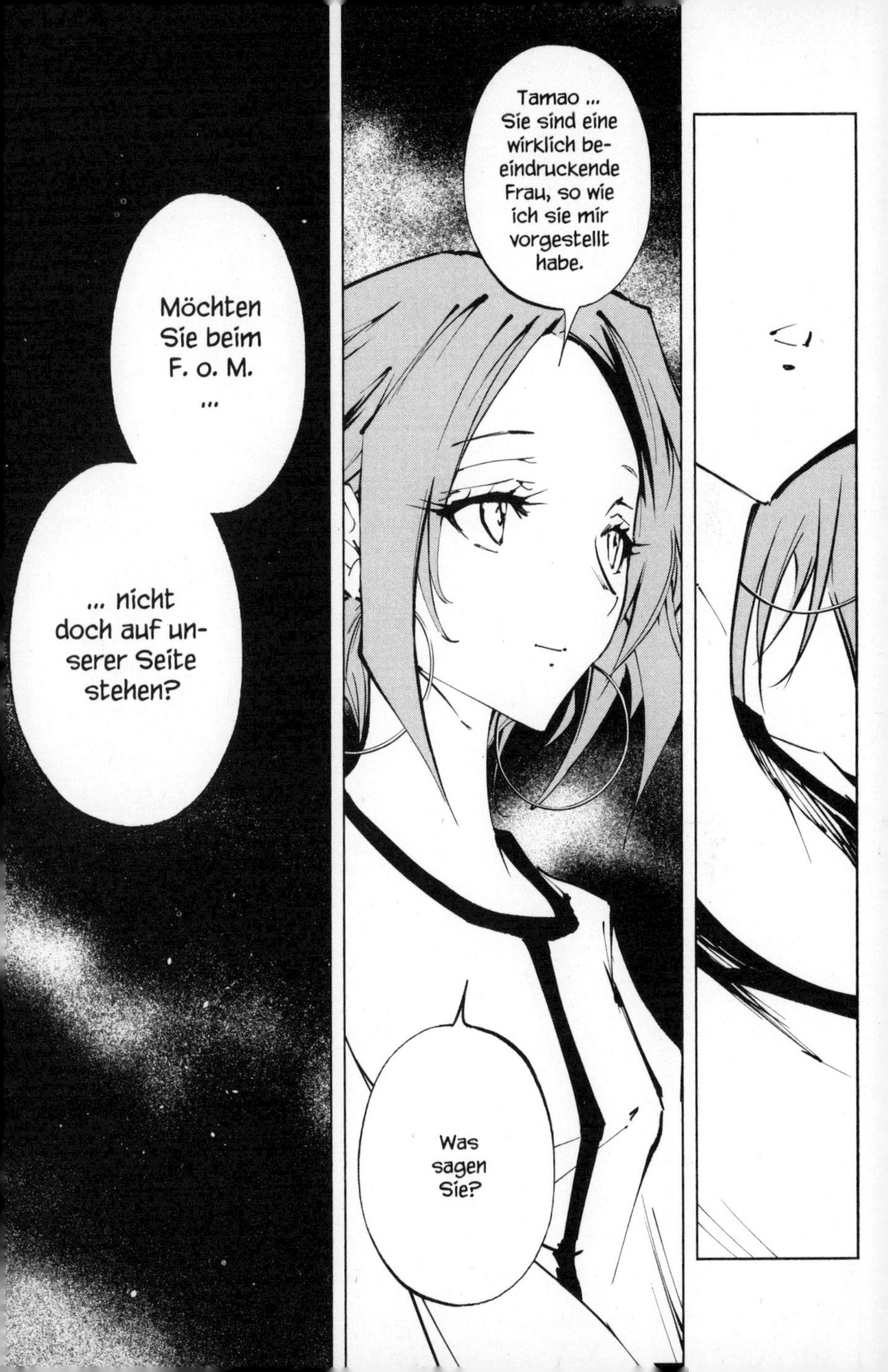
Tamao ... Sie sind eine wirklich be-eindruckende Frau, so wie ich sie mir vorgestellt habe.
Was sagen Sie?
Möchten Sie beim F. o. M. ...
... nicht doch auf un-serer Seite stehen?

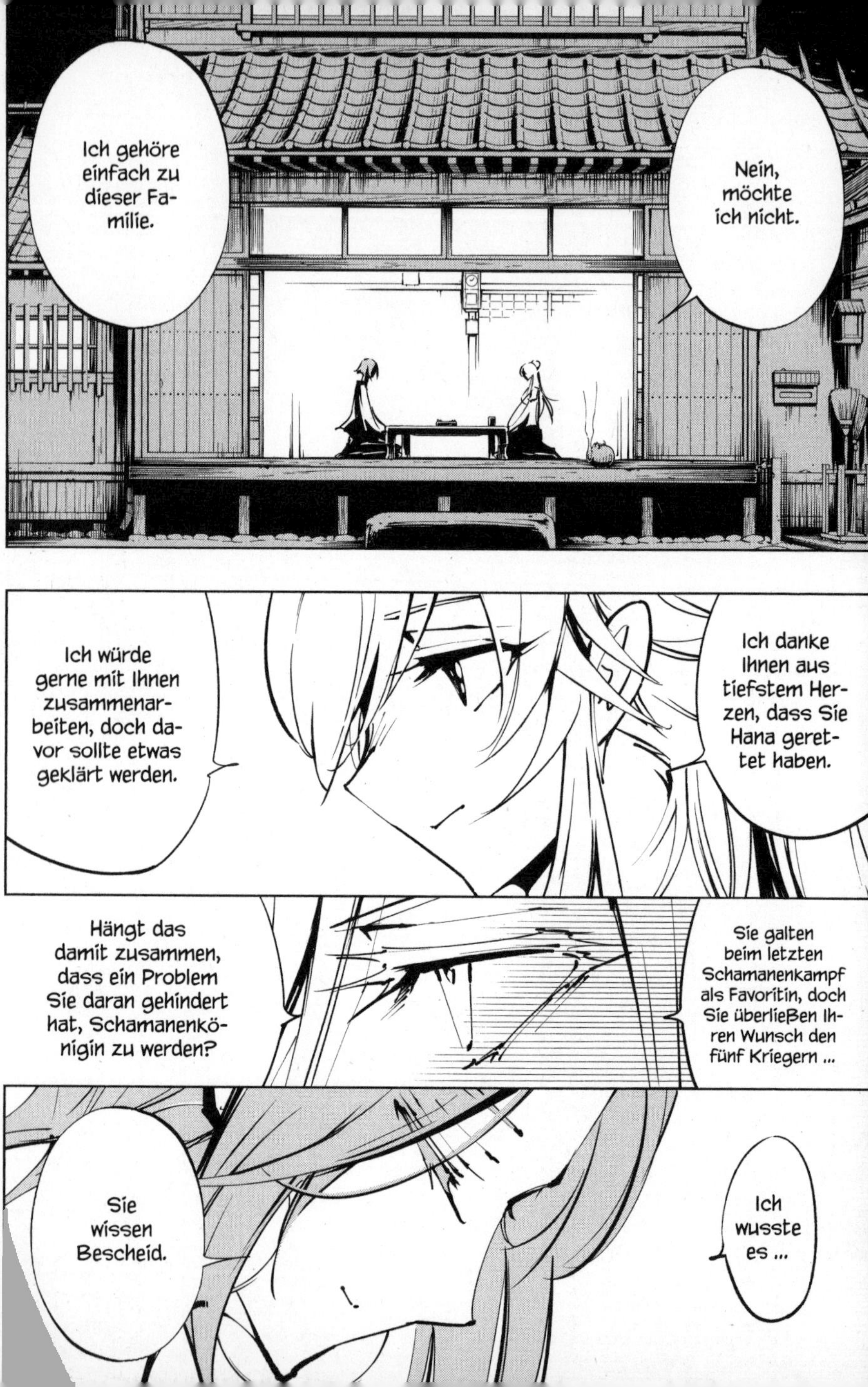
Nein, möchte ich nicht.
Ich gehöre einfach zu dieser Familie.
Ich danke Ihnen aus tiefstem Herzen, dass Sie Hana gerettet haben.
Ich würde gerne mit Ihnen zusammenarbeiten, doch davor sollte etwas geklärt werden.
Sie galten beim letzten Schamanenkampf als Favoritin, doch Sie überließen Ihren Wunsch den fünf Kriegern ...
Hängt das damit zusammen, dass ein Problem Sie daran gehindert hat, Schamanenkönigin zu werden?
Ich wusste es ...
Sie wissen Bescheid.

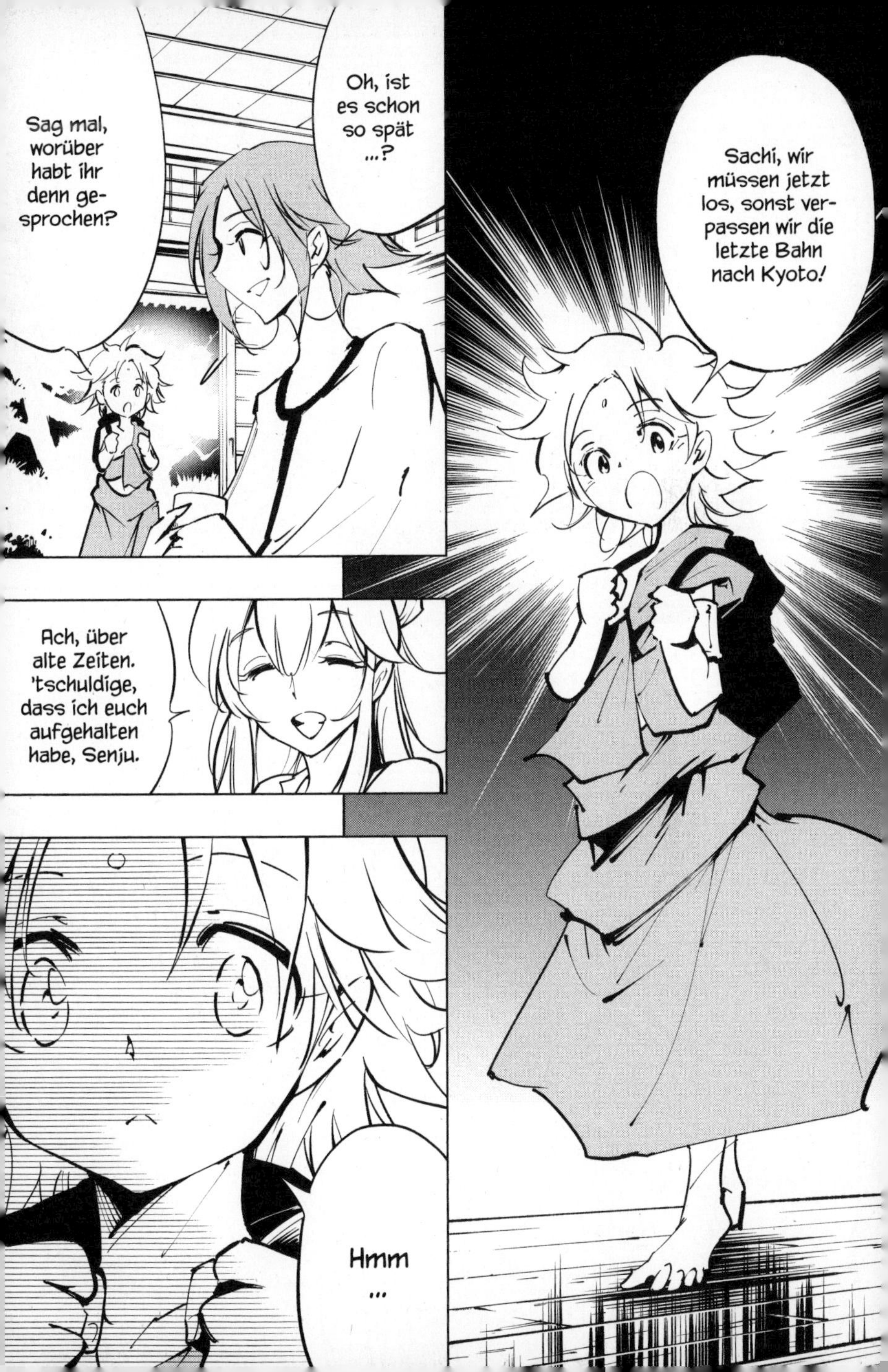
Sachi, wir müssen jetzt los, sonst verpassen wir die letzte Bahn nach Kyoto!
Oh, ist es schon so spät ...?
Sag mal, worüber habt ihr denn gesprochen?
Ach, über alte Zeiten. 'tschuldige, dass ich euch aufgehalten habe, Senju.
Hmm ...

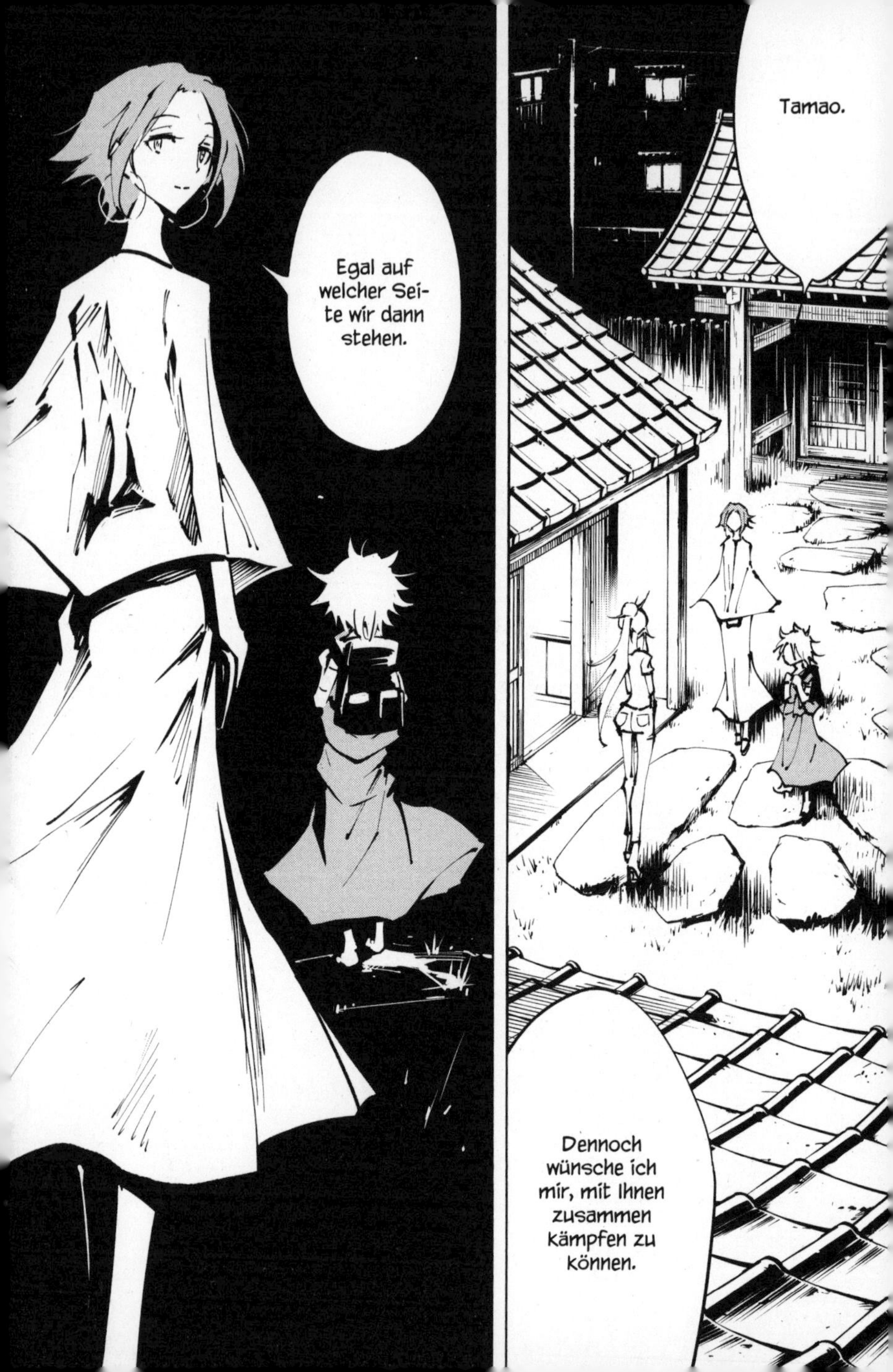
Tamao.
Dennoch wünsche ich mir, mit Ihnen zusammen kämpfen zu können.
Egal auf welcher Sei-te wir dann stehen.

SHAMAN KING THE SUPER STAR #028

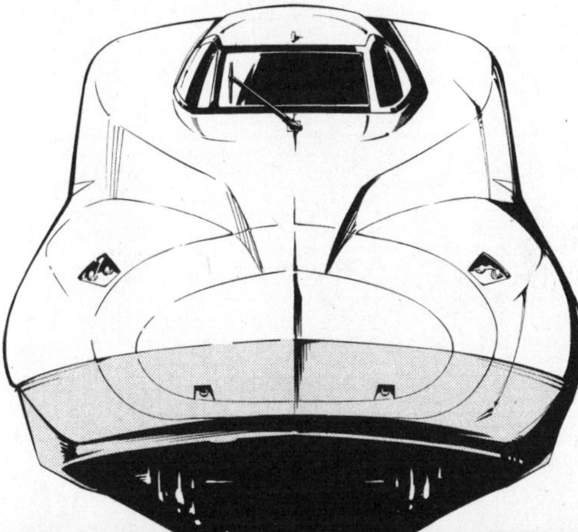

DAIBUTSU ZONE

Erstes Mal: Der Wunsch

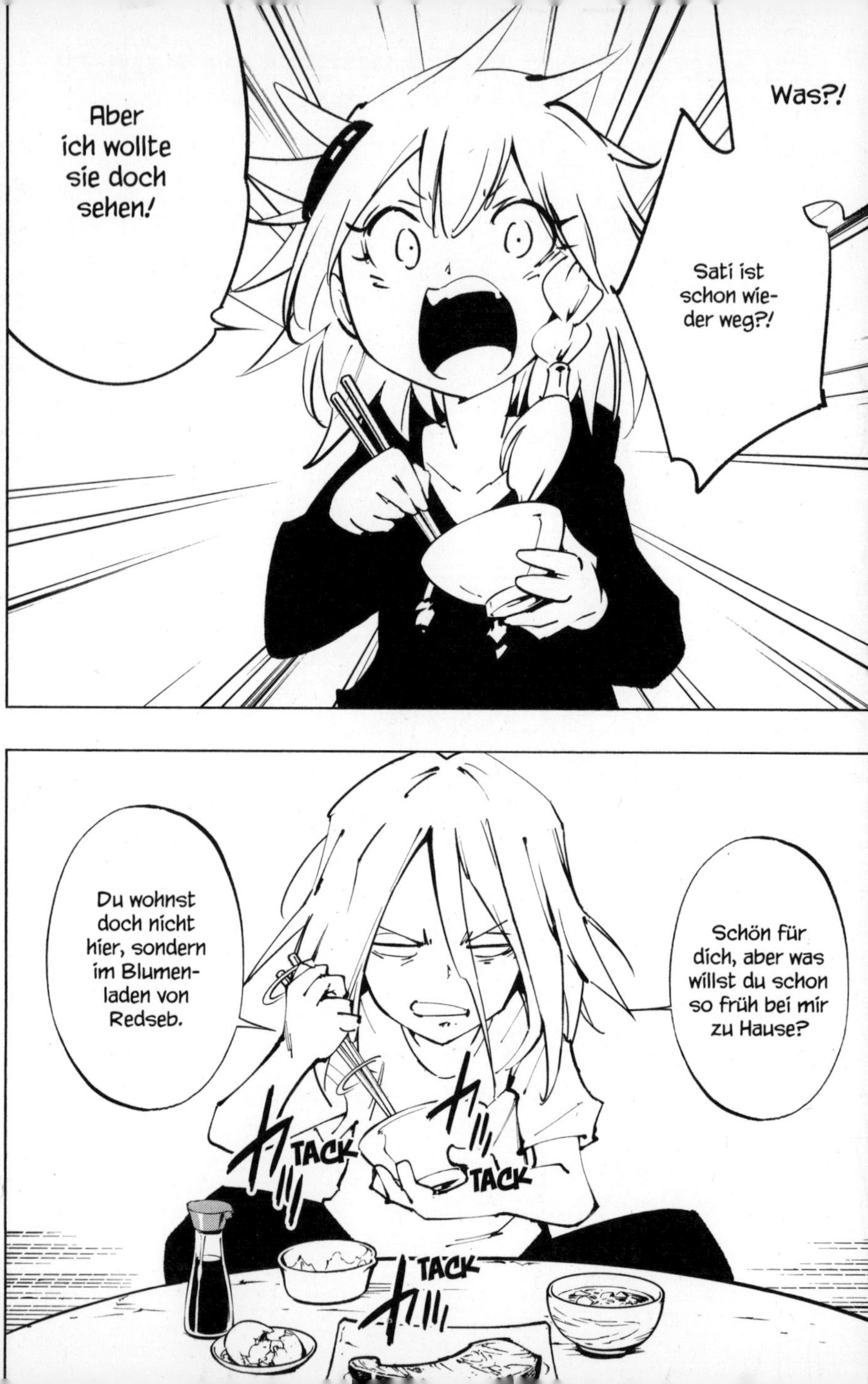
Was?!
Sati ist schon wieder weg?!
Aber ich wollte sie doch sehen!
Schön für dich, aber was willst du schon so früh bei mir zu Hause?
Du wohnst doch nicht hier, sondern im Blumenladen von Redseb.
TACK
TACK
TACK

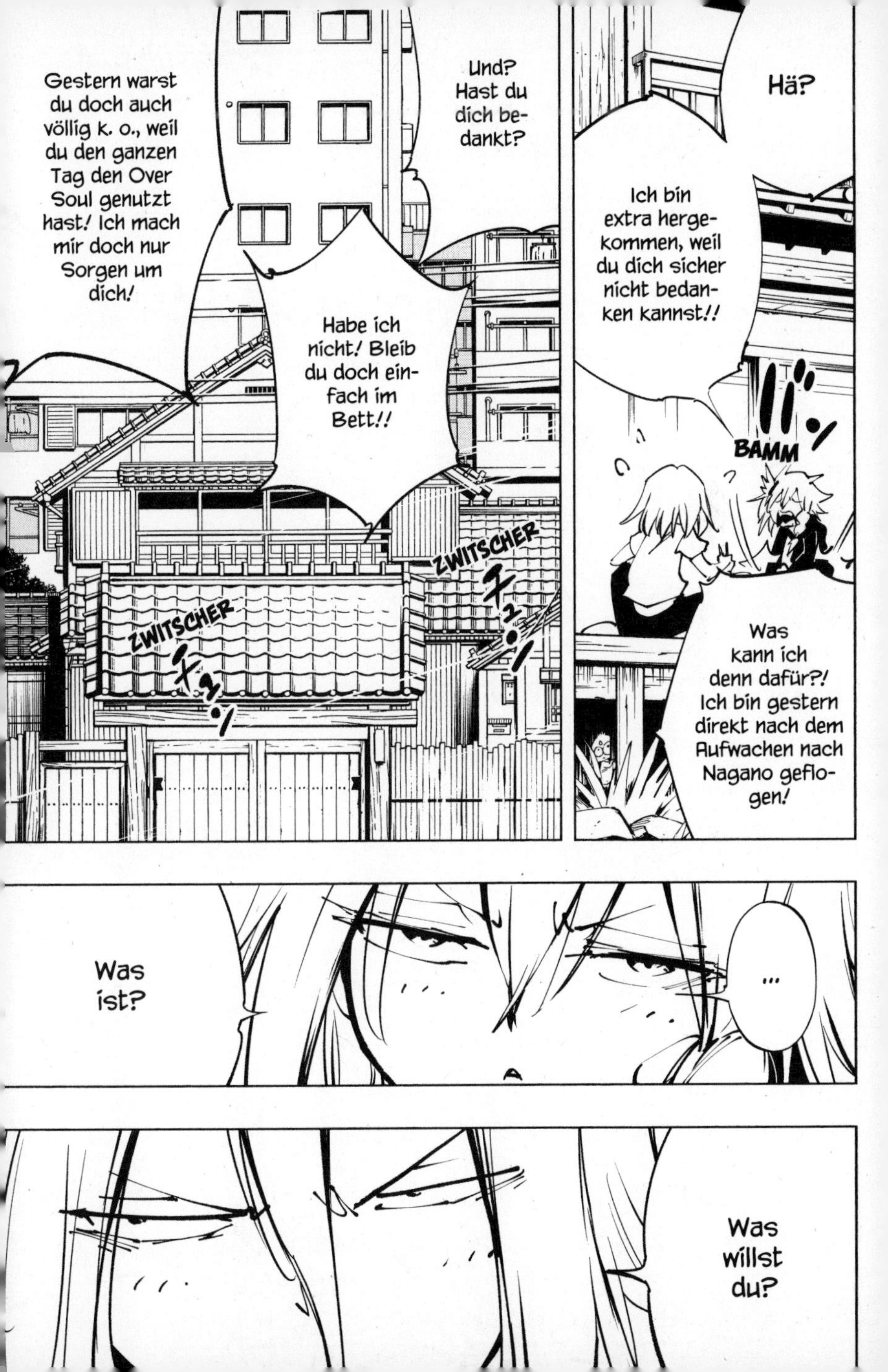
Und? Hast du dich be-dankt?
Hä?
Ich bin extra herge-kommen, weil du dich sicher nicht bedan-ken kannst!!
BAMM
Was kann ich denn dafür?! Ich bin gestern direkt nach dem Aufwachen nach Nagano geflo-gen!
Gestern warst du doch auch völlig k. o., weil du den ganzen Tag den Over Soul genutzt hast! Ich mach mir doch nur Sorgen um dich!
Habe ich nicht! Bleib du doch ein-fach im Bett!!
ZWITSCHER
ZWITSCHER
...
Was ist?
Was willst du?

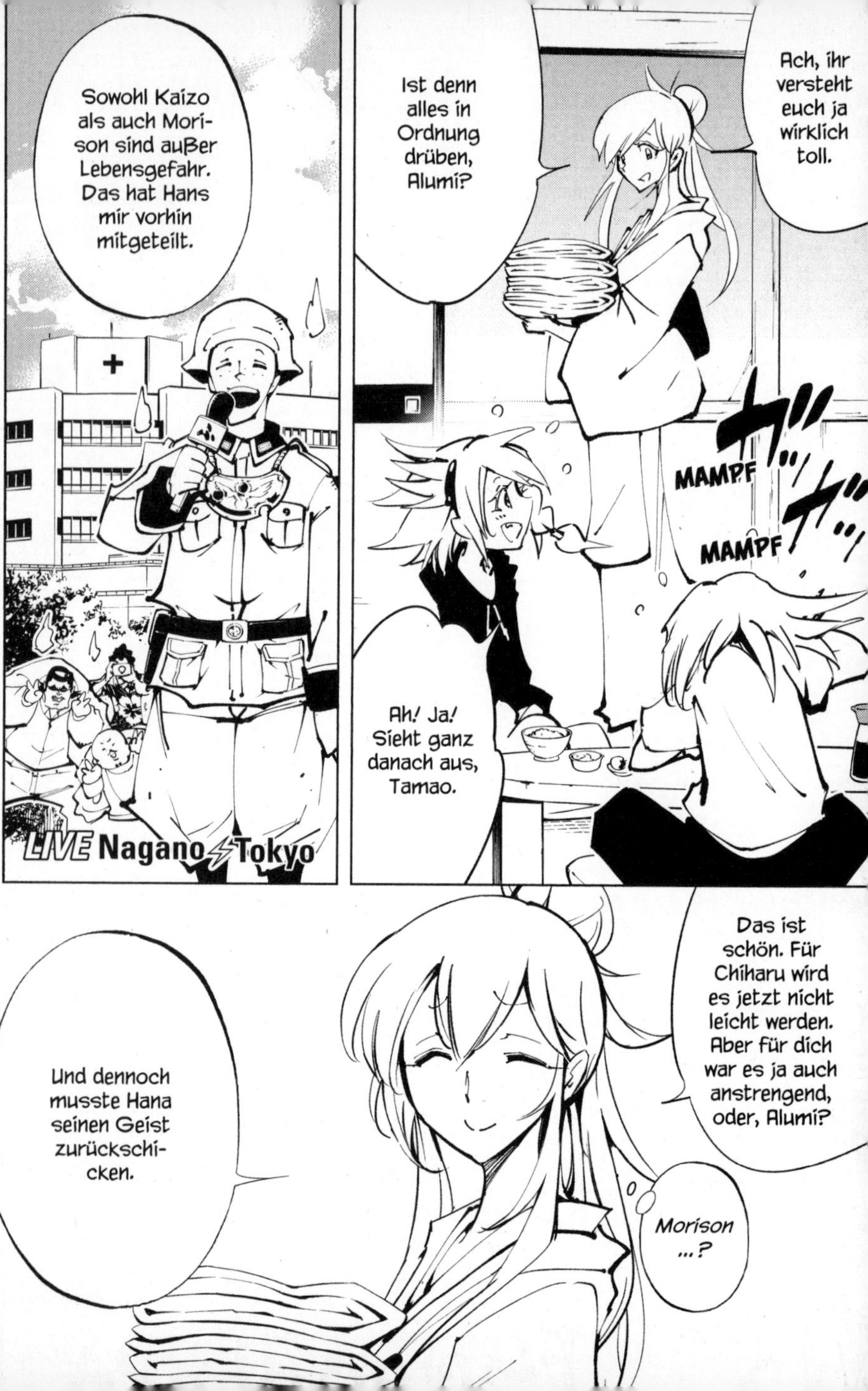
Ach, ihr versteht euch ja wirklich toll.
Ist denn alles in Ordnung drüben, Alumi?
MAMPF
MAMPF
Ah! Ja! Sieht ganz danach aus, Tamao.
Sowohl Kaizo als auch Mori-son sind außer Lebensgefahr. Das hat Hans mir vorhin mitgeteilt.
LIVE Nagano Tokyo
Das ist schön. Für Chiharu wird es jetzt nicht leicht werden. Aber für dich war es ja auch anstrengend, oder, Alumi?
Morison ...?
Und dennoch musste Hana seinen Geist zurückschi-cken.

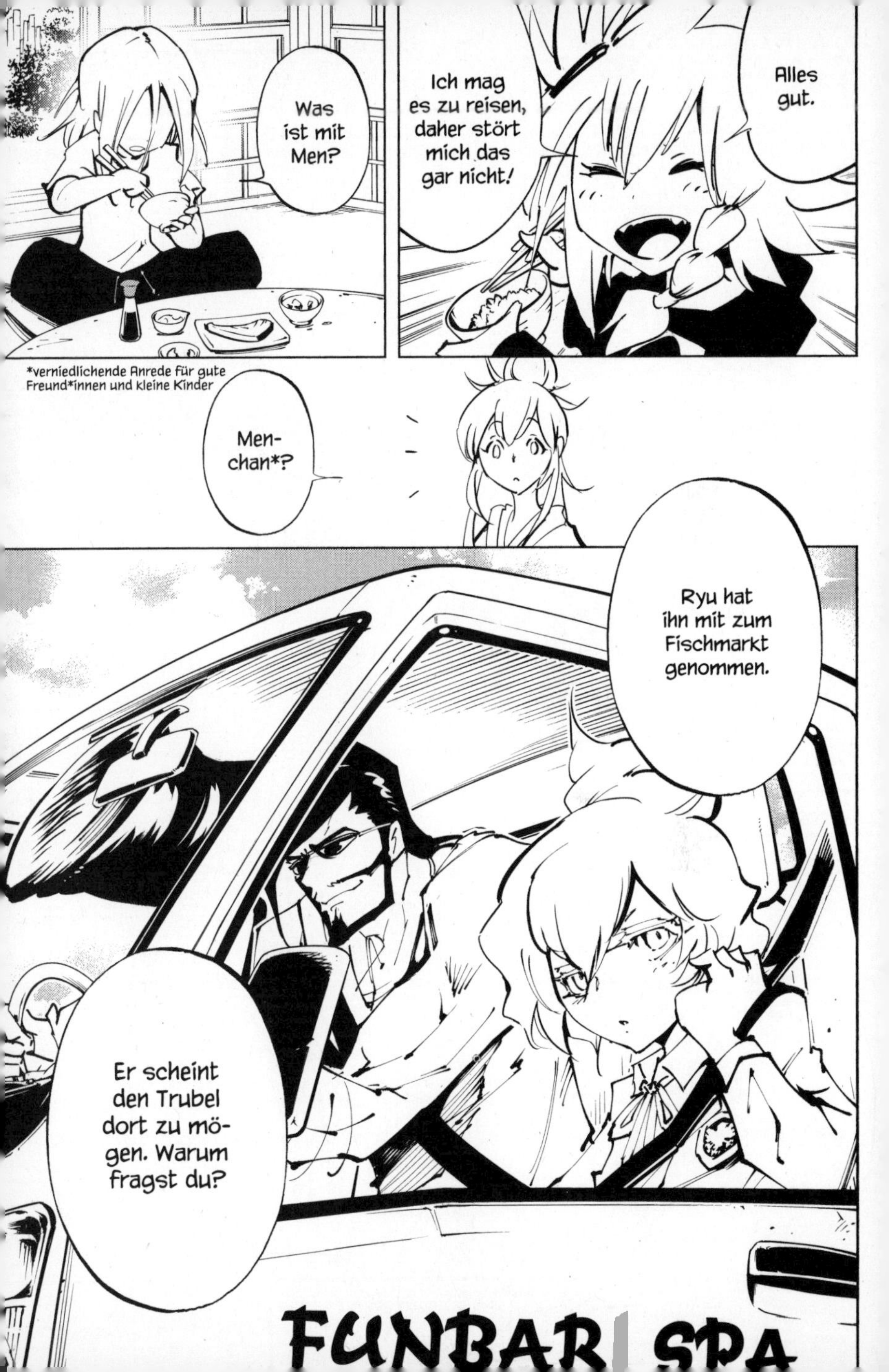
Alles gut.
Ich mag es zu reisen, daher stört mich das gar nicht!
Was ist mit Men?
Men-chan*?
*verniedlichende Anrede für gute Freund*innen und kleine Kinder
Ryu hat ihn mit zum Fischmarkt genommen.
Er scheint den Trubel dort zu mö-gen. Warum fragst du?
FUNBAR SPA

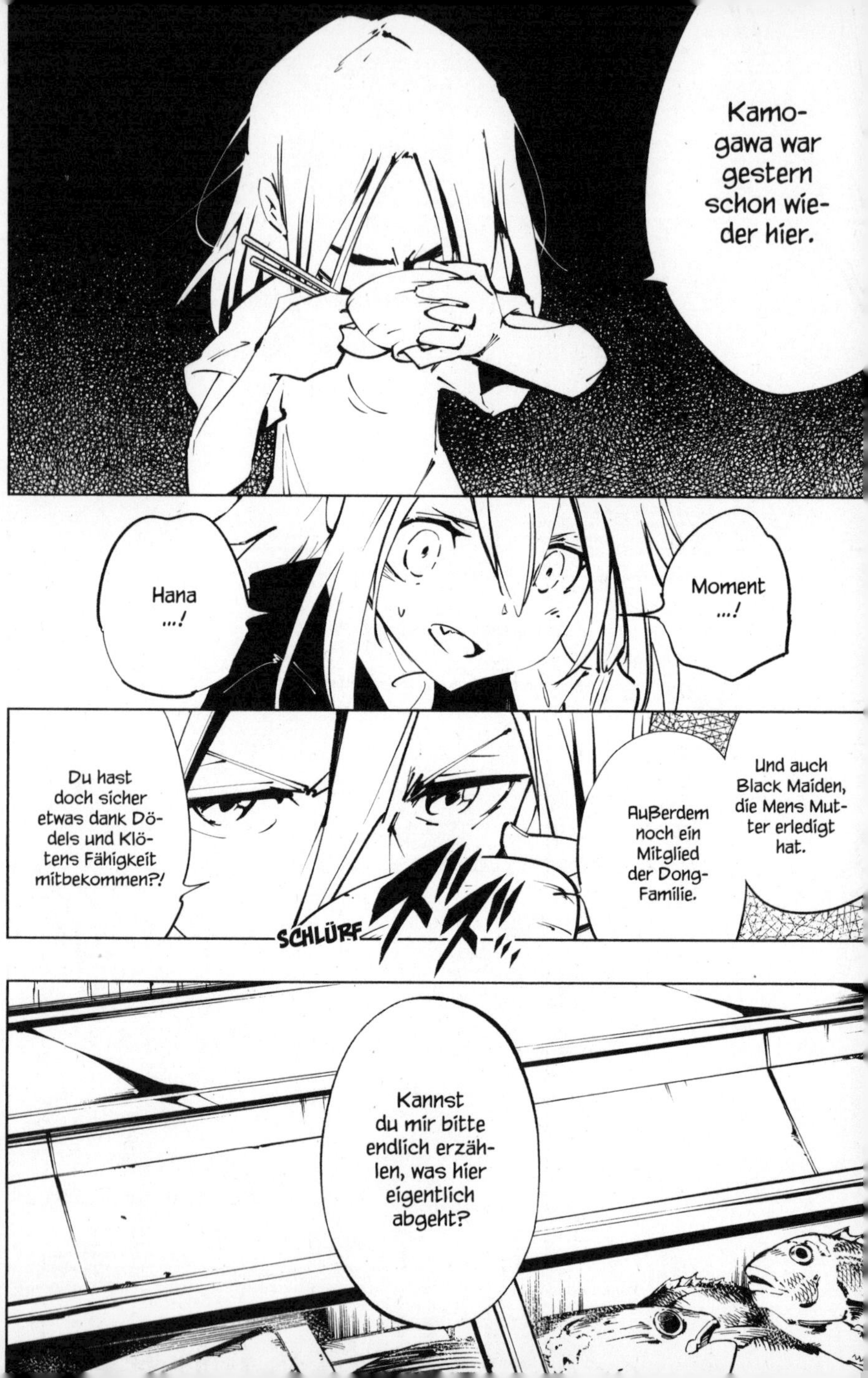
Kamo-gawa war gestern schon wie-der hier.
Moment ...!
Hana ...!
Und auch Black Maiden, die Mens Mut-ter erledigt hat.
Außerdem noch ein Mitglied der Dong-Familie.
Du hast doch sicher etwas dank Dö-dels und Klö-tens Fähigkeit mitbekommen?!
SCHLÜRF
Kannst du mir bitte endlich erzäh-len, was hier eigentlich abgeht?

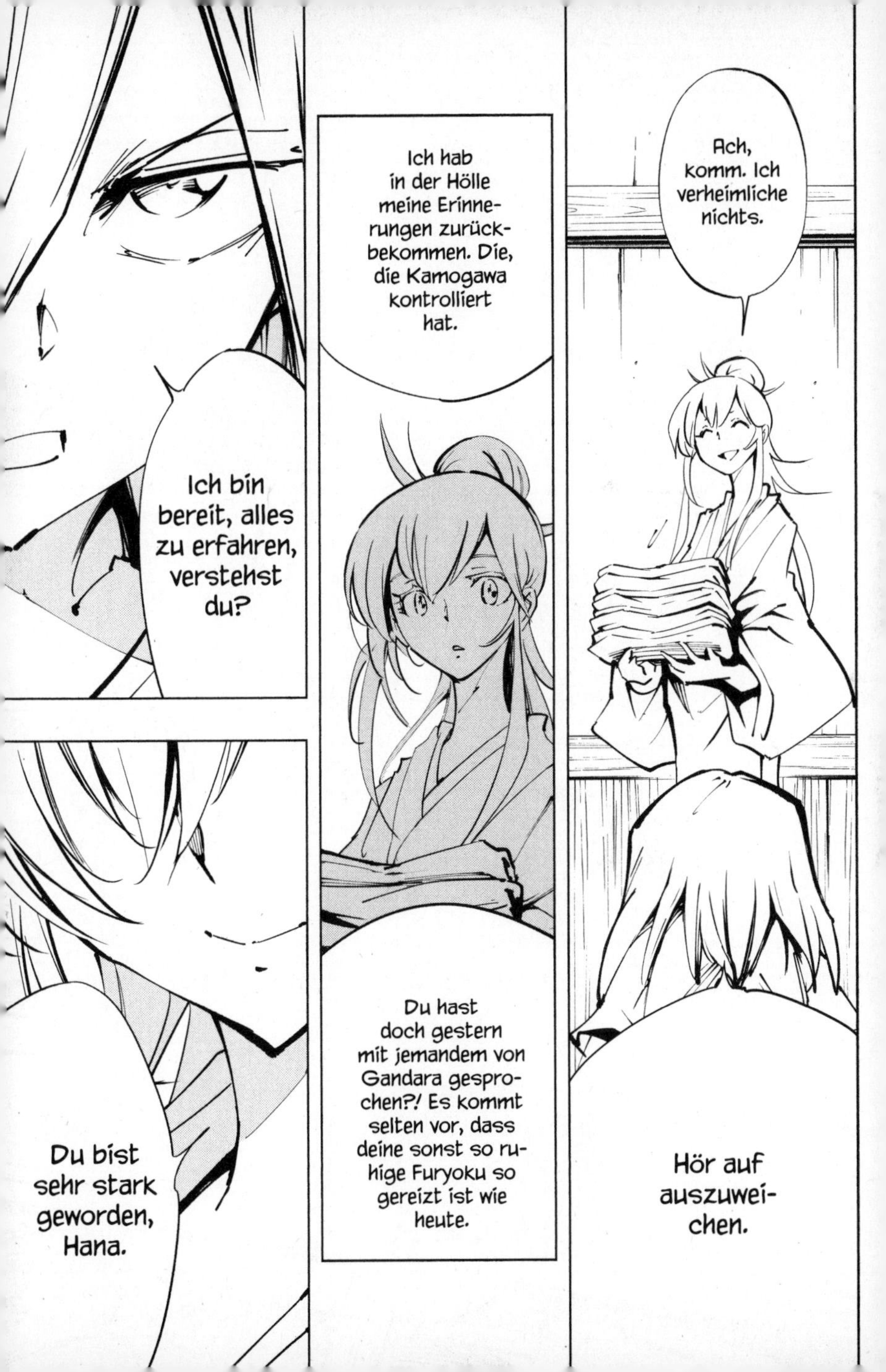
Ach, komm. Ich verheimliche nichts.
Hör auf auszuwei- chen.
Ich hab in der Hölle meine Erinne- rungen zurück- bekommen. Die, die Kamogawa kontrolliert hat.
Du hast doch gestern mit jemandem von Gandara gespro- chen?! Es kommt selten vor, dass deine sonst so ru- hige Furyoku so gereizt ist wie heute.
Ich bin bereit, alles zu erfahren, verstehst du?
Du bist sehr stark geworden, Hana.

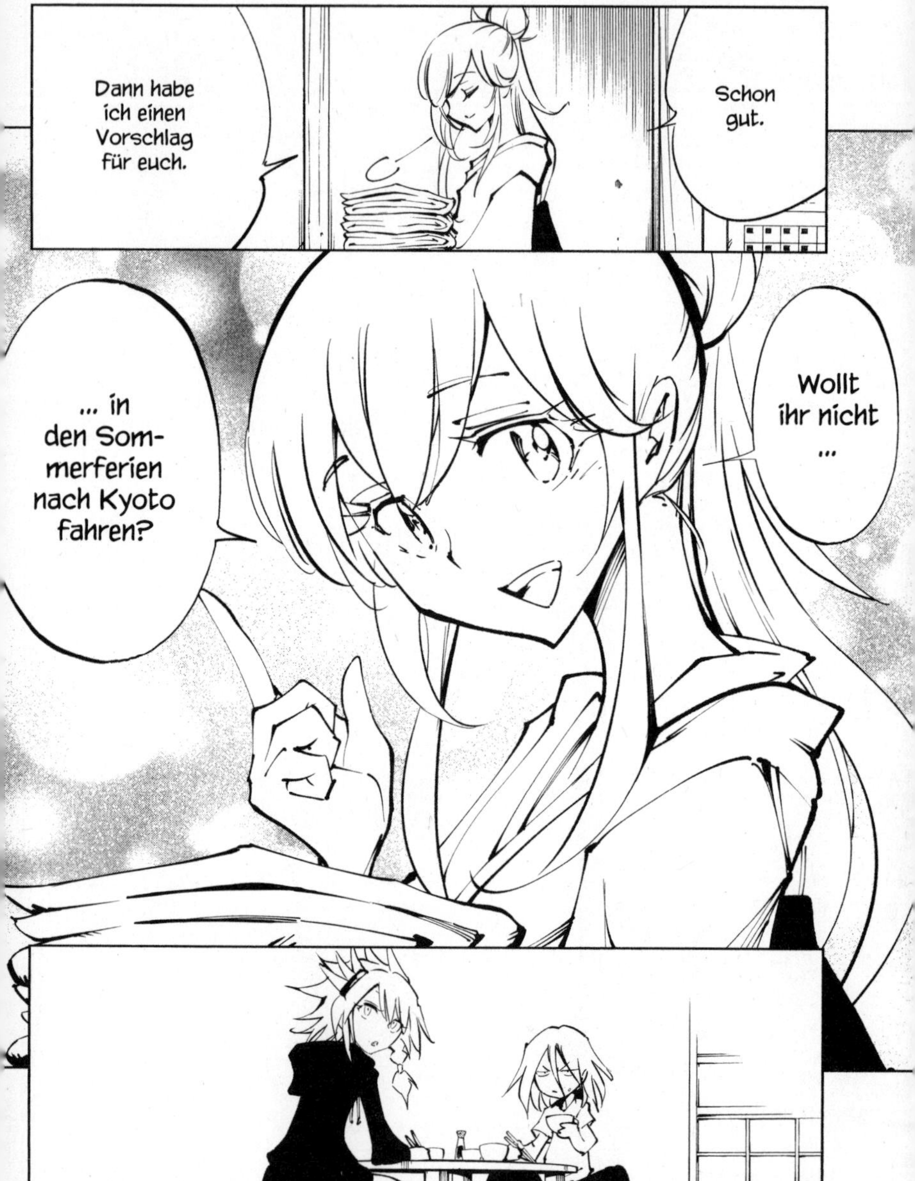

Schon gut.
Dann habe ich einen Vorschlag für euch.
Wollt ihr nicht ...
... in den Sommerferien nach Kyoto fahren?

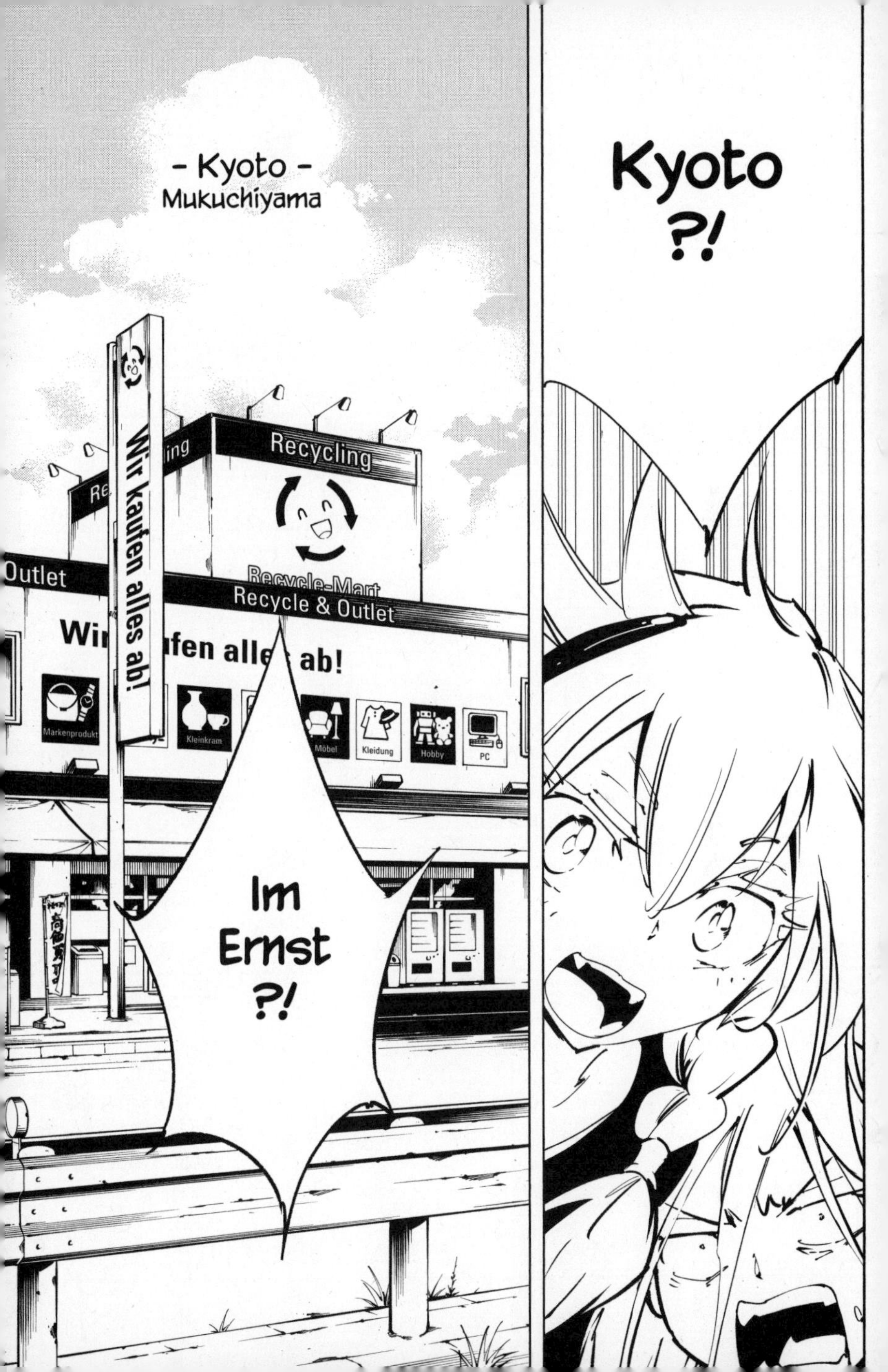
Kyoto ?!
- Kyoto -
Mukuchiyama
Wir kaufen alles ab!
Recycling
Recycle-Mart
Recycle & Outlet
Outlet
Markenprodukt
Kleinkram
Möbel
Kleidung
Hobby
PC
Im Ernst ?!

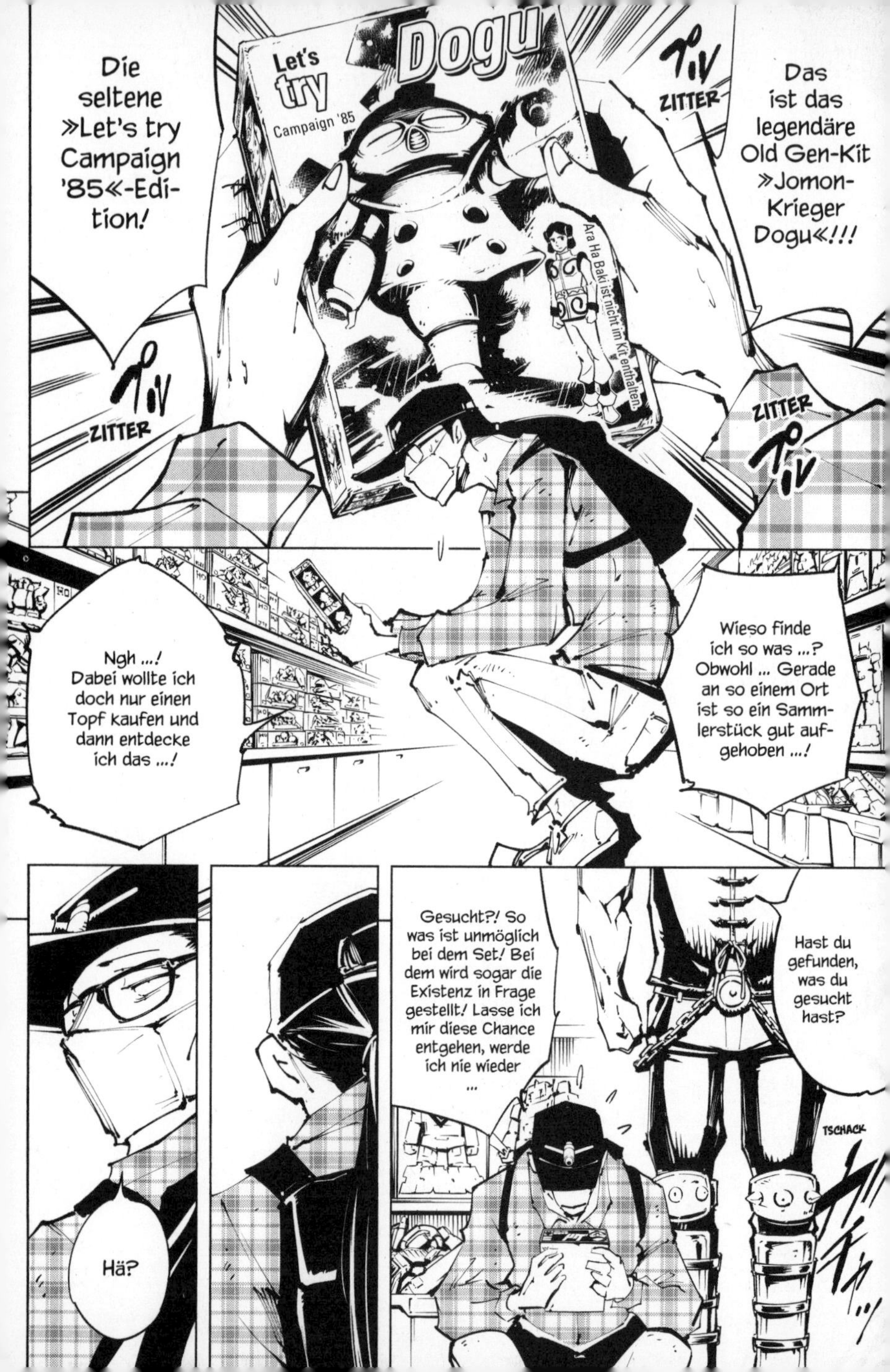

Das ist das legendäre Old Gen-Kit »Jomon-Krieger Dogu«!!!
ZITTER
Dogu
Let's try
Campaign '85
Ara Ha Baki ist nicht im Kit enthalten.
Die seltene »Let's try Campaign '85«-Edition!
ZITTER
ZITTER
Wieso finde ich so was ...? Obwohl ... Gerade an so einem Ort ist so ein Sammlerstück gut aufgehoben ...!
Ngh ...! Dabei wollte ich doch nur einen Topf kaufen und dann entdecke ich das ...!
Hast du gefunden, was du gesucht hast?
TSCHACK
Gesucht?! So was ist unmöglich bei dem Set! Bei dem wird sogar die Existenz in Frage gestellt! Lasse ich mir diese Chance entgehen, werde ich nie wieder ...
Hä?

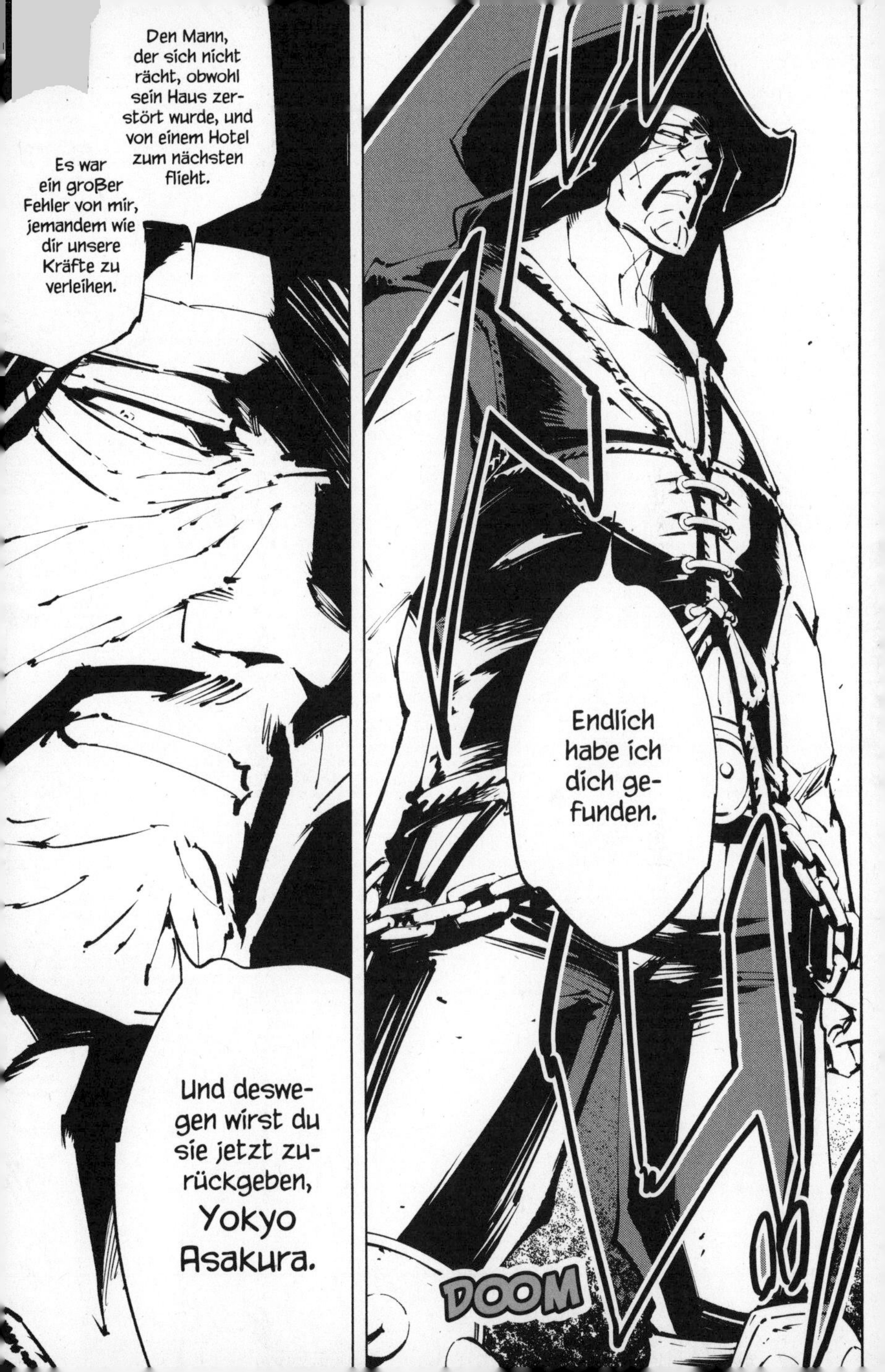
Endlich habe ich dich gefunden.
DOOM
Den Mann, der sich nicht rächt, obwohl sein Haus zerstört wurde, und von einem Hotel zum nächsten flieht.
Es war ein großer Fehler von mir, jemandem wie dir unsere Kräfte zu verleihen.
Und deswegen wirst du sie jetzt zurückgeben, Yokyo Asakura.

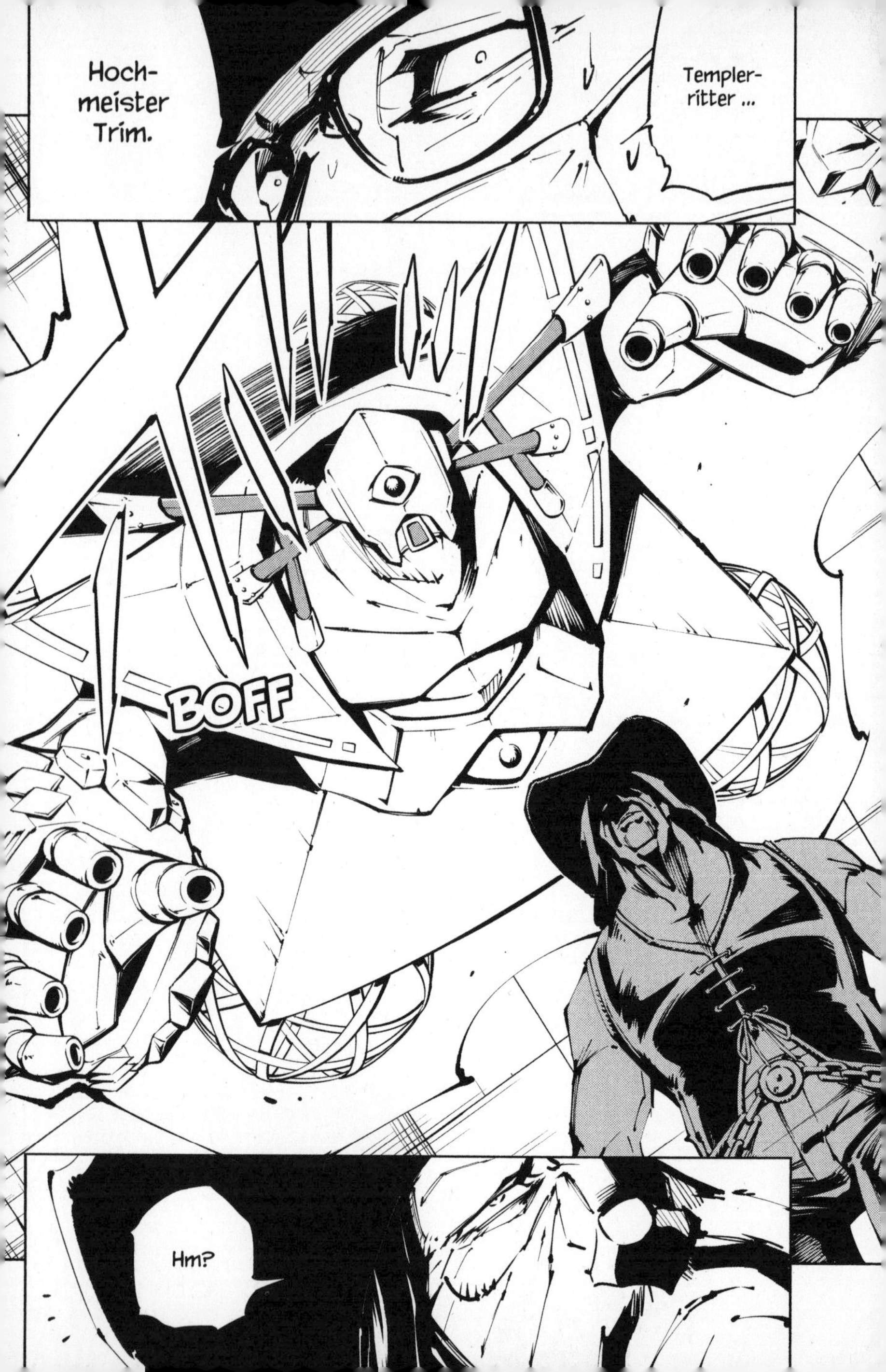
Templer-
ritter ...
Hoch-
meister
Trim.
BOFF
Hm?

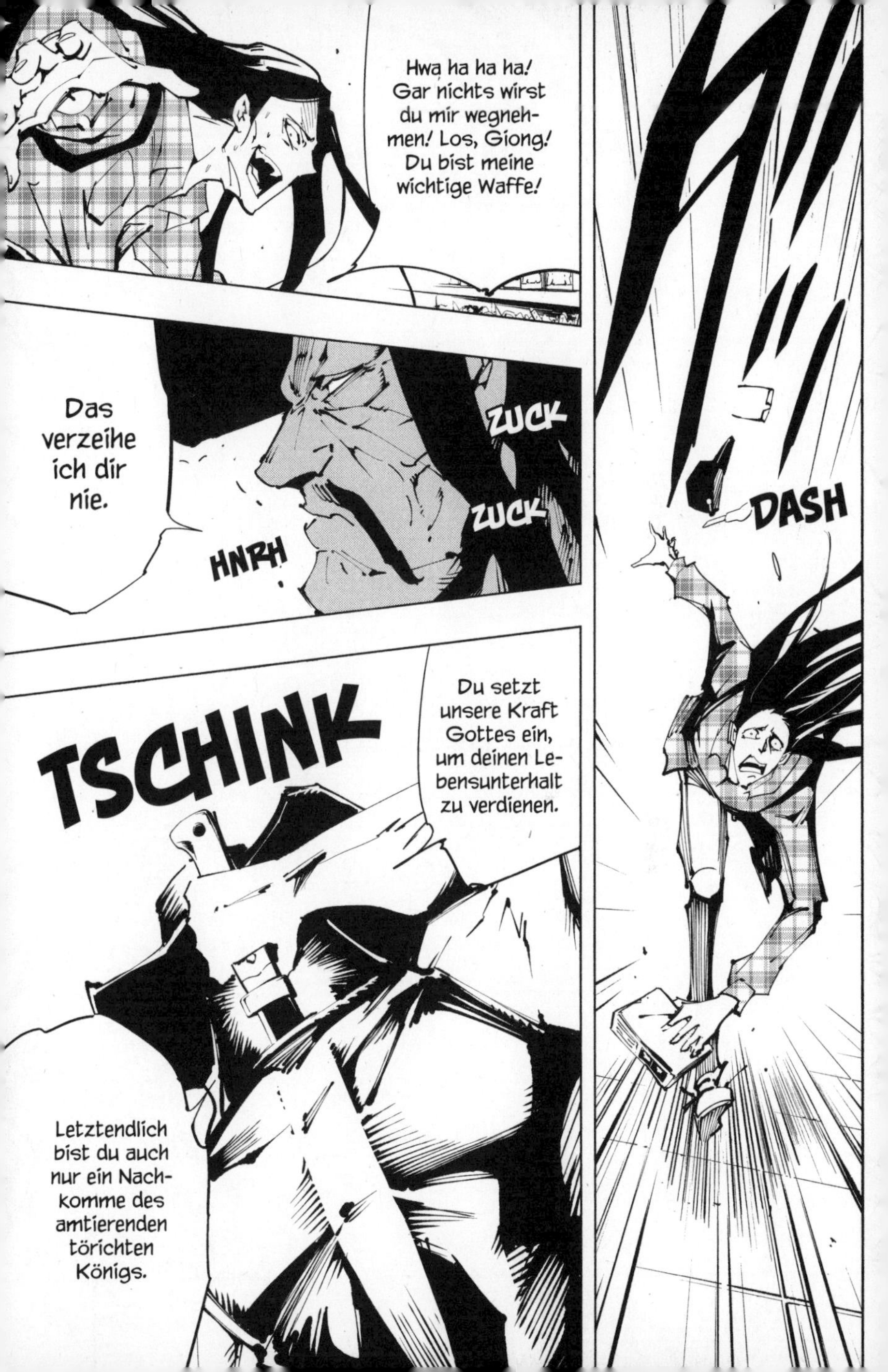
Hwa ha ha ha! Gar nichts wirst du mir wegnehmen! Los, Giong! Du bist meine wichtige Waffe!
Das verzeihe ich dir nie.
ZUCK
ZUCK
HNRH
DASH
TSCHINK
Du setzt unsere Kraft Gottes ein, um deinen Lebensunterhalt zu verdienen.
Letztendlich bist du auch nur ein Nachkomme des amtierenden törichten Königs.

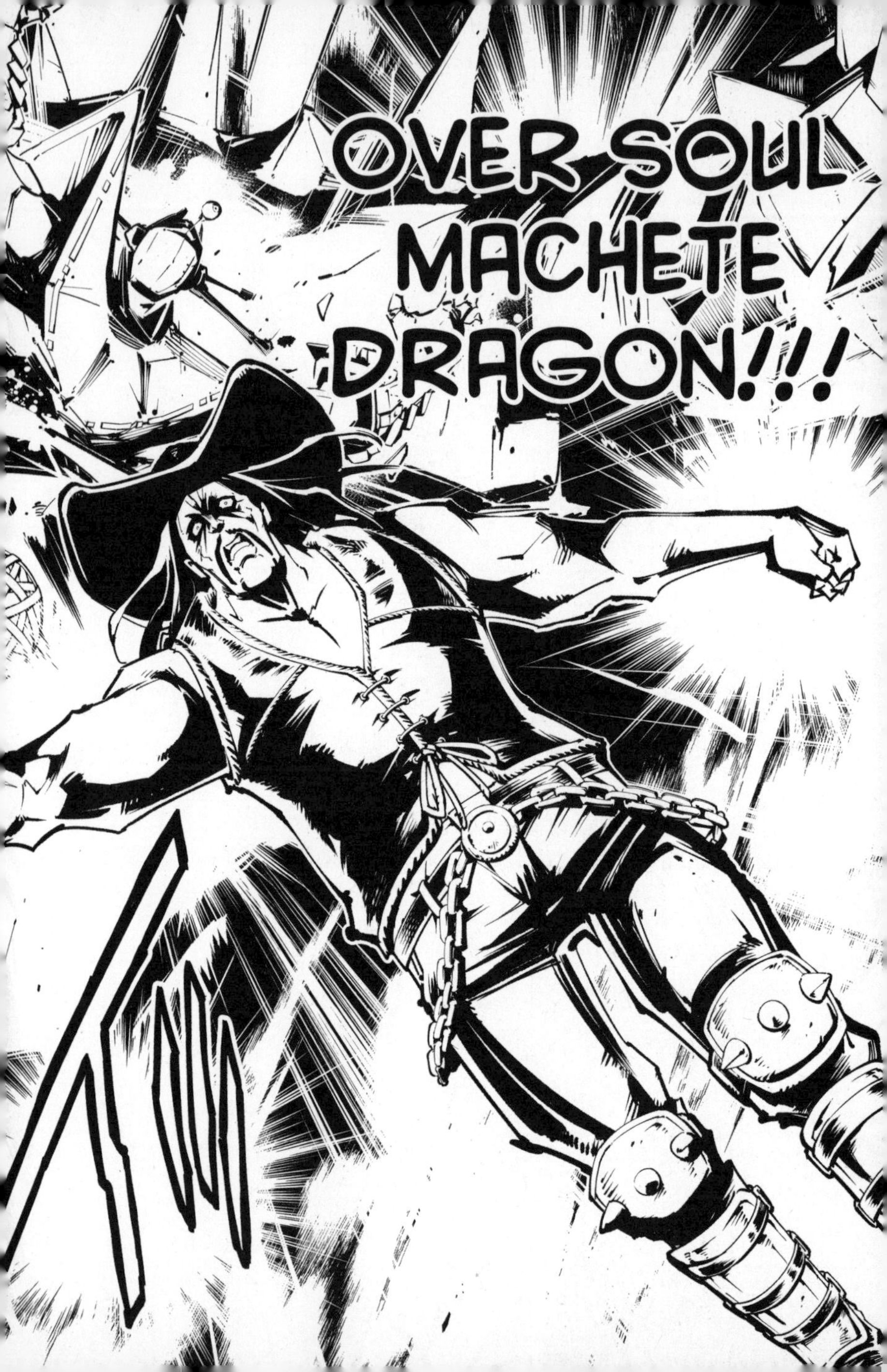
OVER SOUL
MACHETE
DRAGON!!!

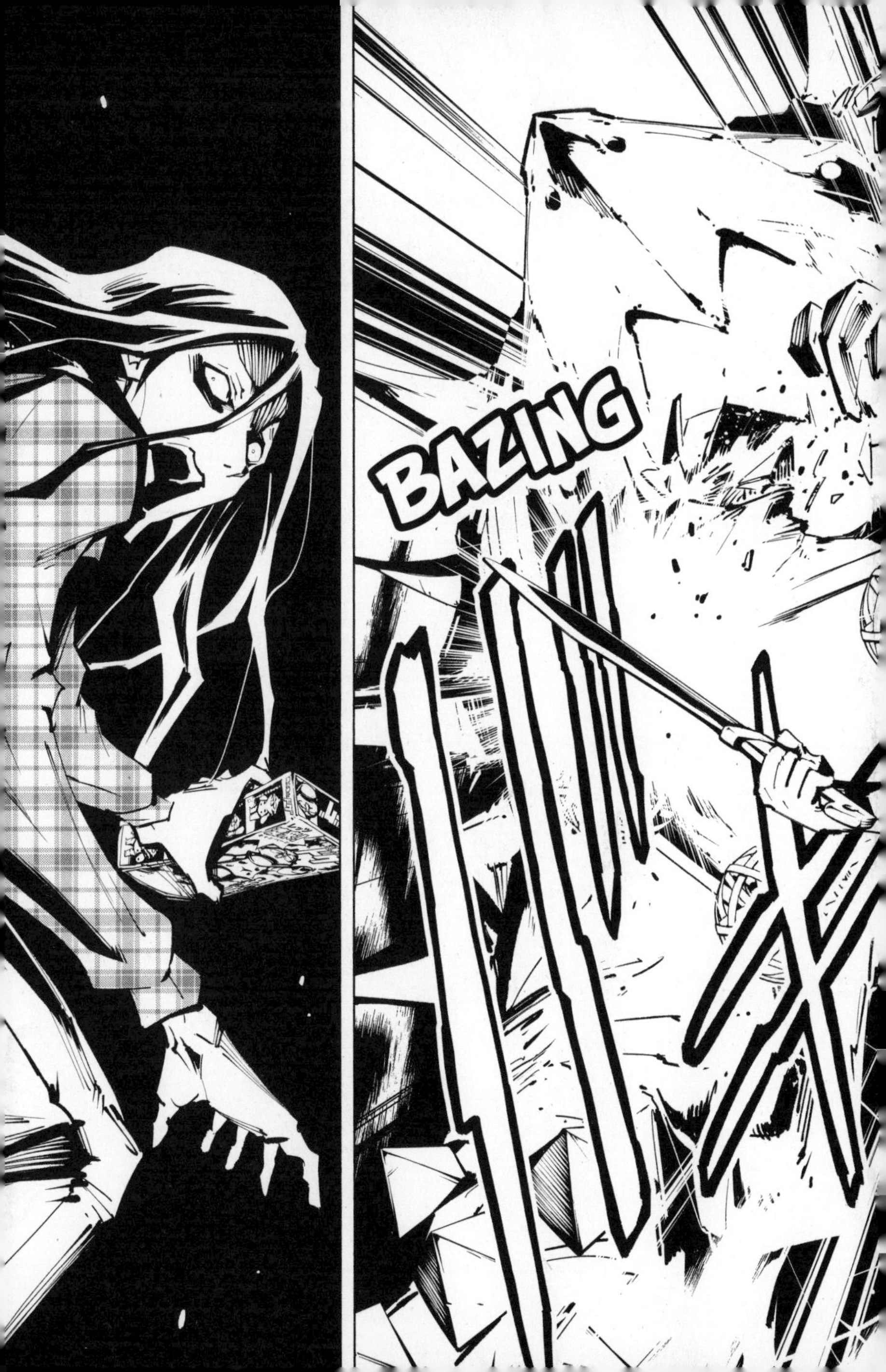
BAZING

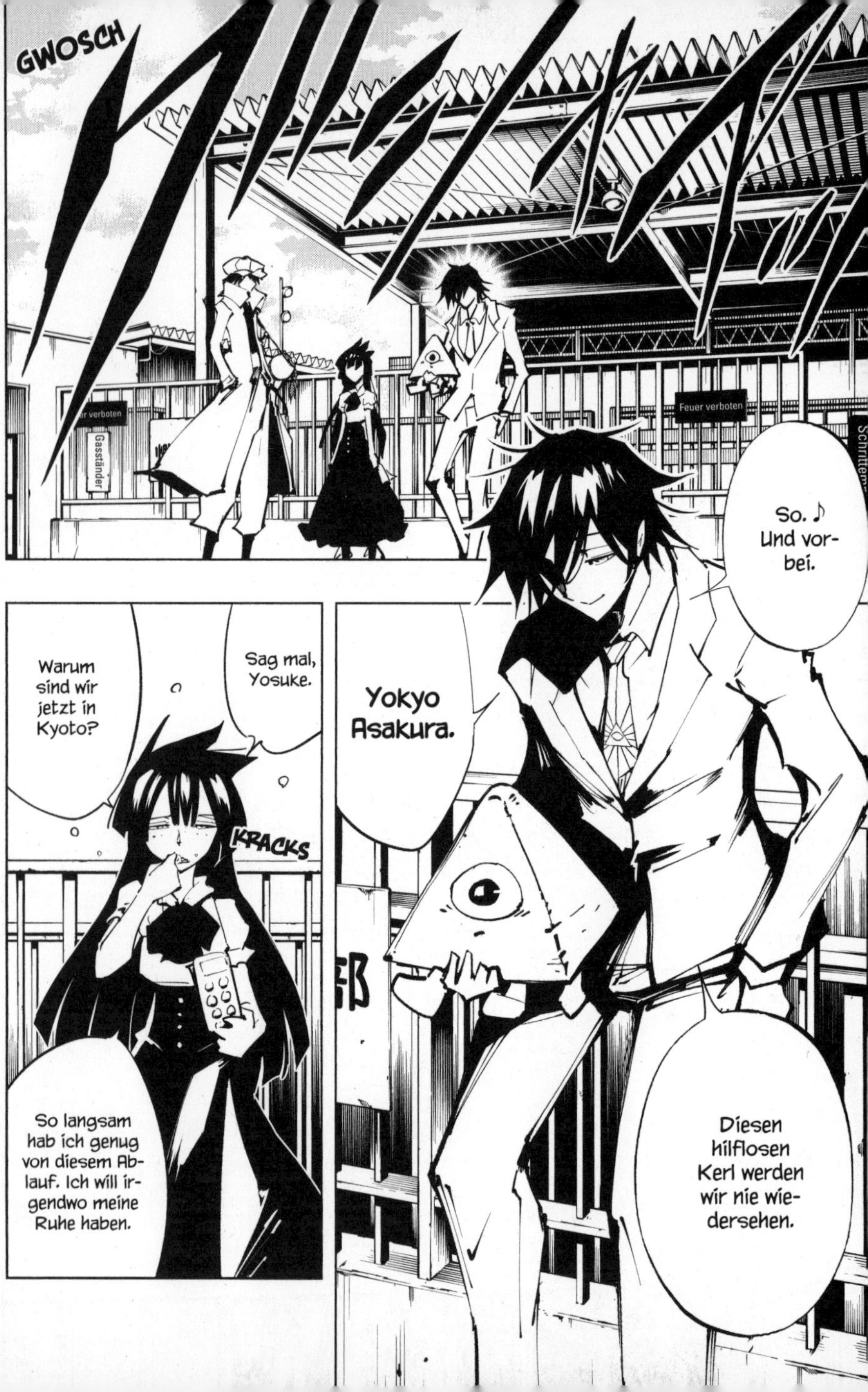
GWOSCH
Feuer verboten
er verboten
Gasständer
So. ♪ Und vorbei.
Yokyo Asakura.
Diesen hilflosen Kerl werden wir nie wiedersehen.
Sag mal, Yosuke.
Warum sind wir jetzt in Kyoto?
KRACKS
So langsam hab ich genug von diesem Ablauf. Ich will irgendwo meine Ruhe haben.

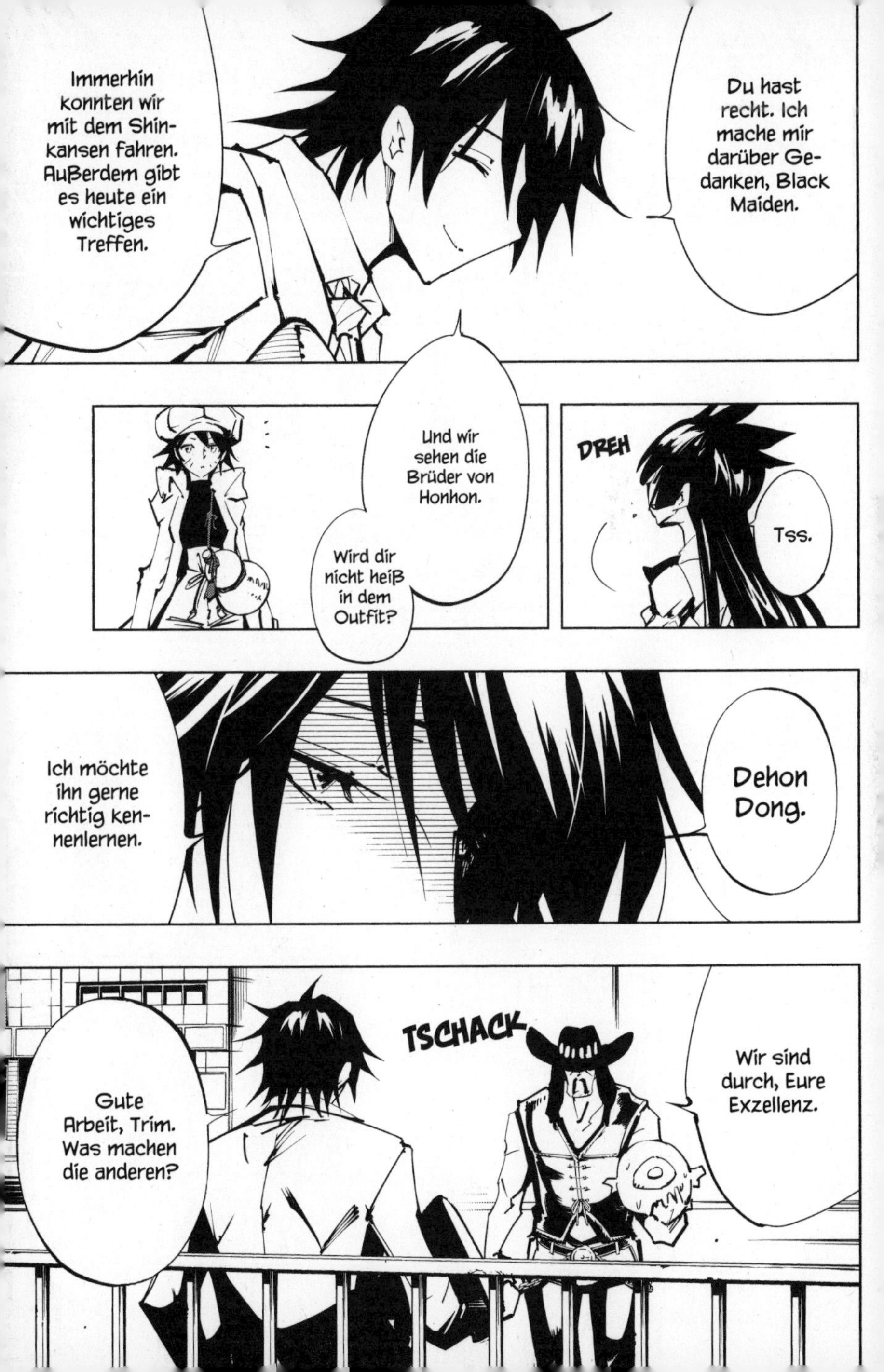
Du hast recht. Ich mache mir darüber Gedanken, Black Maiden.
Immerhin konnten wir mit dem Shinkansen fahren. Außerdem gibt es heute ein wichtiges Treffen.
DREH
Tss.
Und wir sehen die Brüder von Honhon.
Wird dir nicht heiß in dem Outfit?
Dehon Dong.
Ich möchte ihn gerne richtig kennenlernen.
Wir sind durch, Eure Exzellenz.
TSCHACK
Gute Arbeit, Trim. Was machen die anderen?

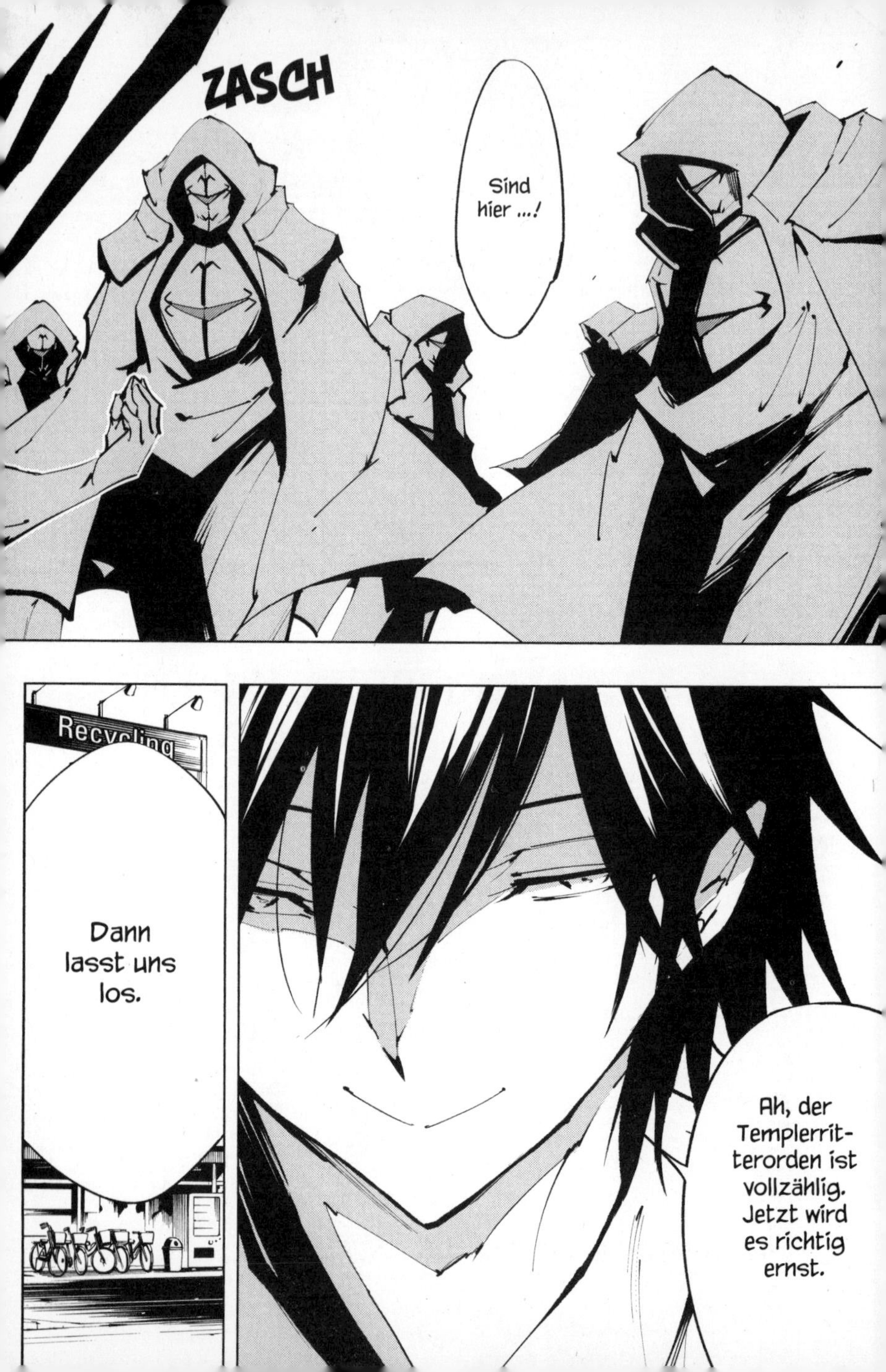
Sind hier ...!
ZASCH
Ah, der Templerritterorden ist vollzählig. Jetzt wird es richtig ernst.
Recycling
Dann lasst uns los.

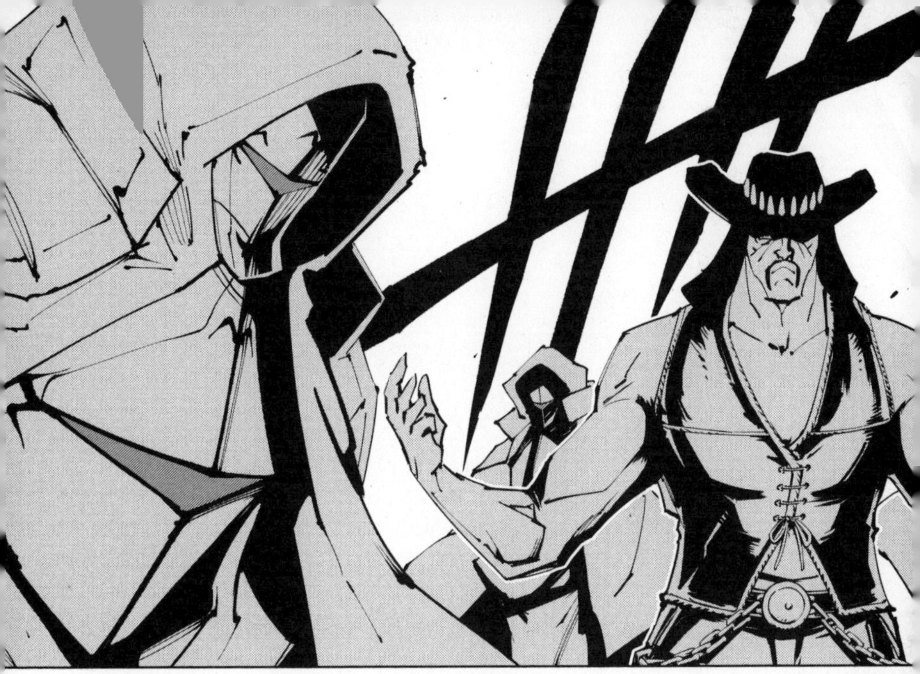
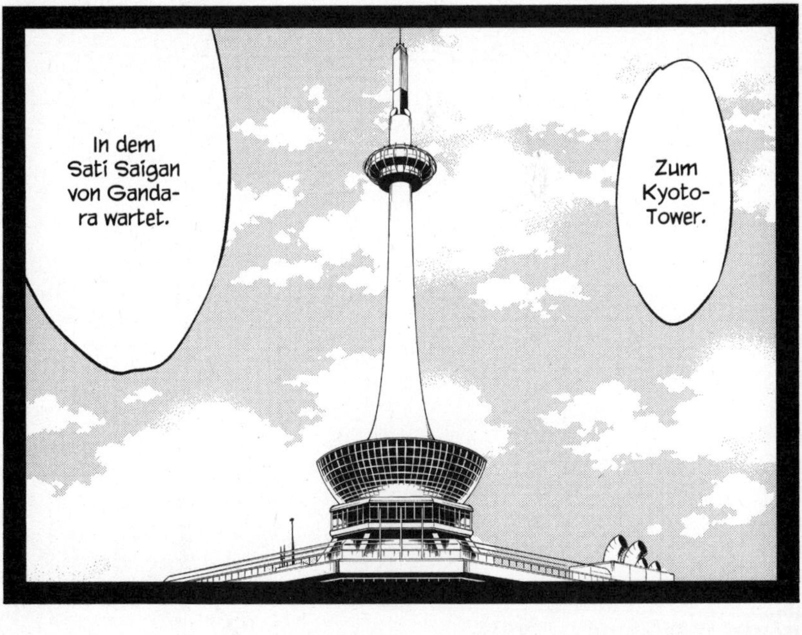
Zum Kyoto-Tower.
In dem Sati Saigan von Gandara wartet.

SHAMAN KING
THE
SUPERSTAR

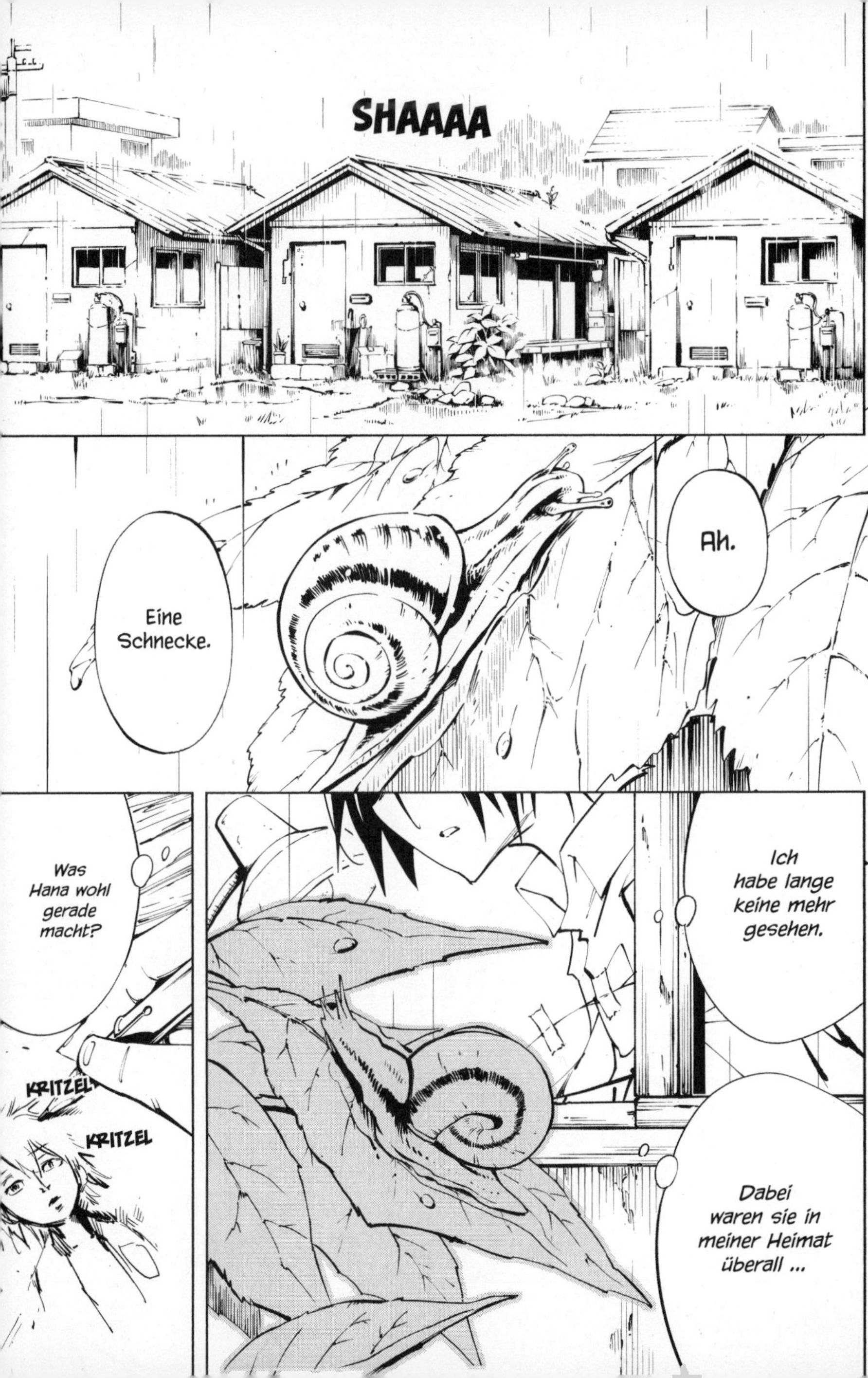
SHAAAA
Ah.
Eine Schnecke.
Ich habe lange keine mehr gesehen.
Was Hana wohl gerade macht?
KRITZEL
KRITZEL
Dabei waren sie in meiner Heimat überall ...

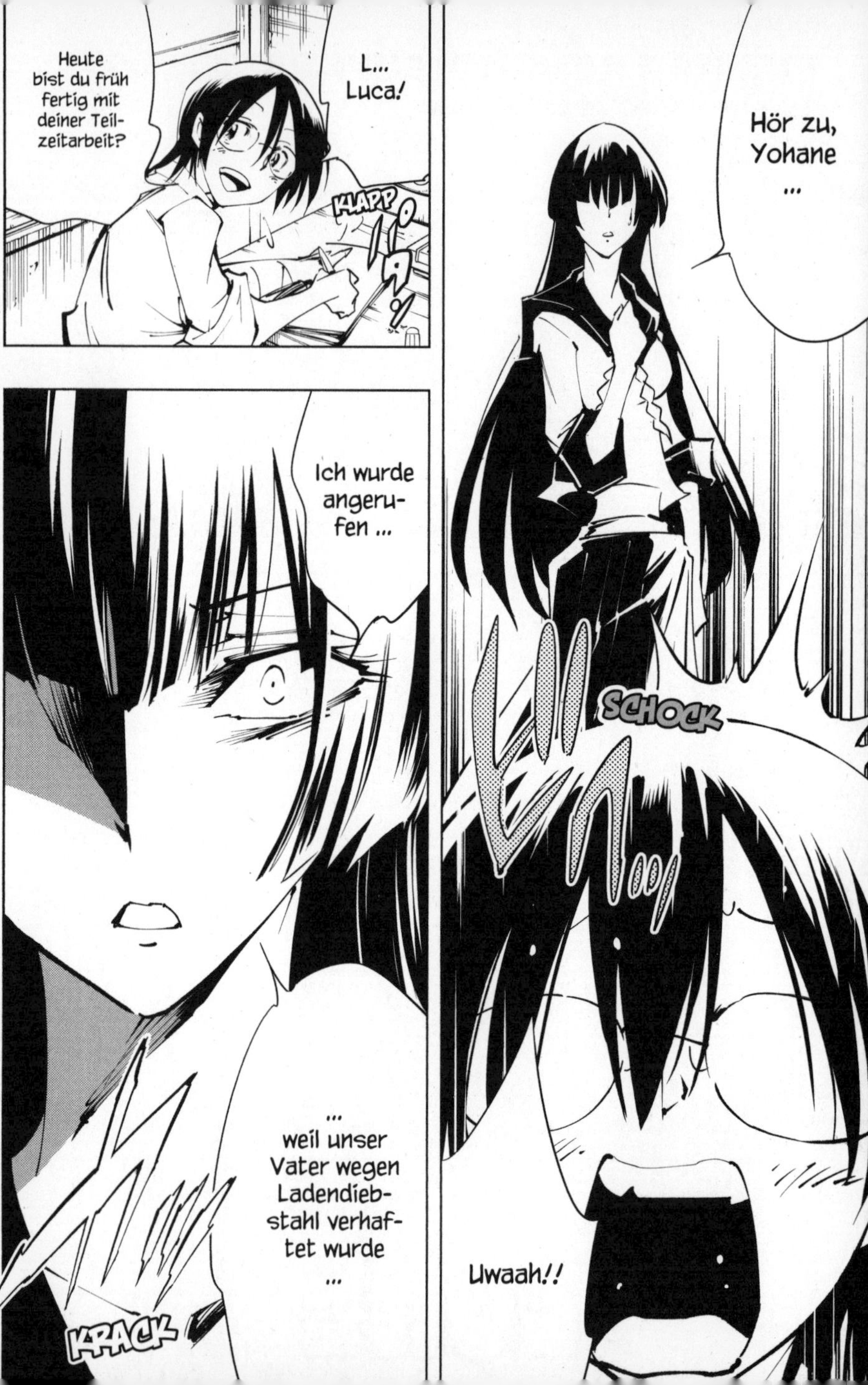
Hör zu, Yohane ...
SCHOCK
Uwaah!!
L... Luca!
Heute bist du früh fertig mit deiner Teil-zeitarbeit?
KLAPP
Ich wurde angeru-fen ...
... weil unser Vater wegen Ladendieb-stahl verhaf-tet wurde ...
KRACK

SHAMAN KING THE SUPER STAR #029

Zweites Mal: Lesezeichen

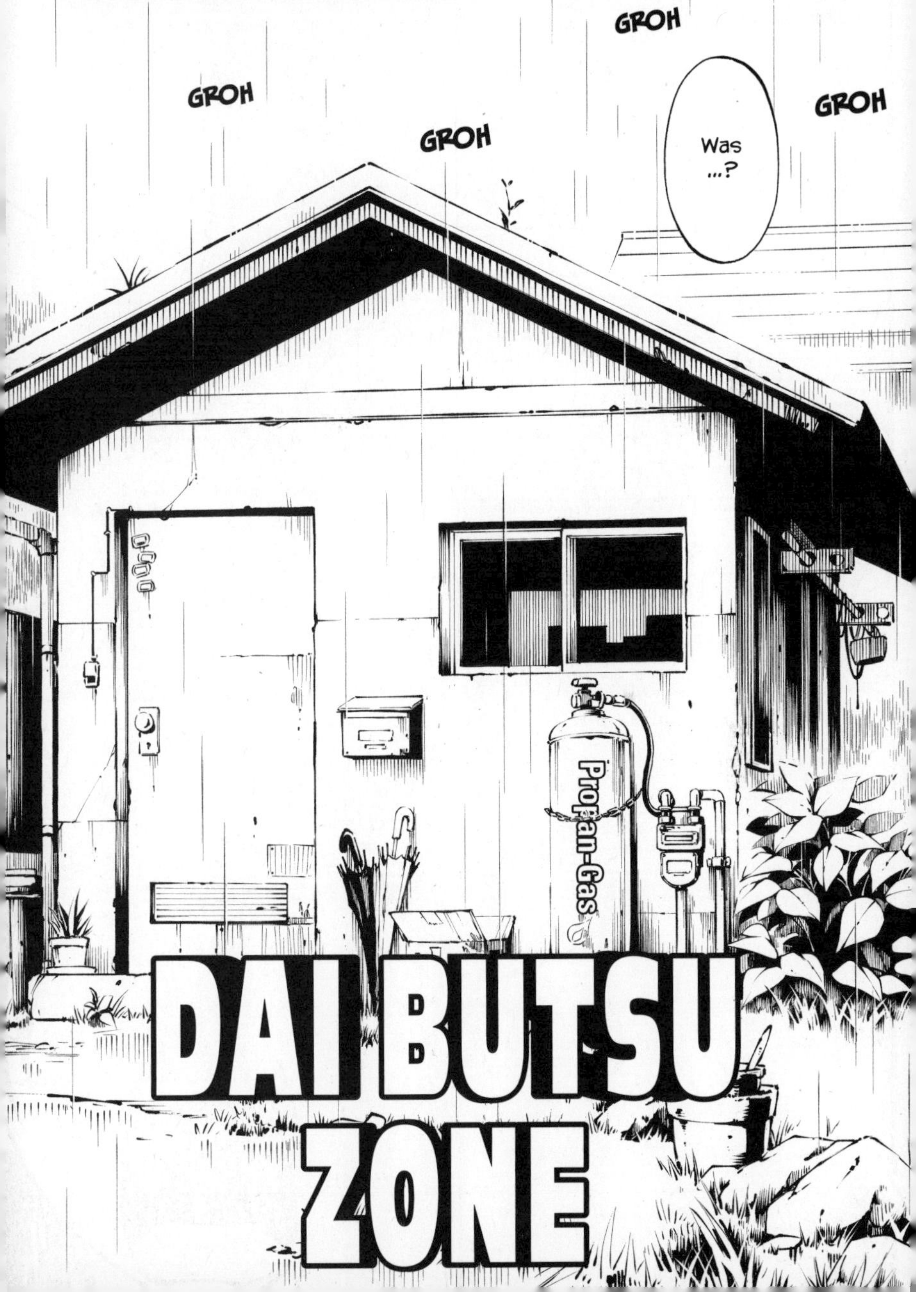

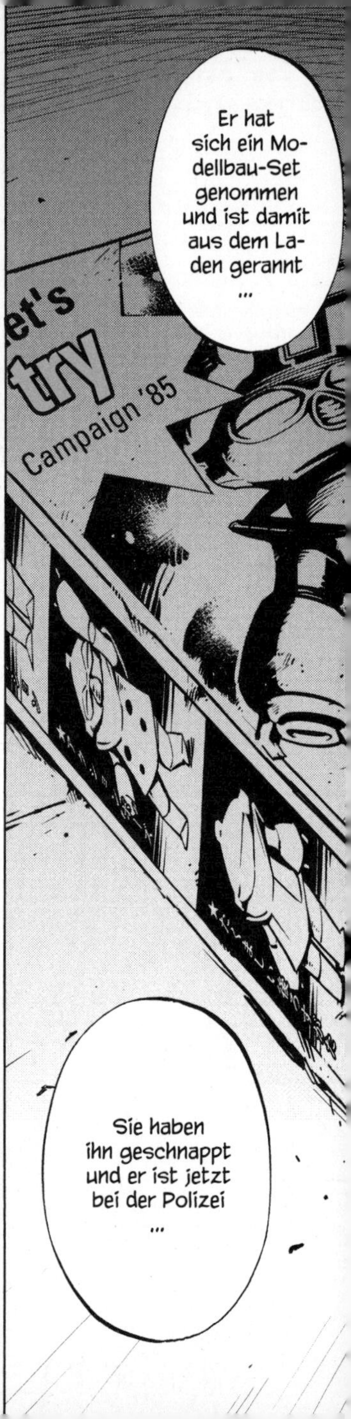
Er hat sich ein Modellbau-Set genommen und ist damit aus dem Laden gerannt ...
let's try
Campaign '85
Sie haben ihn geschnappt und er ist jetzt bei der Polizei ...

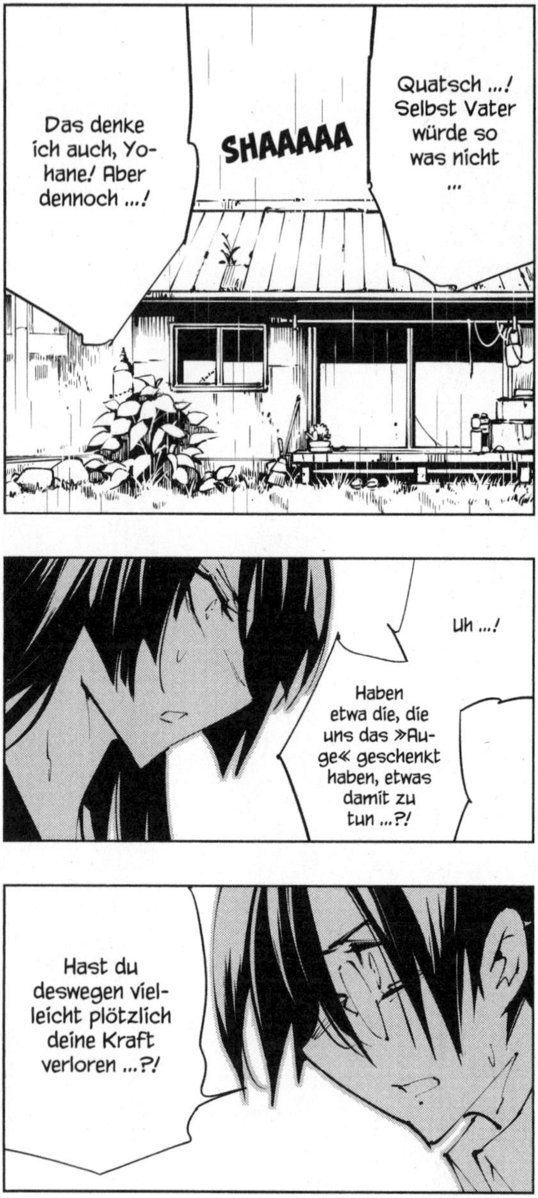
Quatsch ...! Selbst Vater würde so was nicht ...
SHAAAAA
Das denke ich auch, Yohane! Aber dennoch ...!
Uh ...!
Haben etwa die, die uns das »Auge« geschenkt haben, etwas damit zu tun ...?!
Hast du deswegen vielleicht plötzlich deine Kraft verloren ...?!

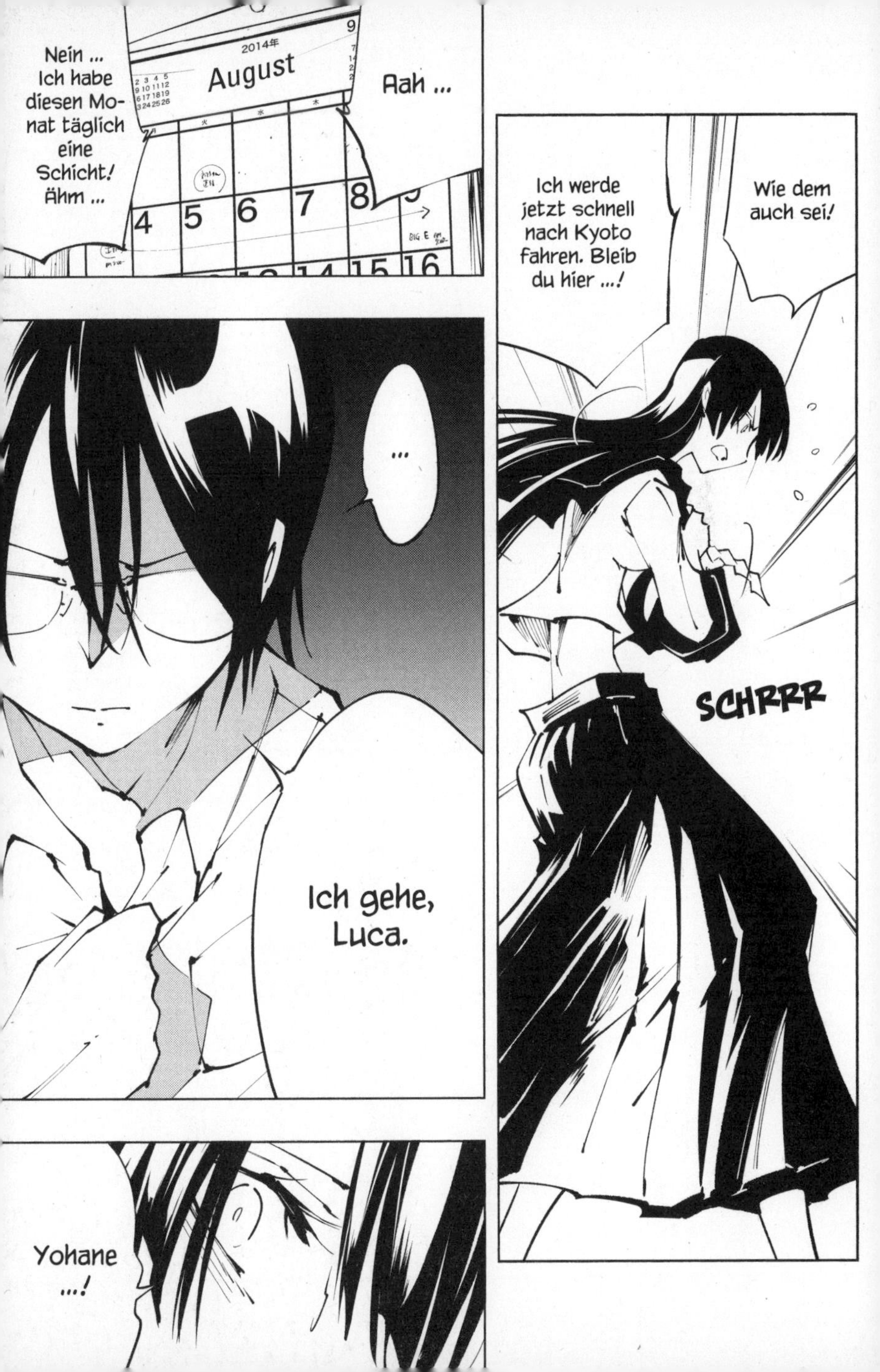
Aah ...
2014年
August
Nein ... Ich habe diesen Monat täglich eine Schicht! Ähm ...
Wie dem auch sei!
Ich werde jetzt schnell nach Kyoto fahren. Bleib du hier ...!
SCHRRR
...
Ich gehe, Luca.
Yohane ...!

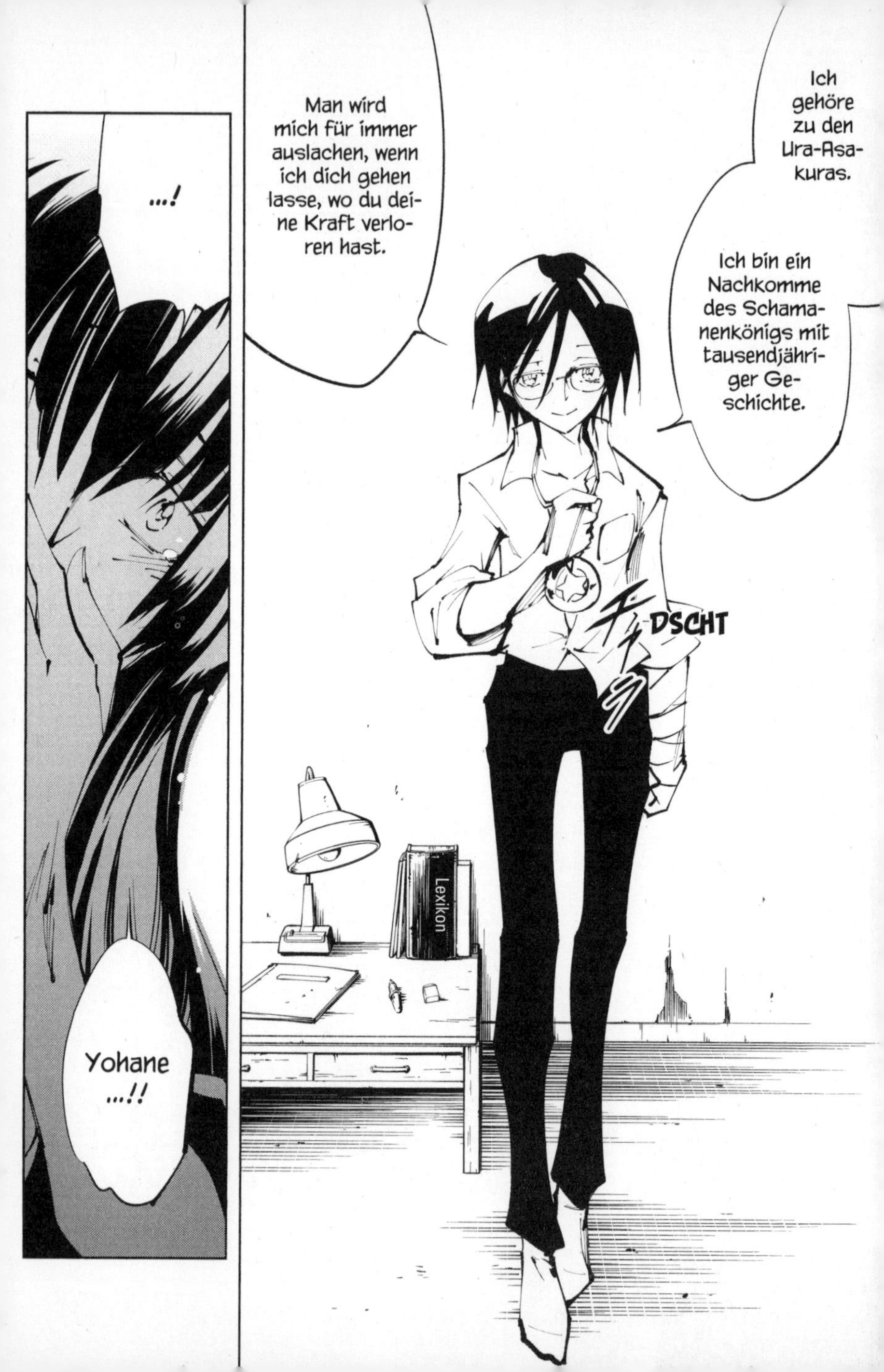
Ich gehöre zu den Ura-Asakuras.
Ich bin ein Nachkomme des Schamanenkönigs mit tausendjähriger Geschichte.
Man wird mich für immer auslachen, wenn ich dich gehen lasse, wo du deine Kraft verloren hast.
DSCHT
Lexikon
...!
Yohane ...!!

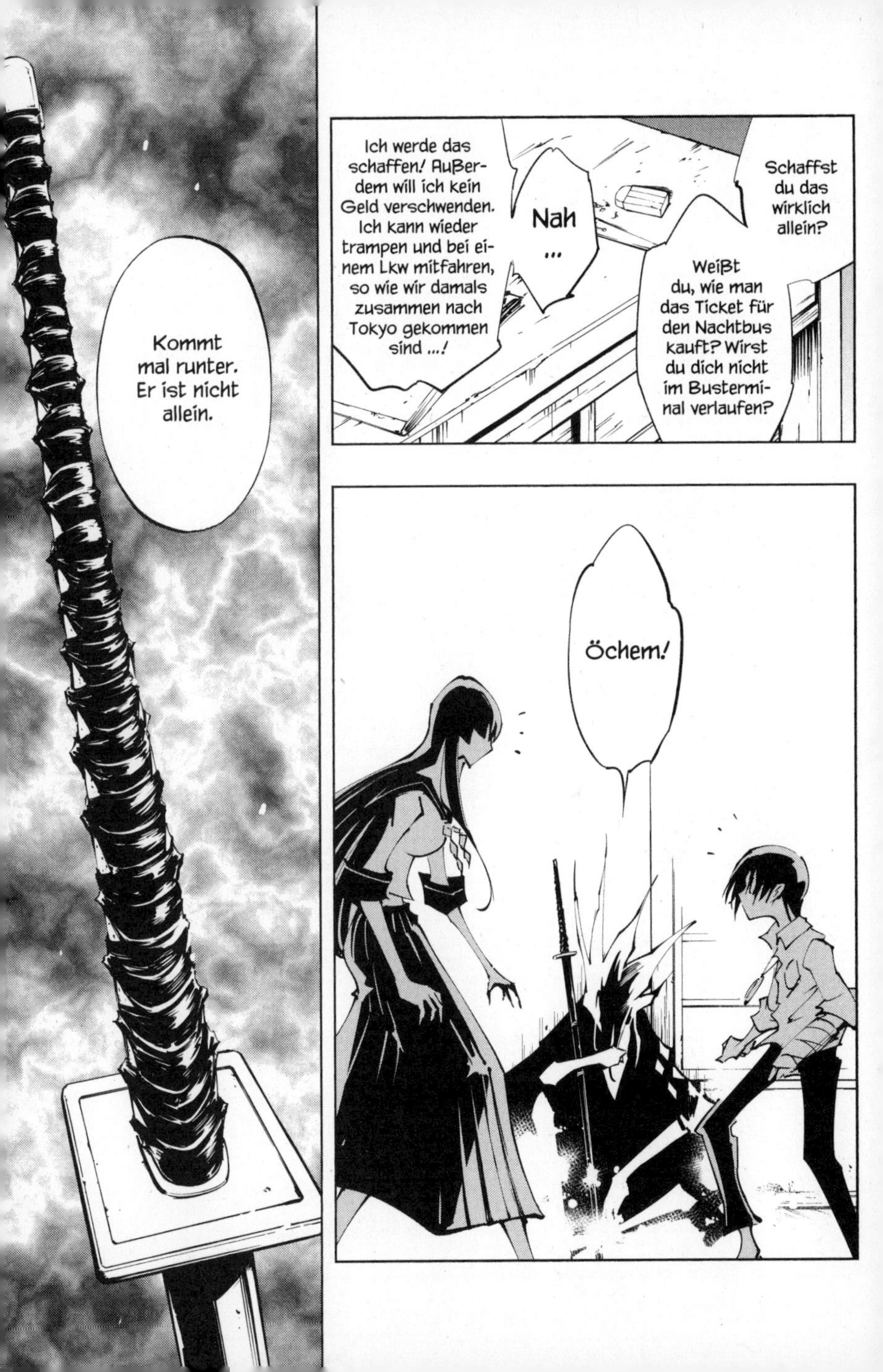
Schaffst du das wirklich allein?
Weißt du, wie man das Ticket für den Nachtbus kauft? Wirst du dich nicht im Bustermi-nal verlaufen?
Nah ...
Ich werde das schaffen! Außer-dem will ich kein Geld verschwenden. Ich kann wieder trampen und bei ei-nem Lkw mitfahren, so wie wir damals zusammen nach Tokyo gekommen sind ...!
Öchem!
Kommt mal runter. Er ist nicht allein.

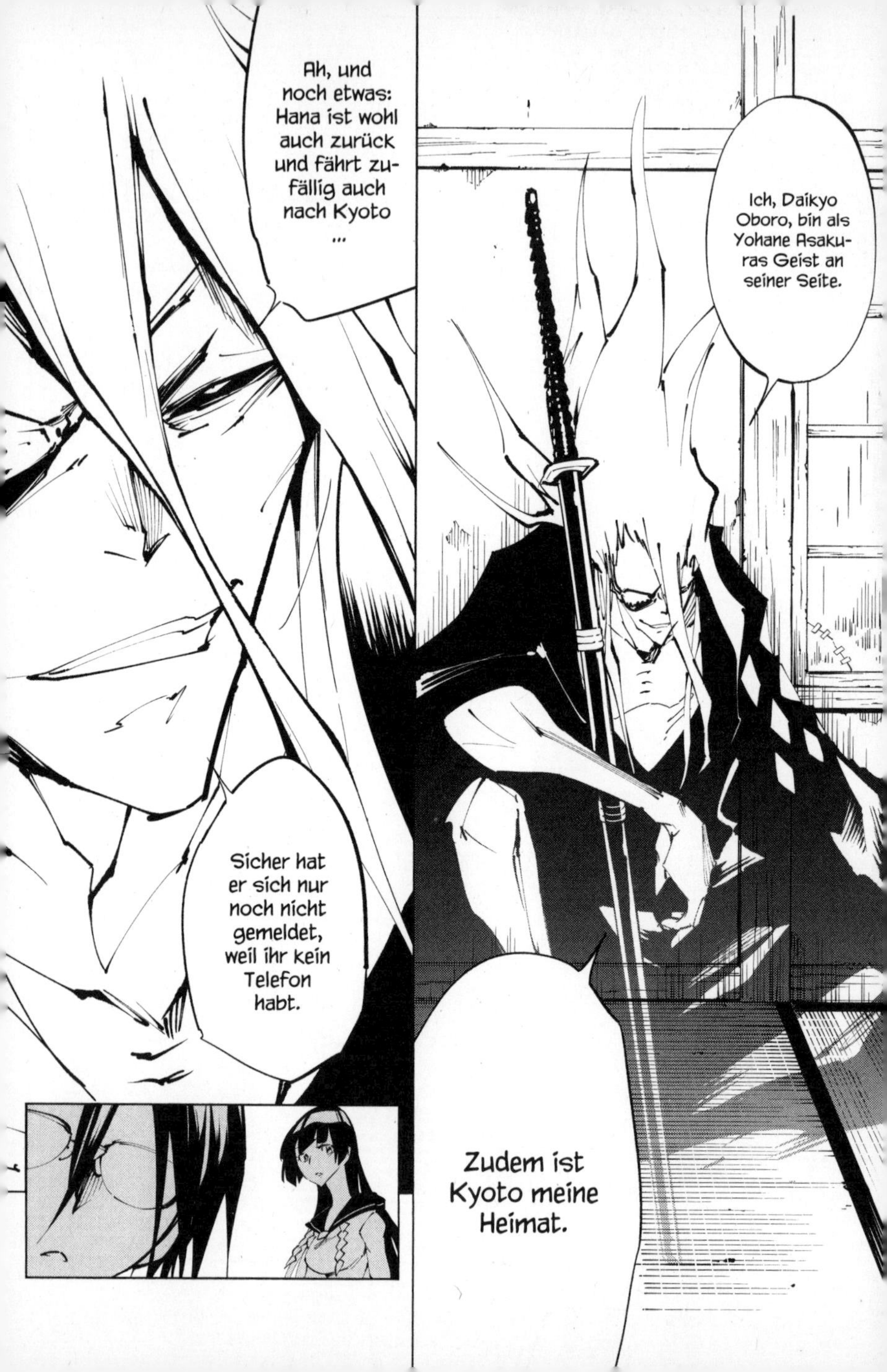
Ich, Daikyo Oboro, bin als Yohane Asakuras Geist an seiner Seite.
Zudem ist Kyoto meine Heimat.
Ah, und noch etwas: Hana ist wohl auch zurück und fährt zufällig auch nach Kyoto ...
Sicher hat er sich nur noch nicht gemeldet, weil ihr kein Telefon habt.

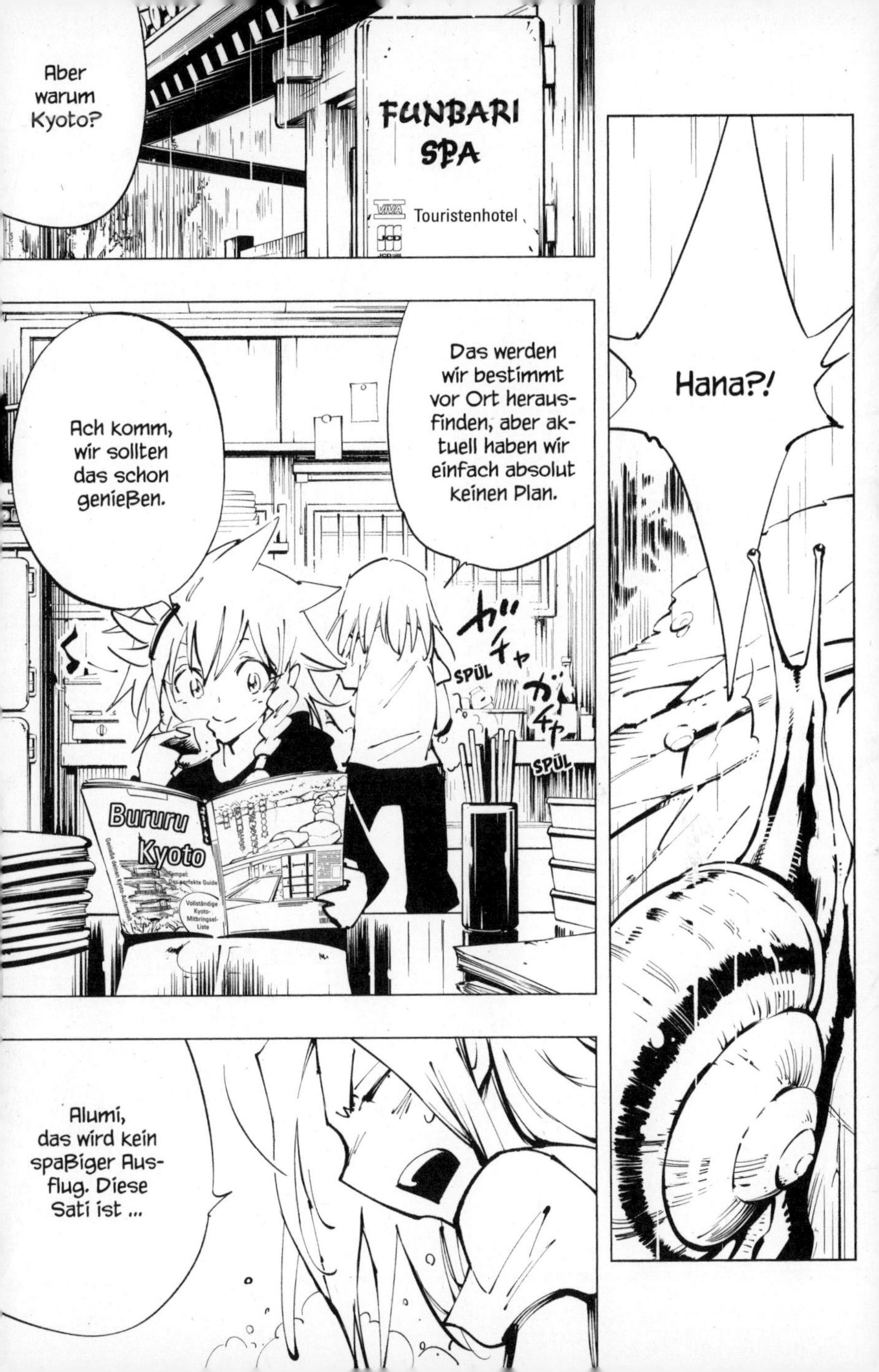
FUNBARI SPA
Touristenhotel
Aber warum Kyoto?
Das werden wir bestimmt vor Ort herausfinden, aber aktuell haben wir einfach absolut keinen Plan.
Ach komm, wir sollten das schon genießen.
SPÜL
SPÜL
Bururu Kyoto
Tempel: Der perfekte Guide
Vollständige Kyoto-Mitbringsel-Liste
Alumi, das wird kein spaßiger Ausflug. Diese Sati ist ...
Hana?!

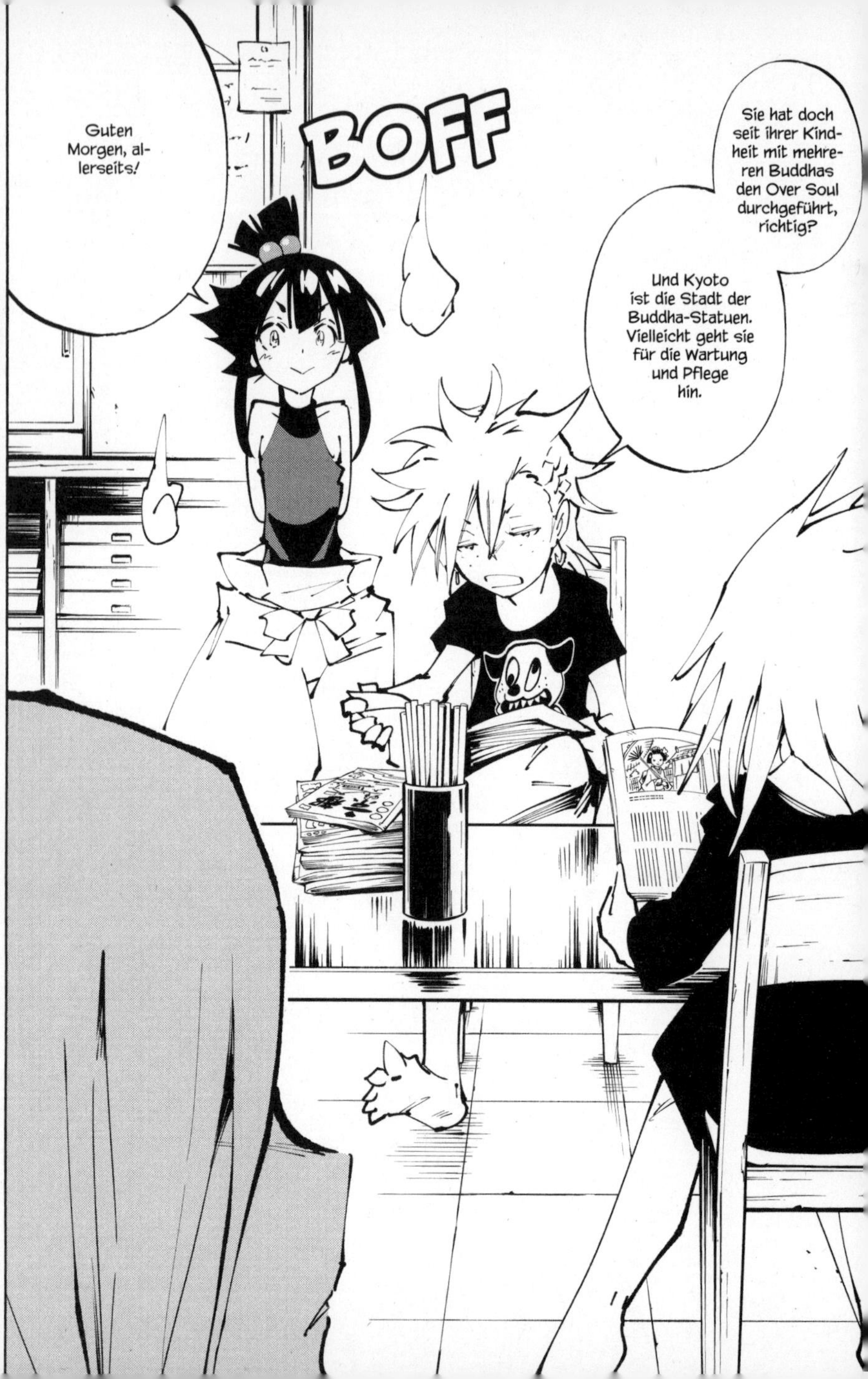
Sie hat doch seit ihrer Kindheit mit mehreren Buddhas den Over Soul durchgeführt, richtig?
Und Kyoto ist die Stadt der Buddha-Statuen. Vielleicht geht sie für die Wartung und Pflege hin.
BOFF
Guten Morgen, allerseits!

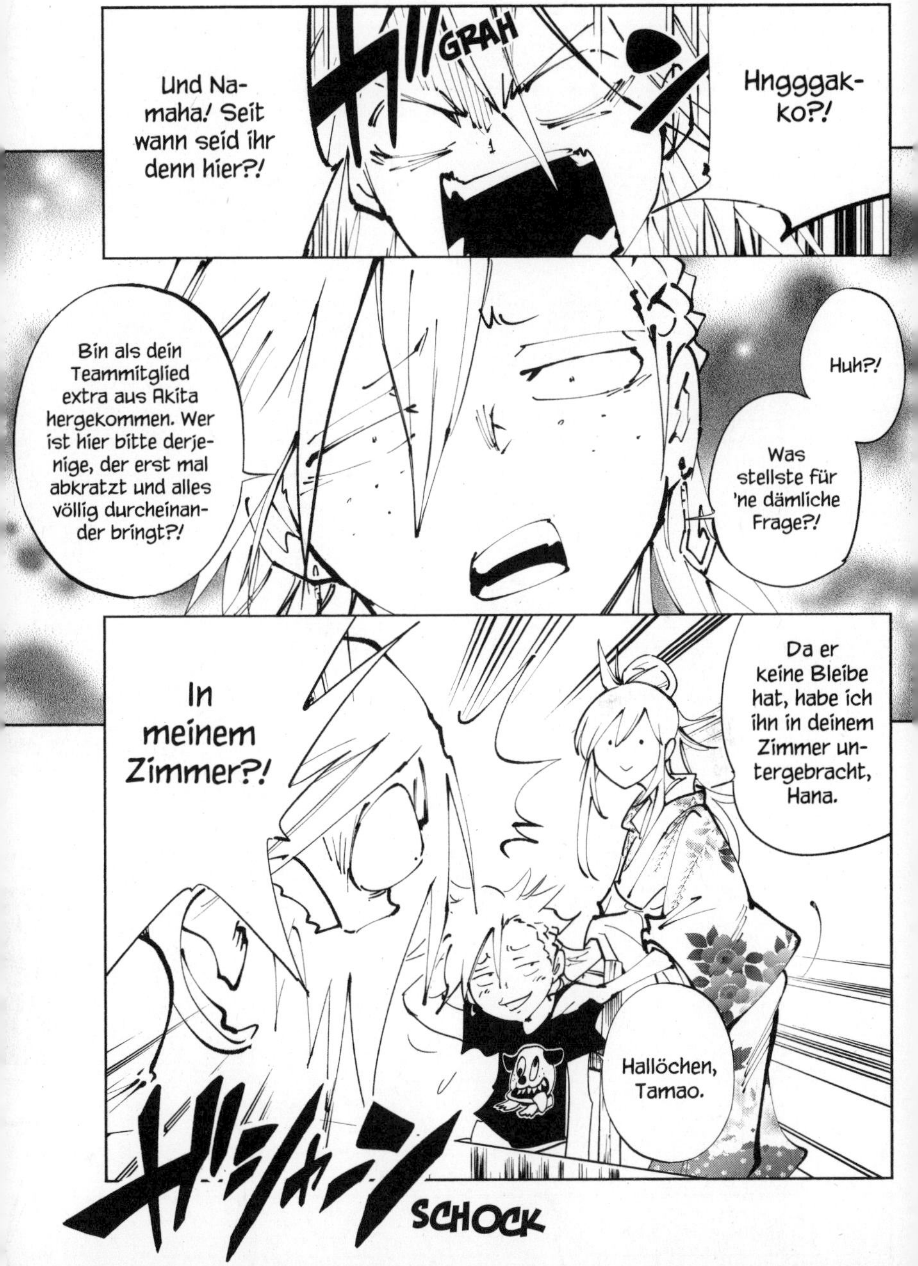
Hngggak-ko?!
GRAH
Und Namaha! Seit wann seid ihr denn hier?!
Huh?!
Was stellste für 'ne dämliche Frage?!
Bin als dein Teammitglied extra aus Akita hergekommen. Wer ist hier bitte derjenige, der erst mal abkratzt und alles völlig durcheinander bringt?!
Da er keine Bleibe hat, habe ich ihn in deinem Zimmer untergebracht, Hana.
In meinem Zimmer?!
Hallöchen, Tamao.
SCHOCK

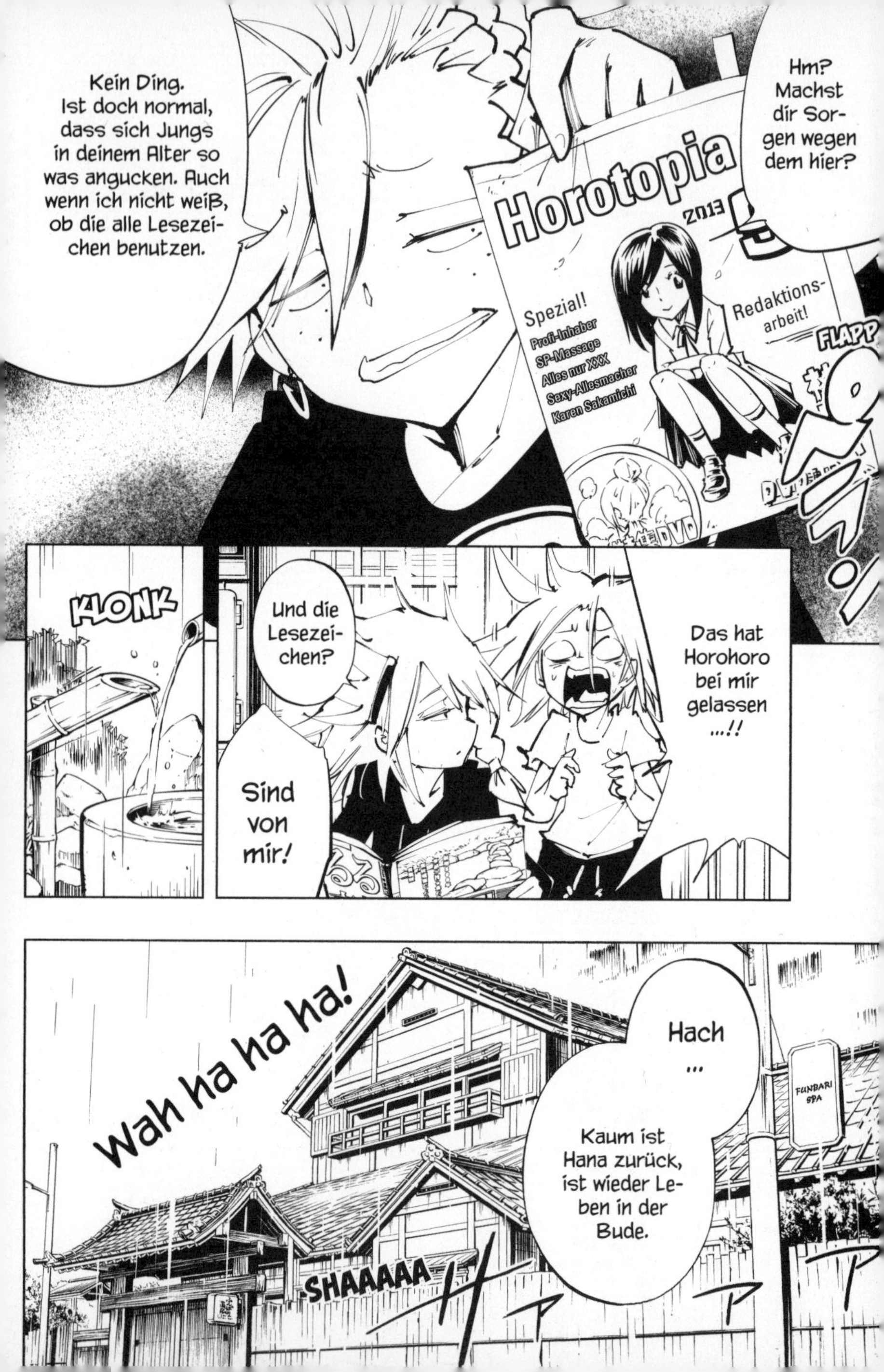
Hm? Machst dir Sorgen wegen dem hier?
Kein Ding. Ist doch normal, dass sich Jungs in deinem Alter so was angucken. Auch wenn ich nicht weiß, ob die alle Lesezeichen benutzen.
Horotopia
2013
Spezial!
Profi-Inhaber
SP-Massage
Alles nur XXX
Sexy-Allesmacher
Karen Sakamichi
Redaktionsarbeit!
DVD
FLAPP
Das hat Horohoro bei mir gelassen ...!!
Und die Lesezeichen?
Sind von mir!
KLONK
Hach ...
Kaum ist Hana zurück, ist wieder Leben in der Bude.
FUNBARI SPA
Wah ha ha ha!
SHAAAAA

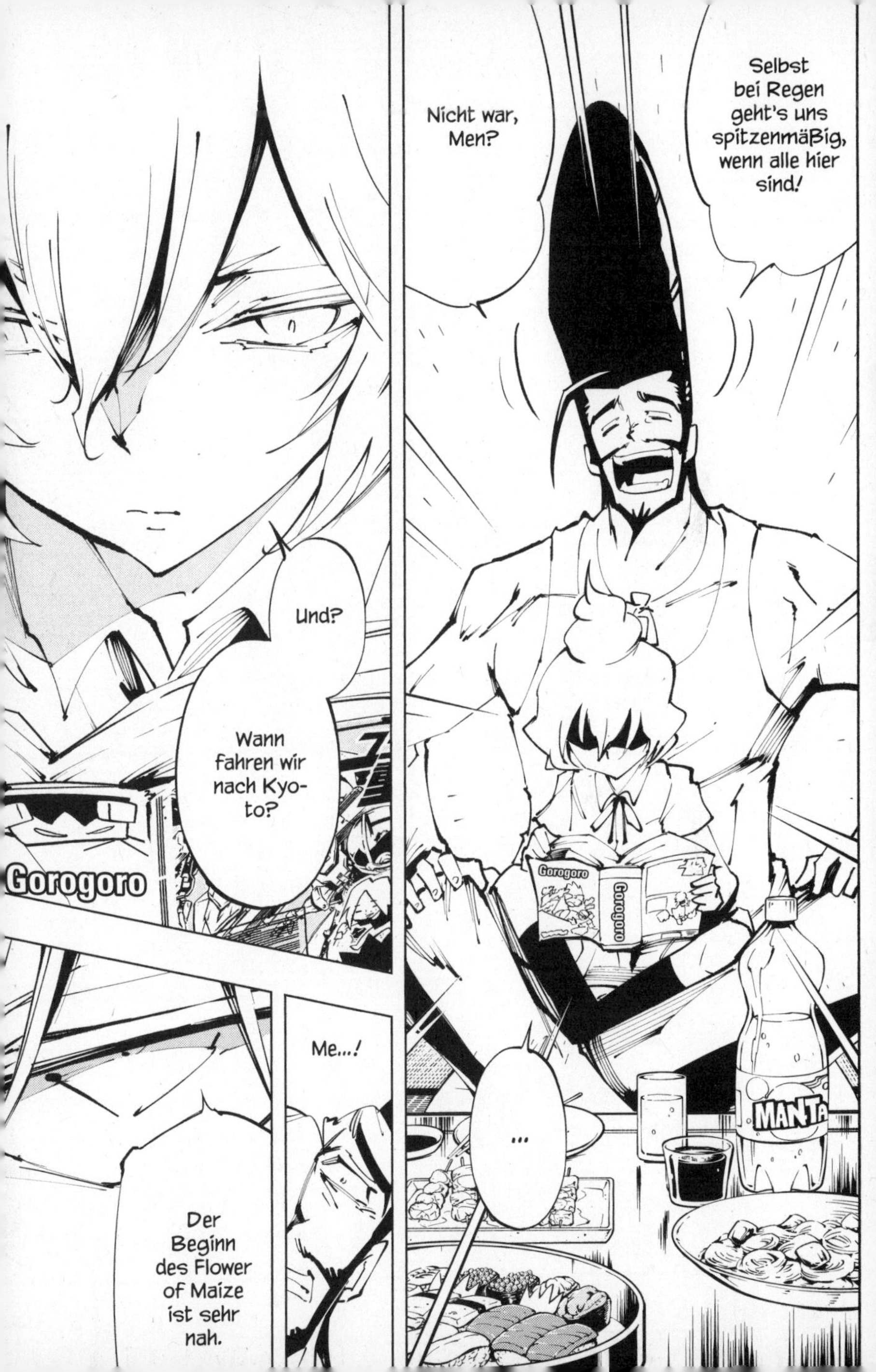
Selbst bei Regen geht's uns spitzenmäßig, wenn alle hier sind!
Nicht war, Men?
Gorogoro
Gorogoro
Gorogoro
…
MANTA
Und?
Wann fahren wir nach Kyo-to?
Gorogoro
Me…!
Der Beginn des Flower of Maize ist sehr nah.

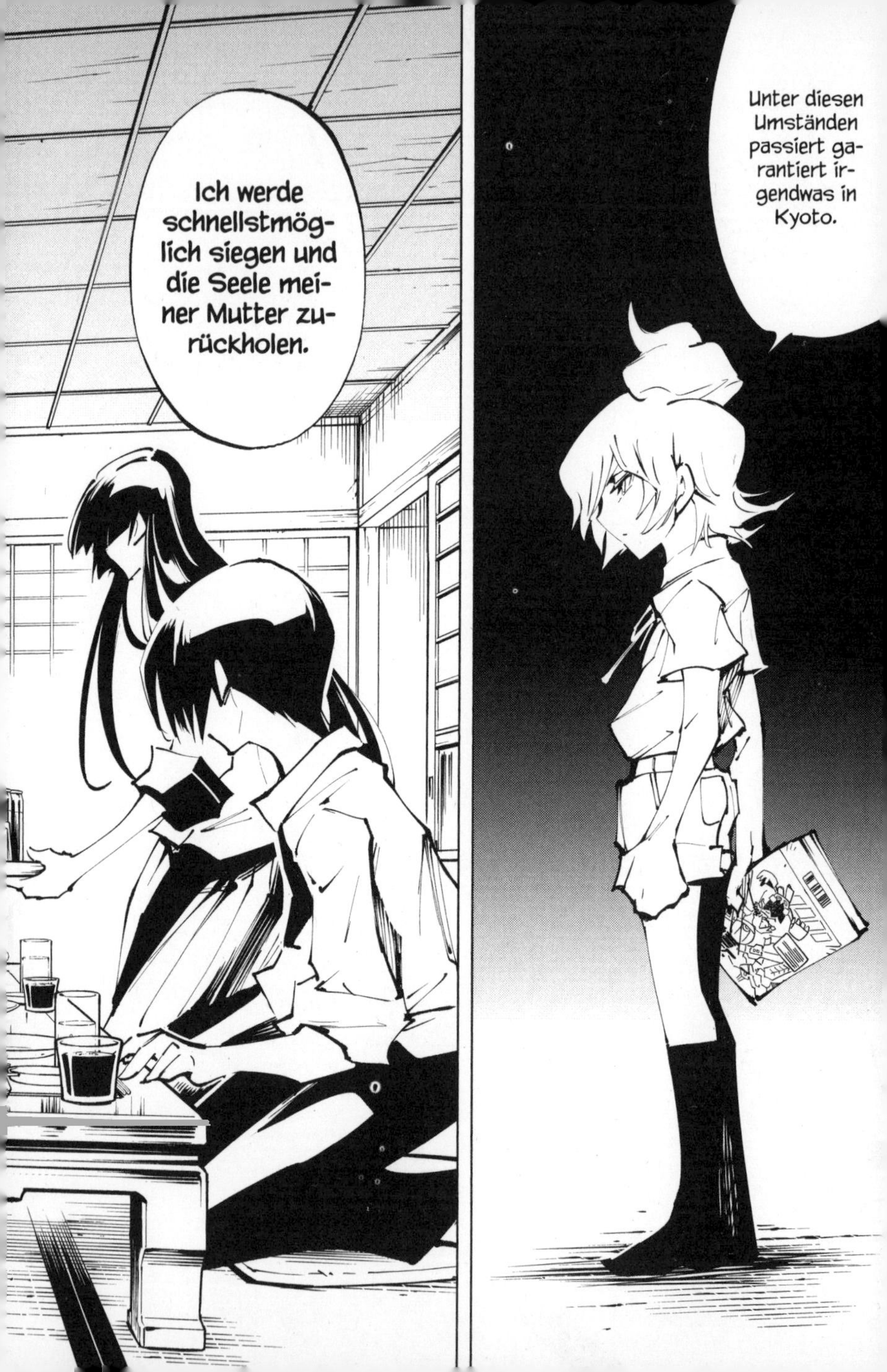
Unter diesen Umständen passiert garantiert irgendwas in Kyoto.
Ich werde schnellstmöglich siegen und die Seele meiner Mutter zurückholen.

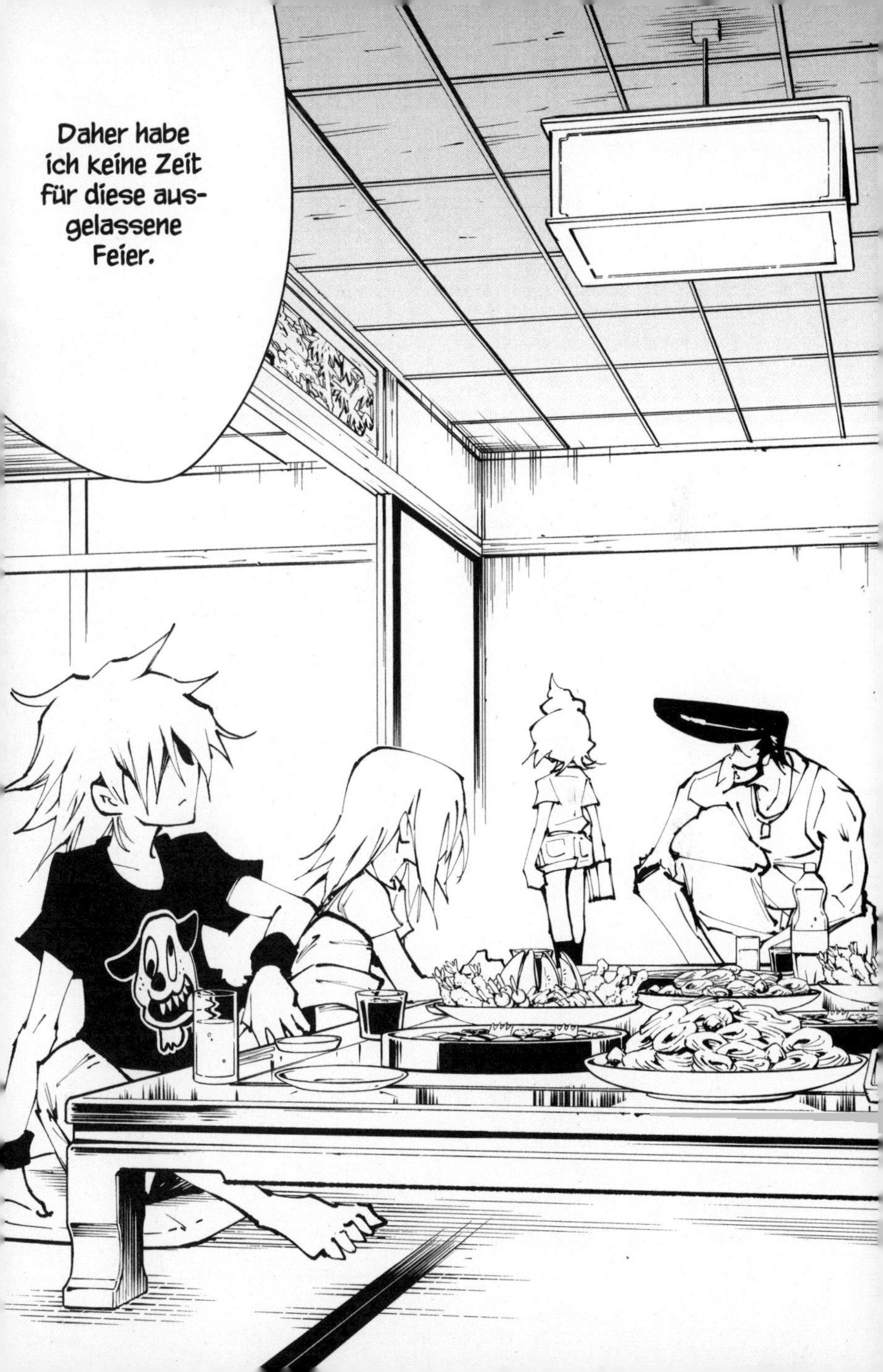
Daher habe ich keine Zeit für diese aus-gelassene Feier.

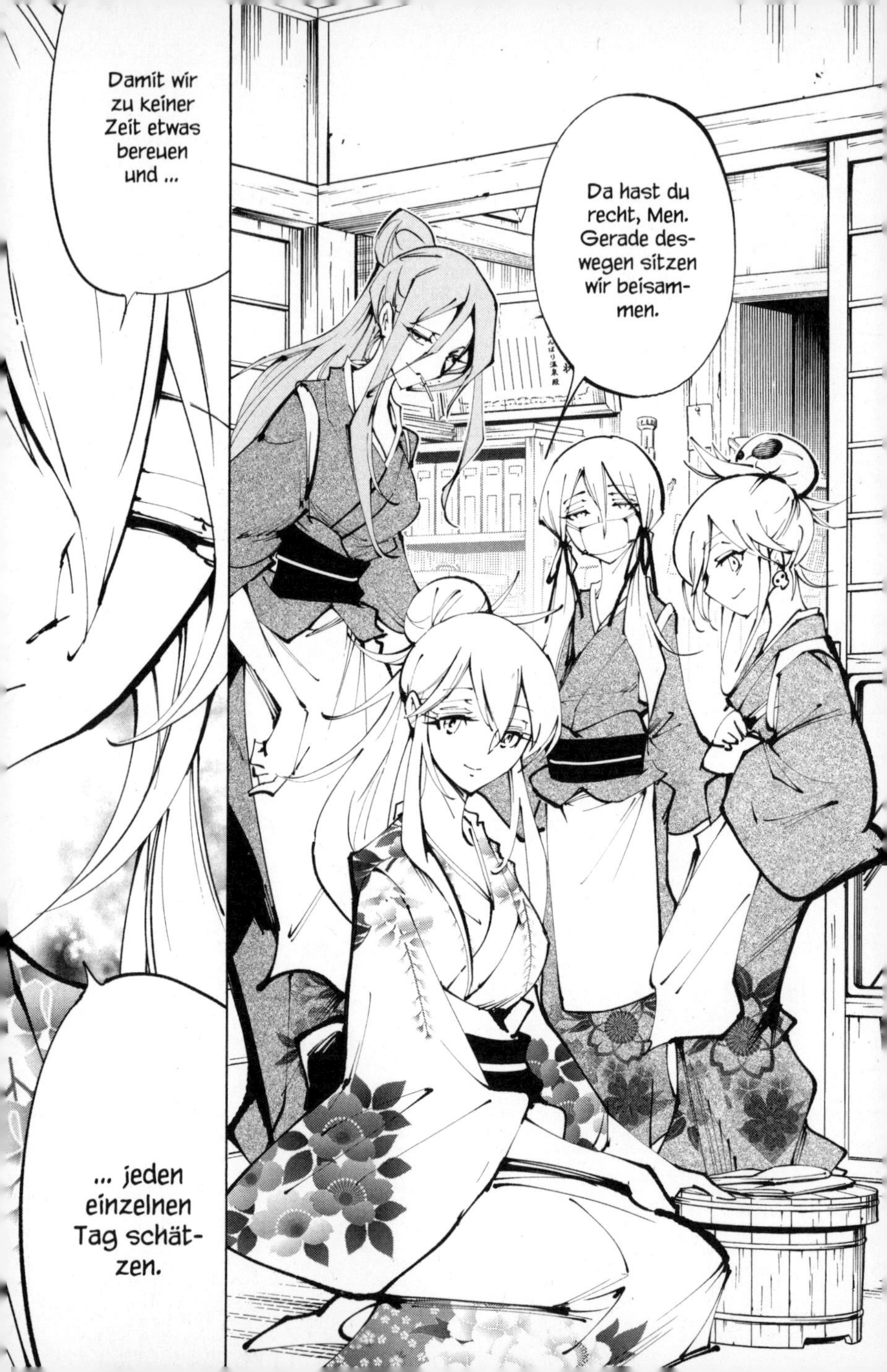
Da hast du recht, Men. Gerade deswegen sitzen wir beisammen.
Damit wir zu keiner Zeit etwas bereuen und ...
... jeden einzelnen Tag schätzen.

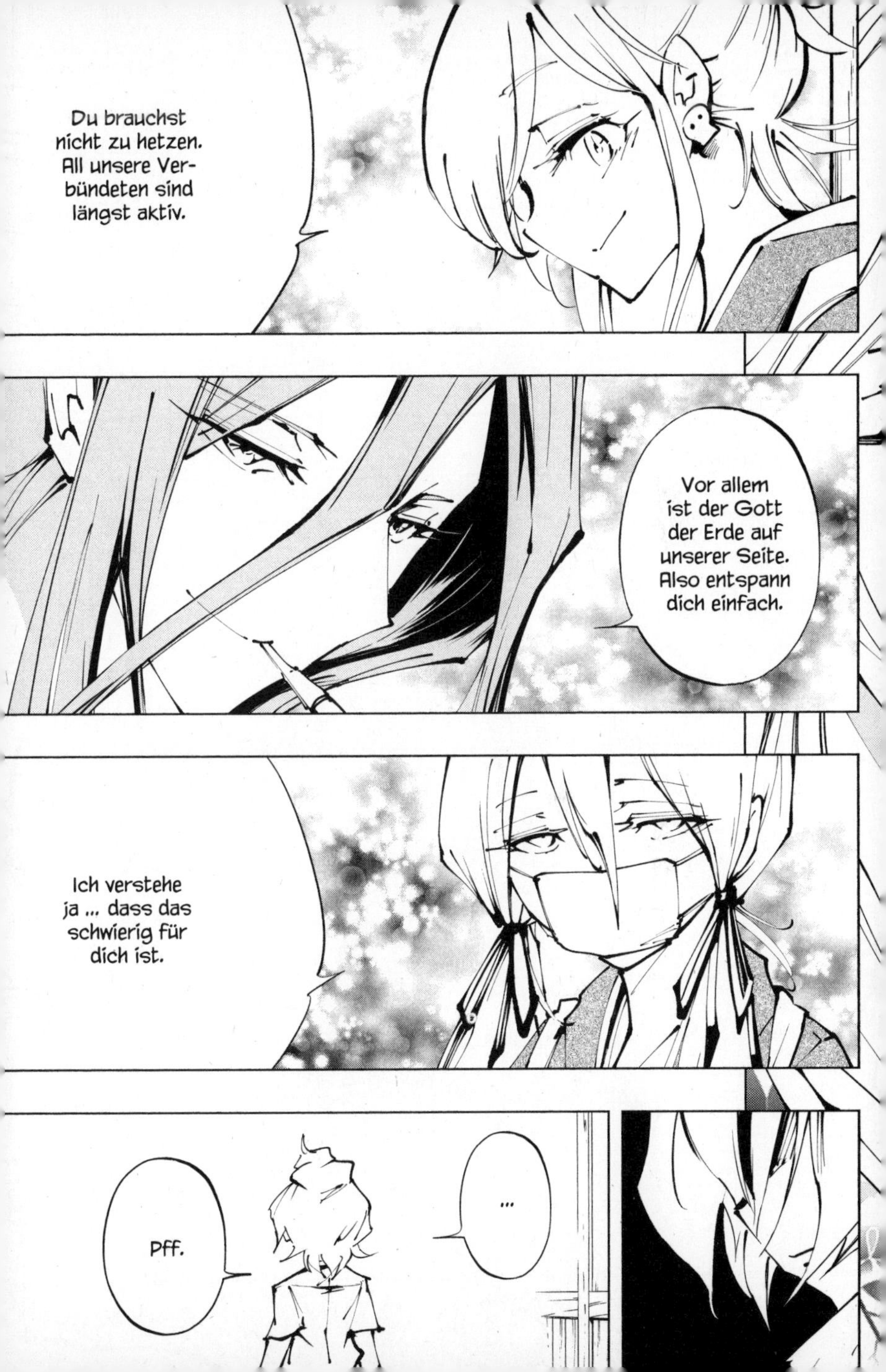
Du brauchst nicht zu hetzen. All unsere Verbündeten sind längst aktiv.
Vor allem ist der Gott der Erde auf unserer Seite. Also entspann dich einfach.
Ich verstehe ja ... dass das schwierig für dich ist.
...
Pff.

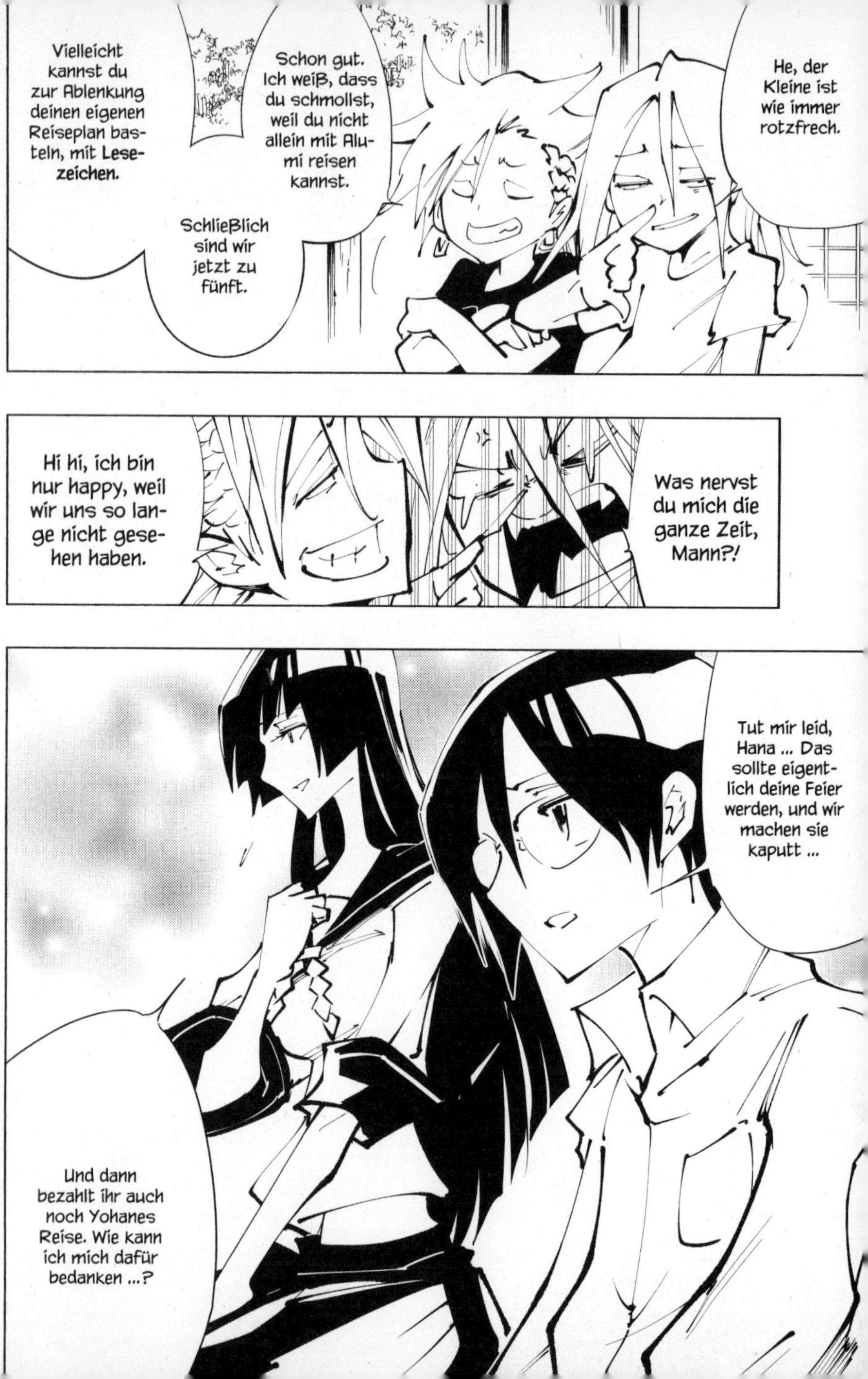
He, der Kleine ist wie immer rotzfrech.
Schon gut. Ich weiß, dass du schmollst, weil du nicht allein mit Alumi reisen kannst.
Schließlich sind wir jetzt zu fünft.
Vielleicht kannst du zur Ablenkung deinen eigenen Reiseplan basteln, mit Lesezeichen.
Was nervst du mich die ganze Zeit, Mann?!
Hi hi, ich bin nur happy, weil wir uns so lange nicht gesehen haben.
Tut mir leid, Hana ... Das sollte eigentlich deine Feier werden, und wir machen sie kaputt ...
Und dann bezahlt ihr auch noch Yohanes Reise. Wie kann ich mich dafür bedanken ...?

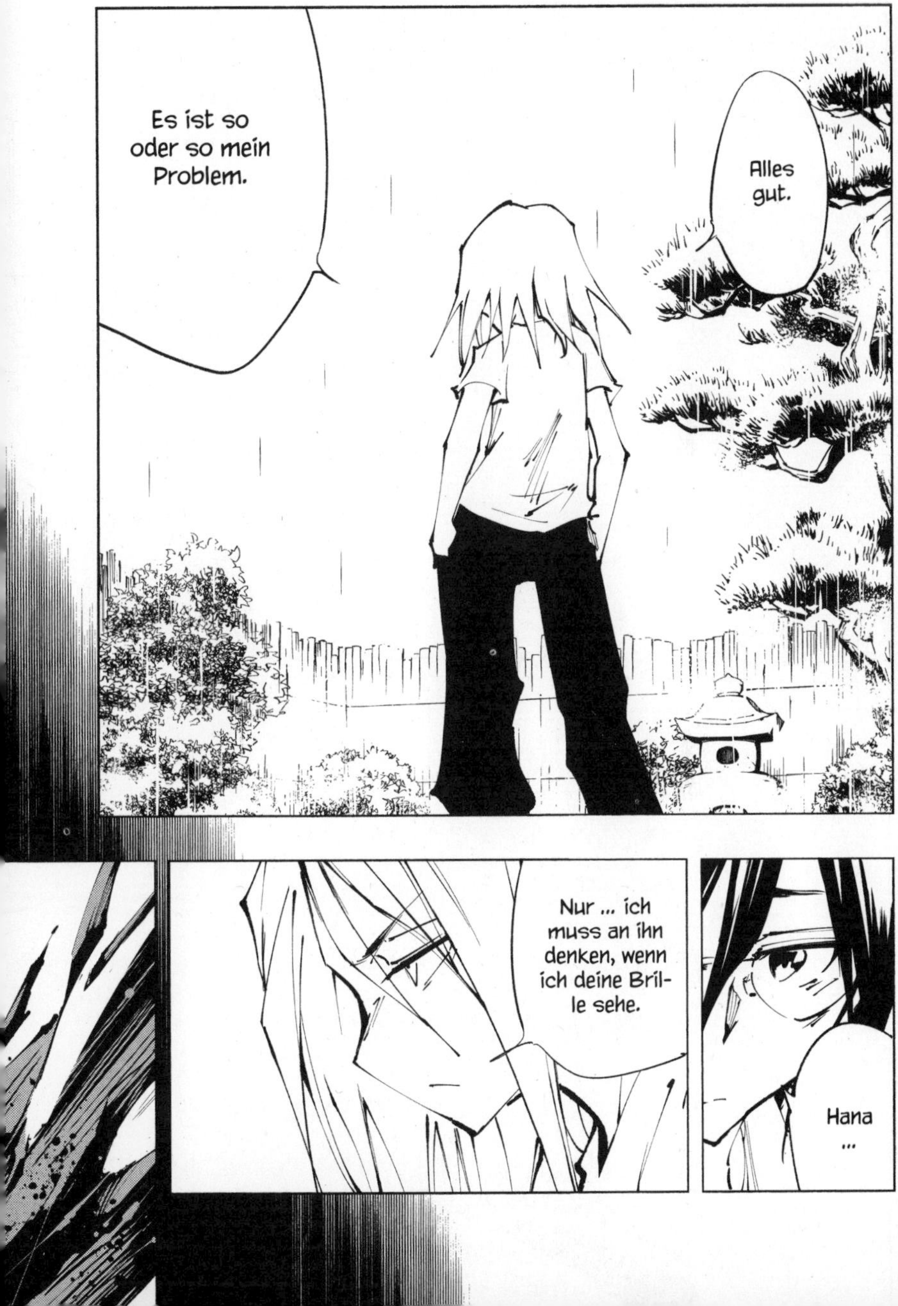
Alles gut.
Es ist so oder so mein Problem.
Hana ...
Nur ... ich muss an ihn denken, wenn ich deine Bril-le sehe.

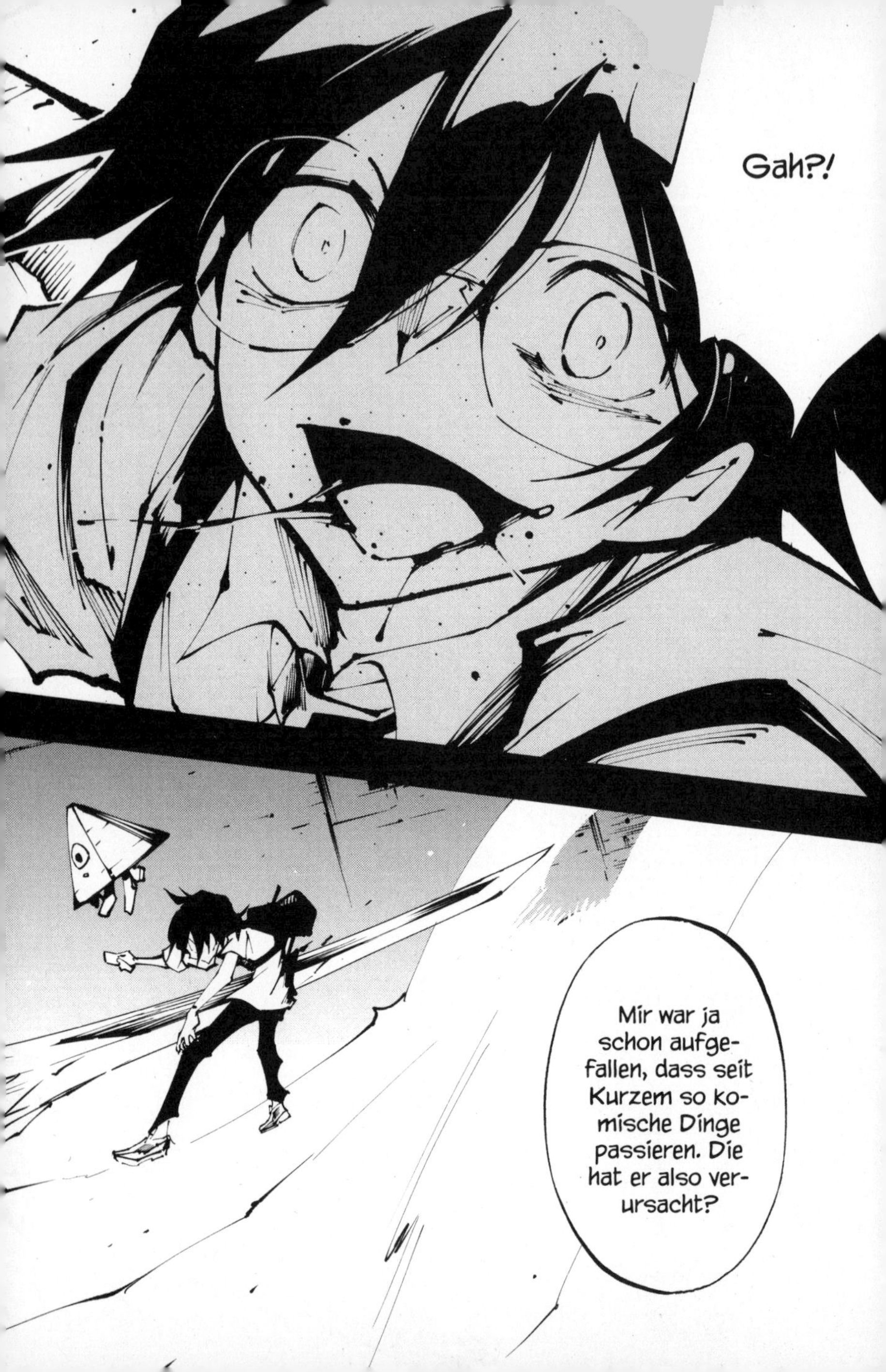
Gah?!
Mir war ja schon aufge- fallen, dass seit Kurzem so ko- mische Dinge passieren. Die hat er also ver- ursacht?

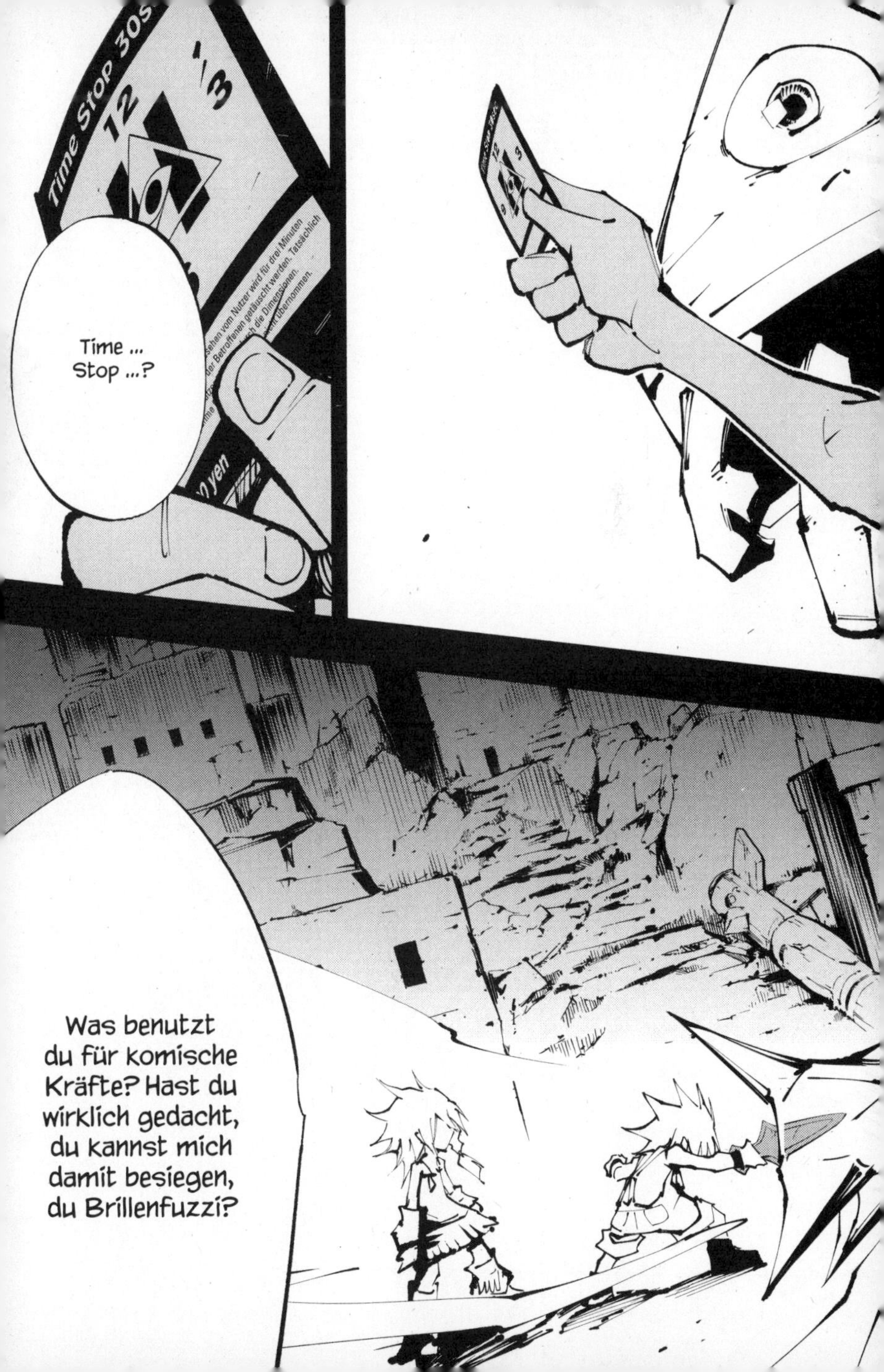
Time Stop 30s
Time … Stop …?
Was benutzt du für komische Kräfte? Hast du wirklich gedacht, du kannst mich damit besiegen, du Brillenfuzzi?

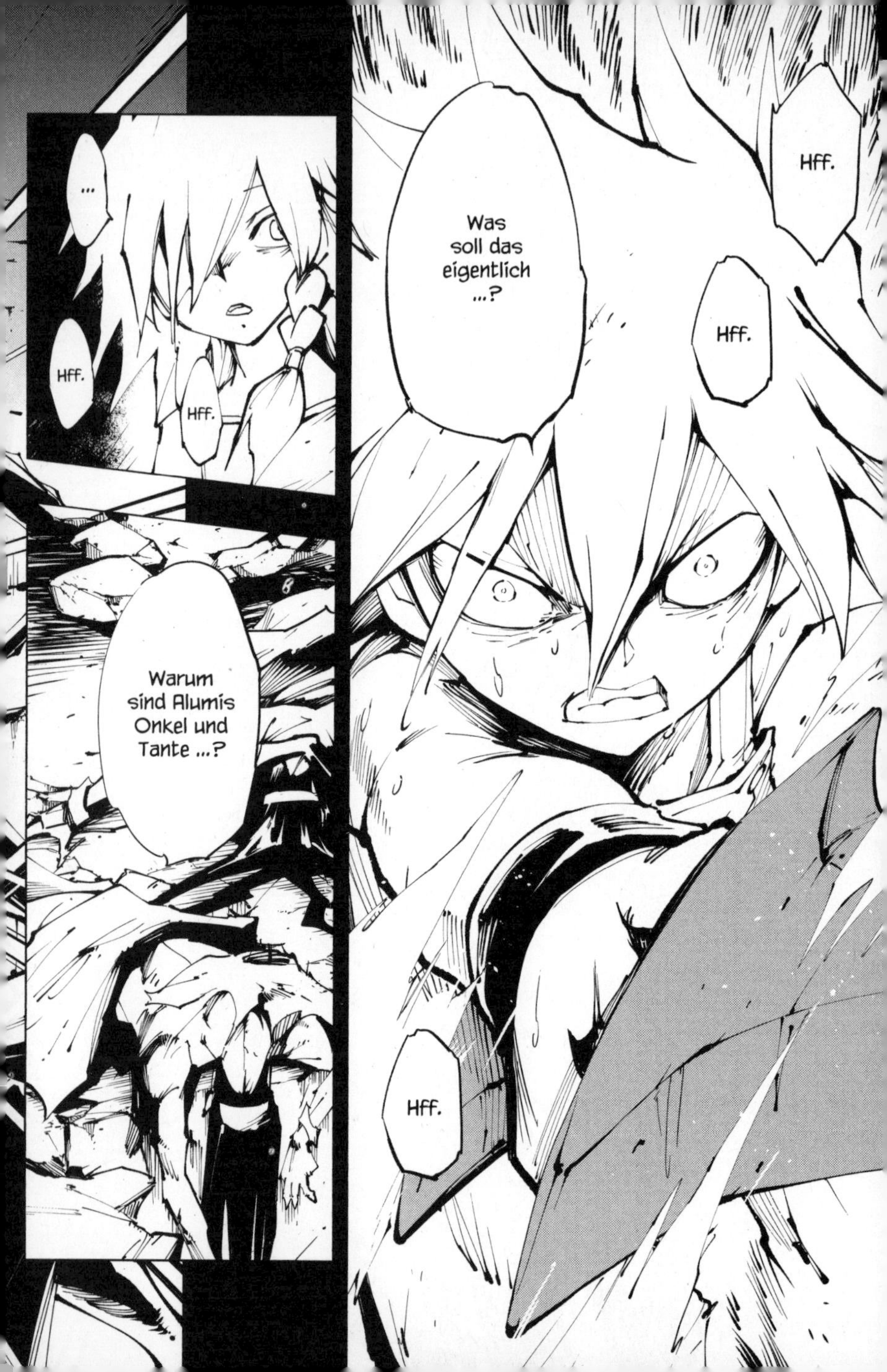
Hff.
Hff.
Was soll das eigentlich ...?
Hff.
...
Hff.
Hff.
Warum sind Alumis Onkel und Tante ...?

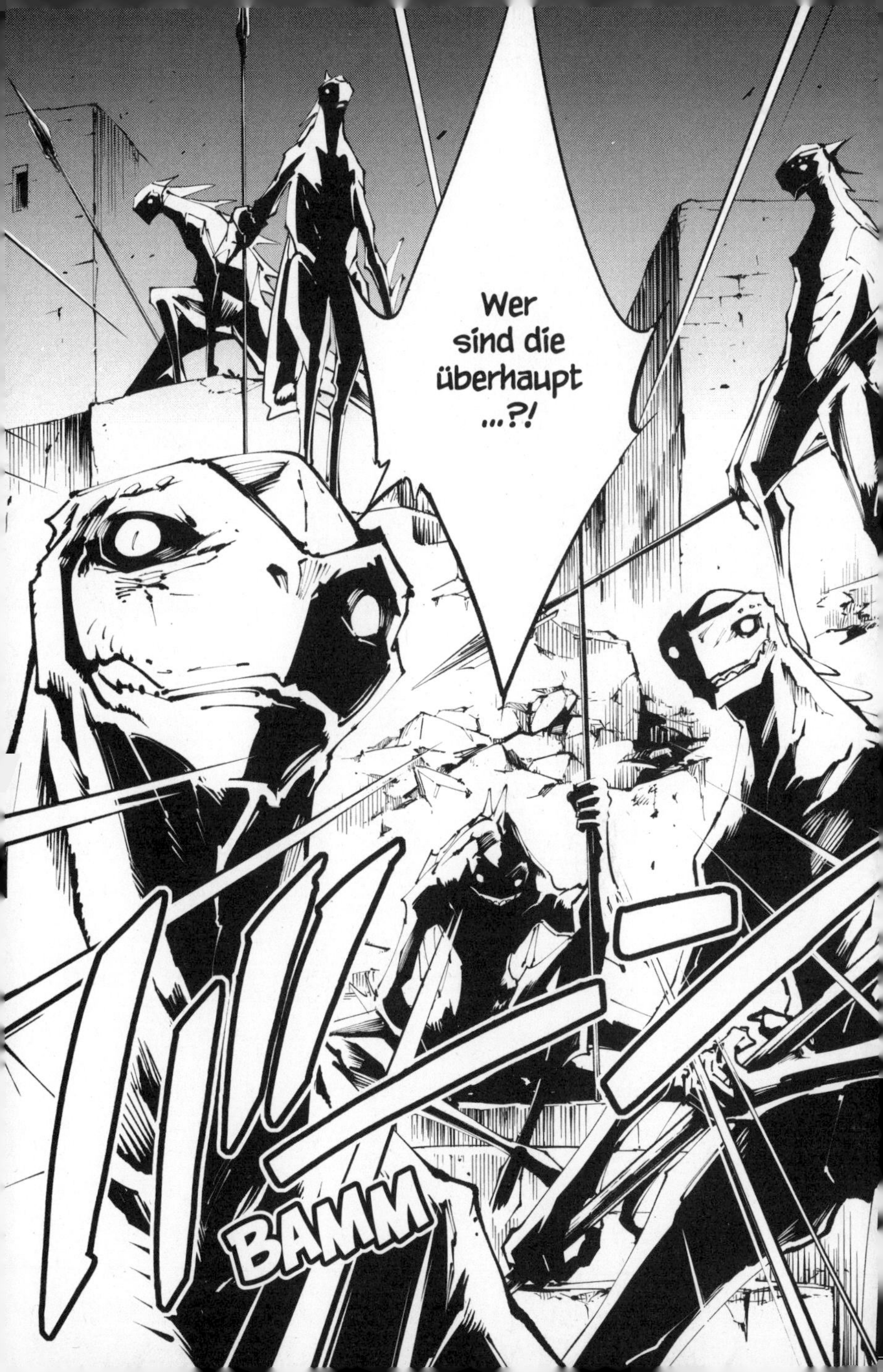
Wer sind die überhaupt ...?!
BAMM

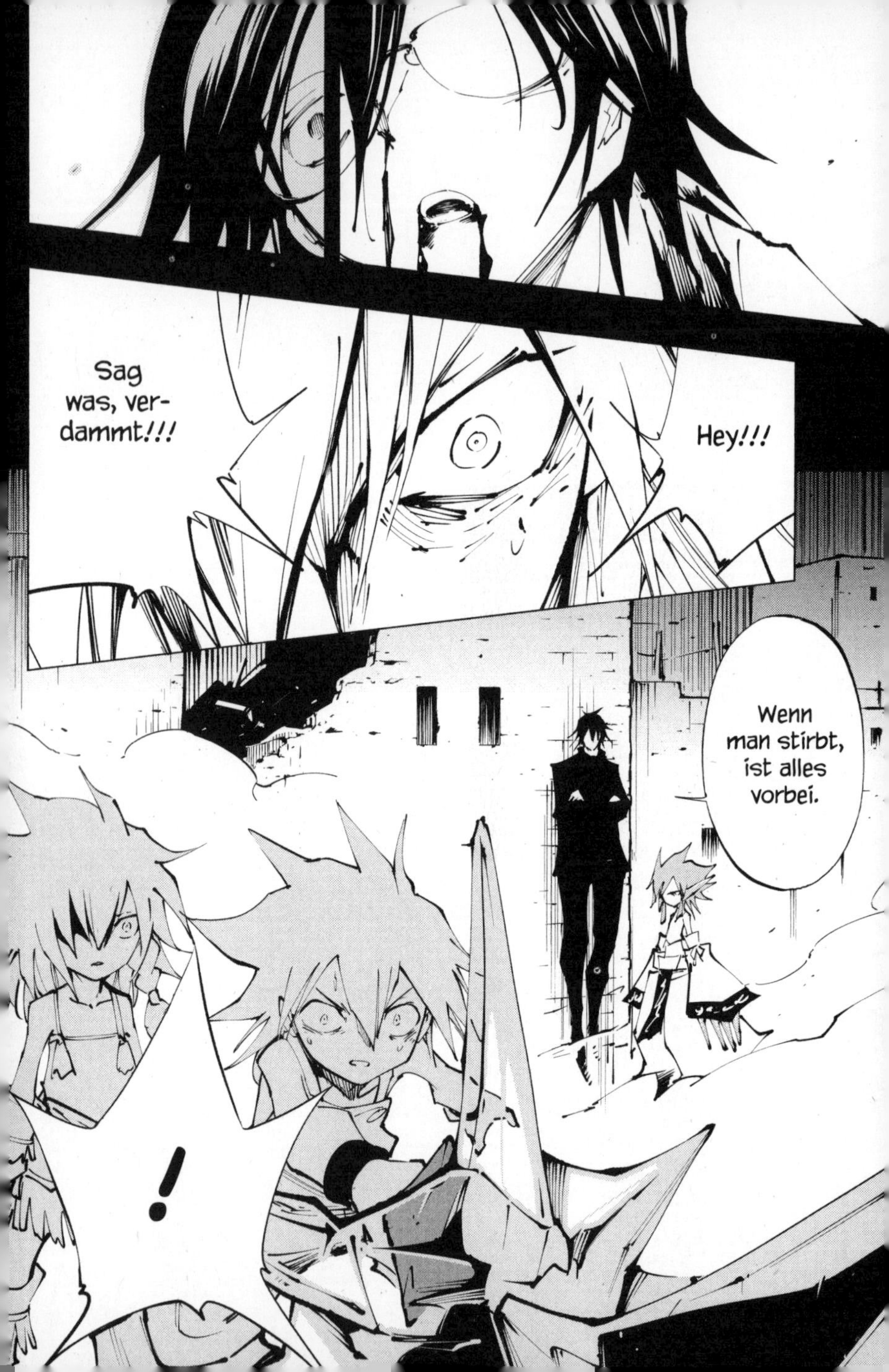
Hey!!!
Sag was, ver-dammt!!!
Wenn man stirbt, ist alles vorbei.
!

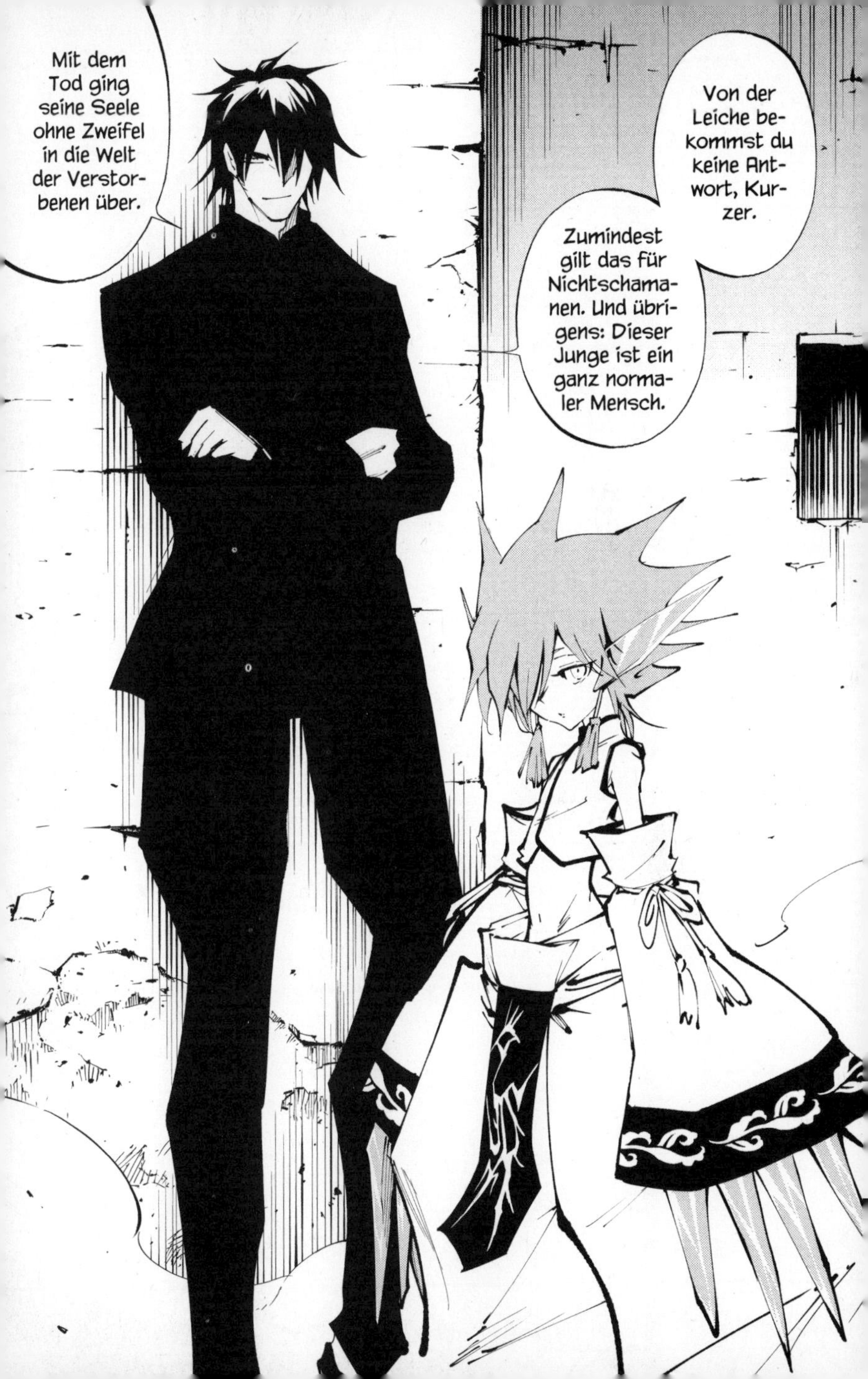
Von der Leiche bekommst du keine Antwort, Kurzer.
Mit dem Tod ging seine Seele ohne Zweifel in die Welt der Verstorbenen über.
Zumindest gilt das für Nichtschamanen. Und übrigens: Dieser Junge ist ein ganz normaler Mensch.

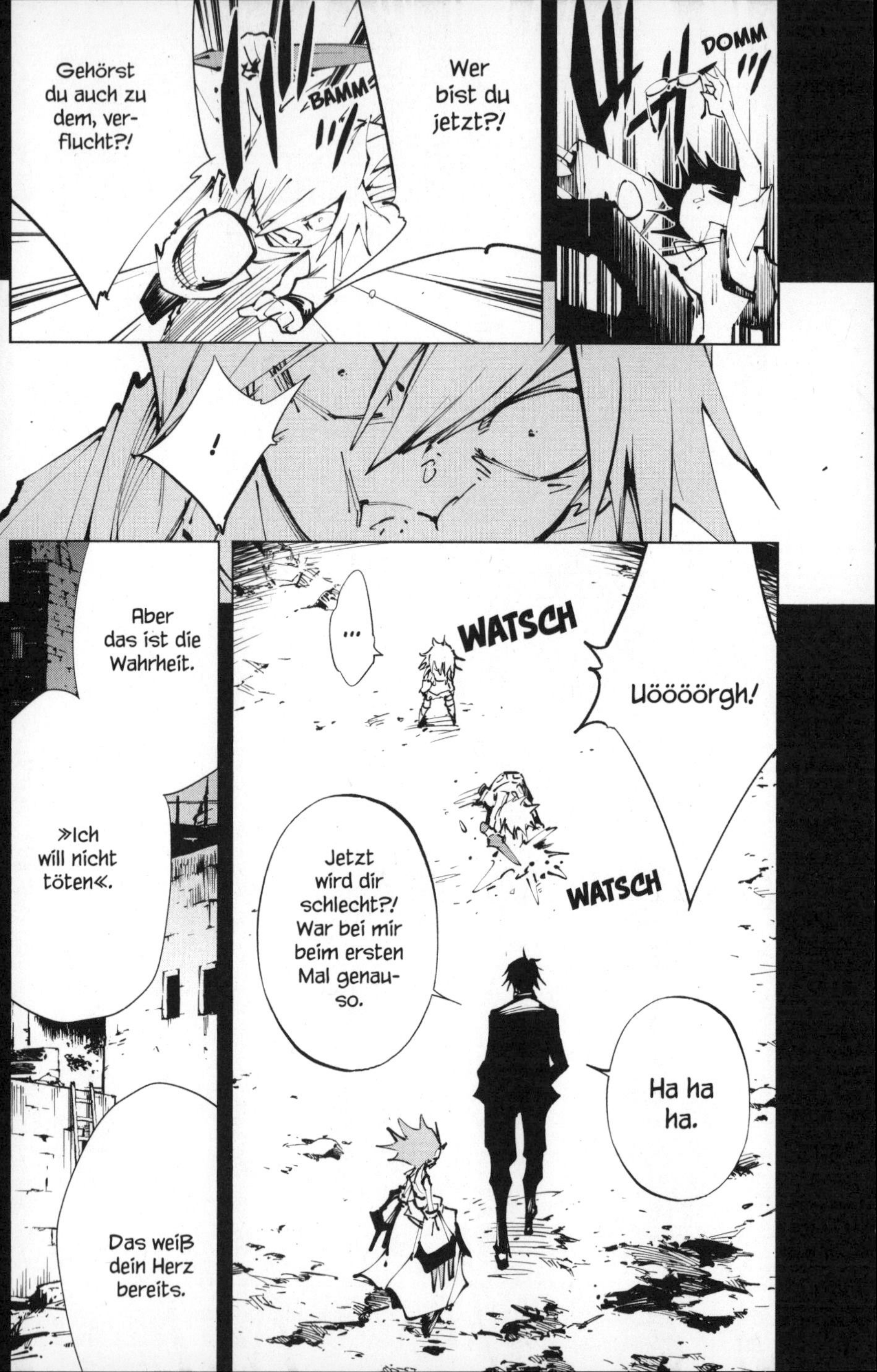
DOMM
Wer bist du jetzt?!
BAMM
Gehörst du auch zu dem, verflucht?!
!
Uööööorgh!
WATSCH
…
WATSCH
Jetzt wird dir schlecht?! War bei mir beim ersten Mal genauso.
Ha ha ha.
Aber das ist die Wahrheit.
»Ich will nicht töten«.
Das weiß dein Herz bereits.

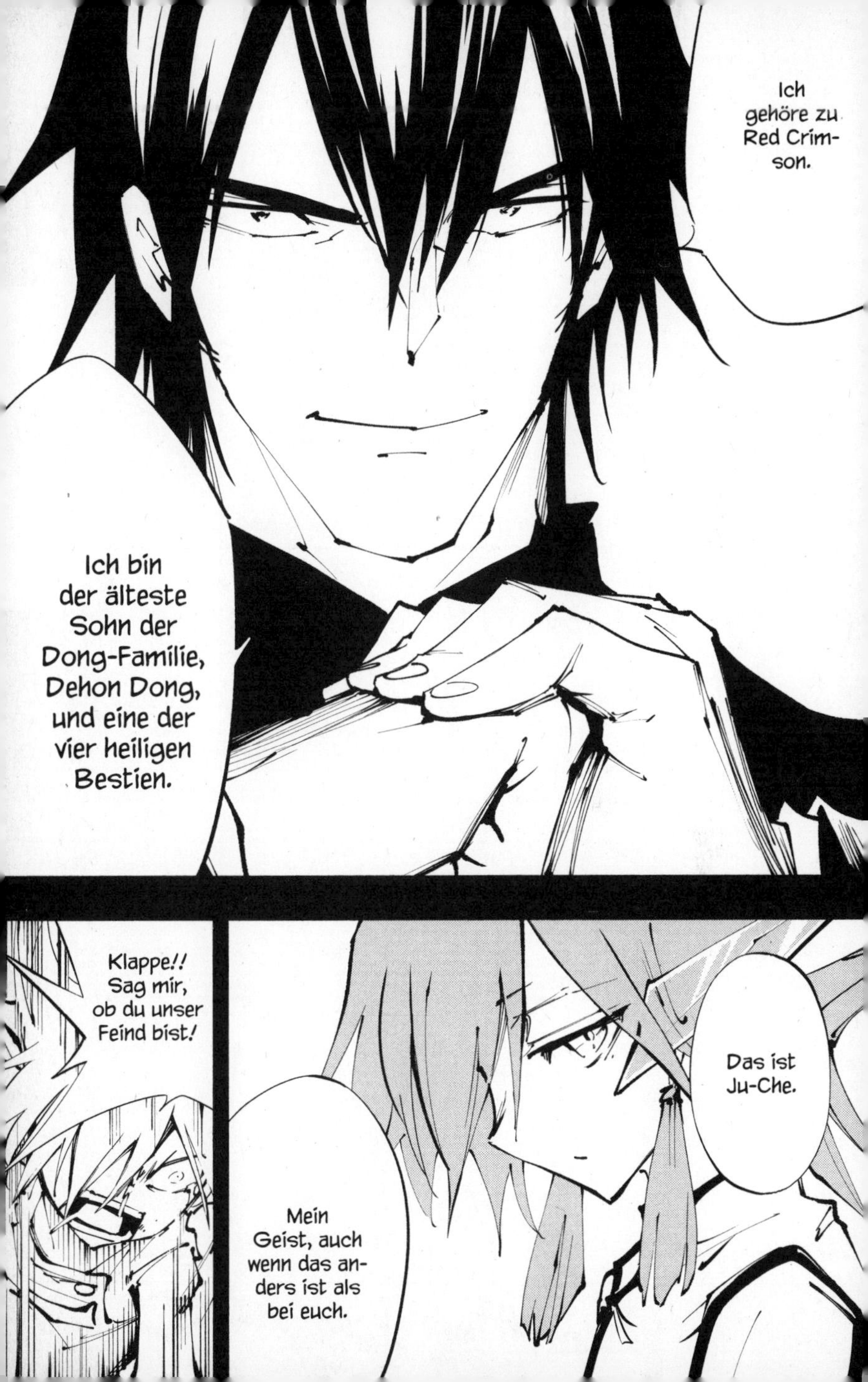
Ich gehöre zu Red Crimson.
Ich bin der älteste Sohn der Dong-Familie, Dehon Dong, und eine der vier heiligen Bestien.
Das ist Ju-Che.
Mein Geist, auch wenn das anders ist als bei euch.
Klappe!! Sag mir, ob du unser Feind bist!

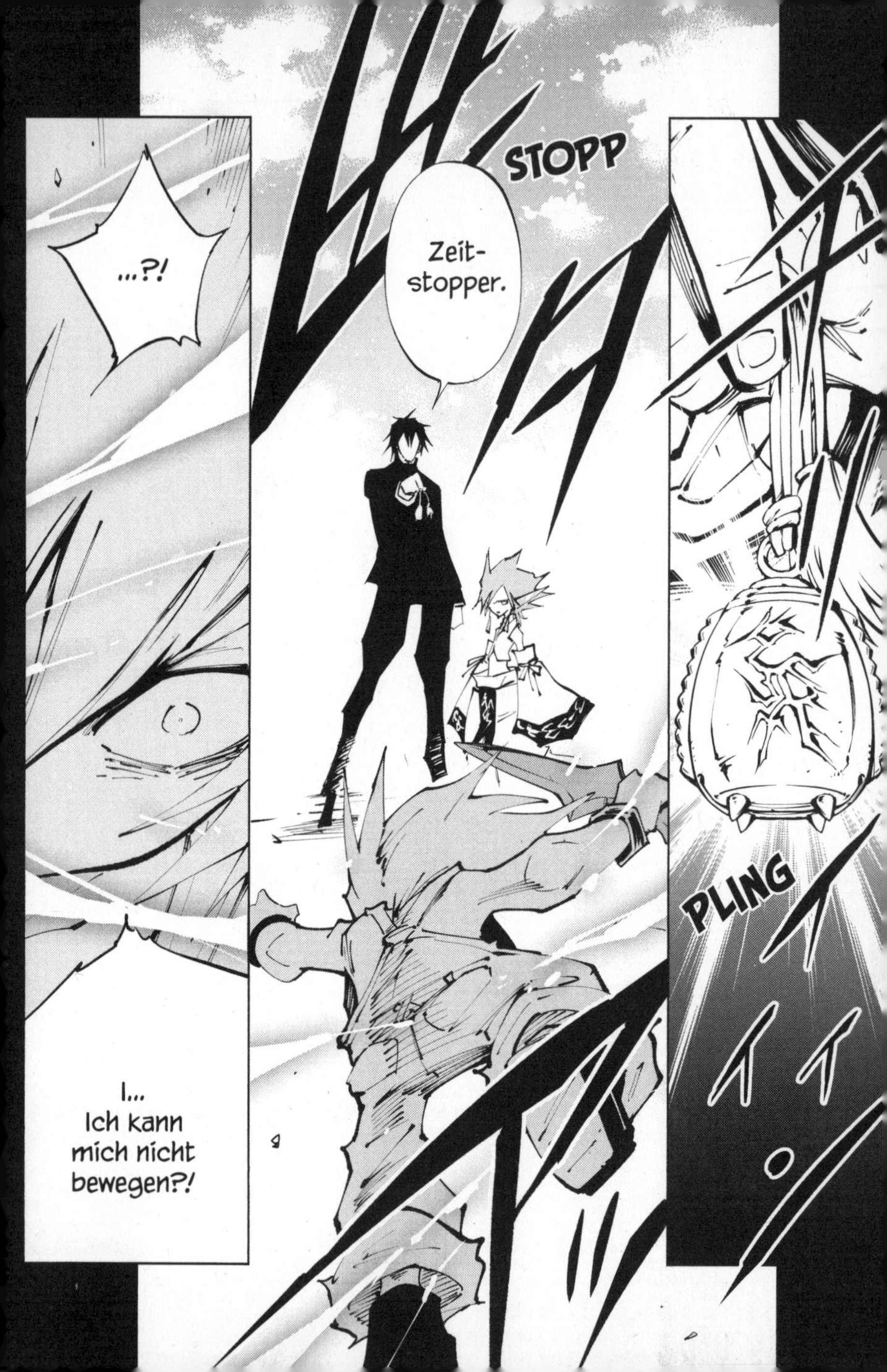
STOPP
Zeit-stopper.
PLING
...?!
I... Ich kann mich nicht bewegen?!

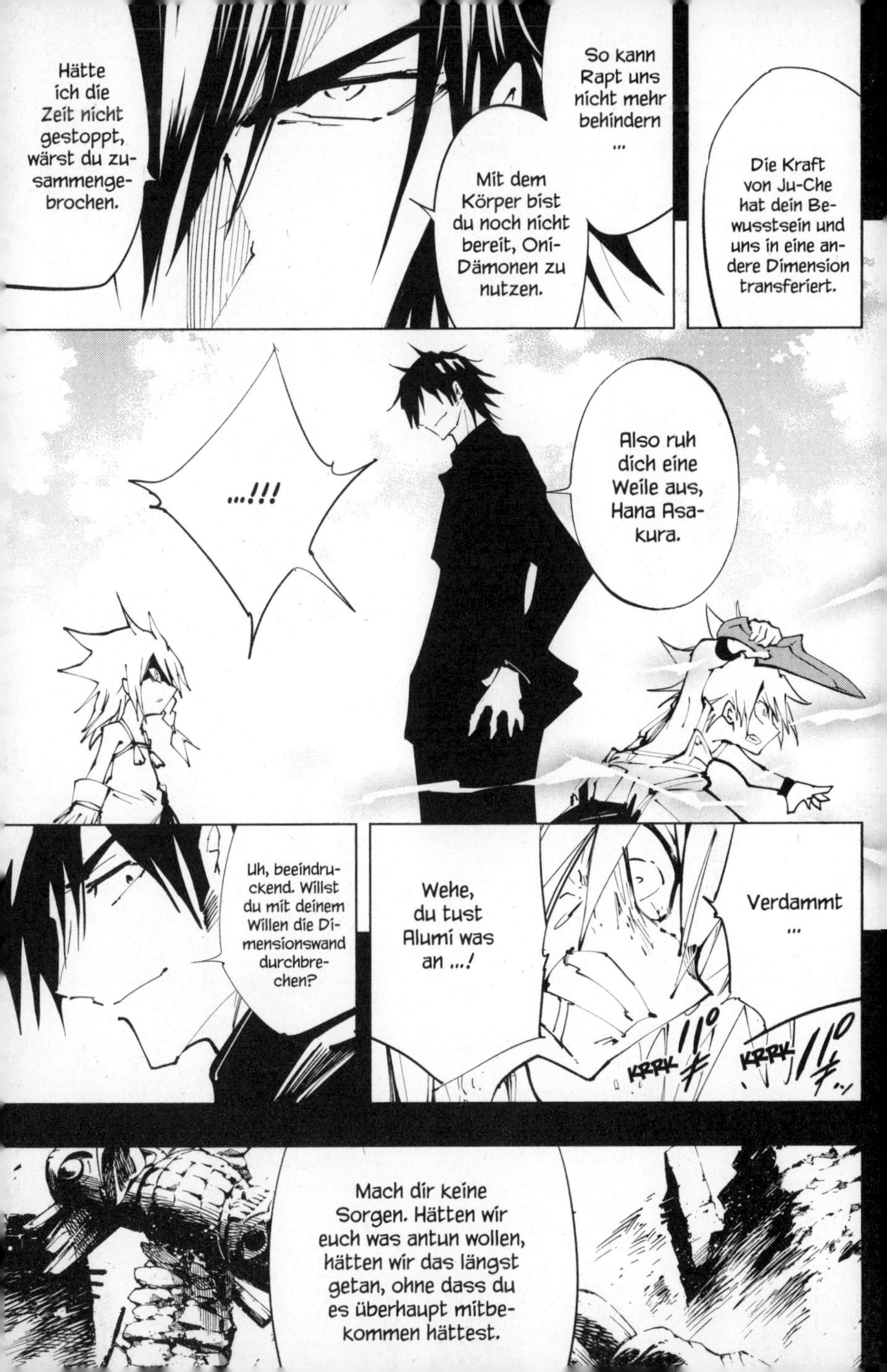
Die Kraft von Ju-Che hat dein Bewusstsein und uns in eine andere Dimension transferiert.
So kann Rapt uns nicht mehr behindern ...
Mit dem Körper bist du noch nicht bereit, Oni-Dämonen zu nutzen.
Hätte ich die Zeit nicht gestoppt, wärst du zusammengebrochen.
Also ruh dich eine Weile aus, Hana Asakura.
...!!!
Verdammt ...
Wehe, du tust Alumi was an ...!
KRRK
KRRK
Uh, beeindruckend. Willst du mit deinem Willen die Dimensionswand durchbrechen?
Mach dir keine Sorgen. Hätten wir euch was antun wollen, hätten wir das längst getan, ohne dass du es überhaupt mitbekommen hättest.

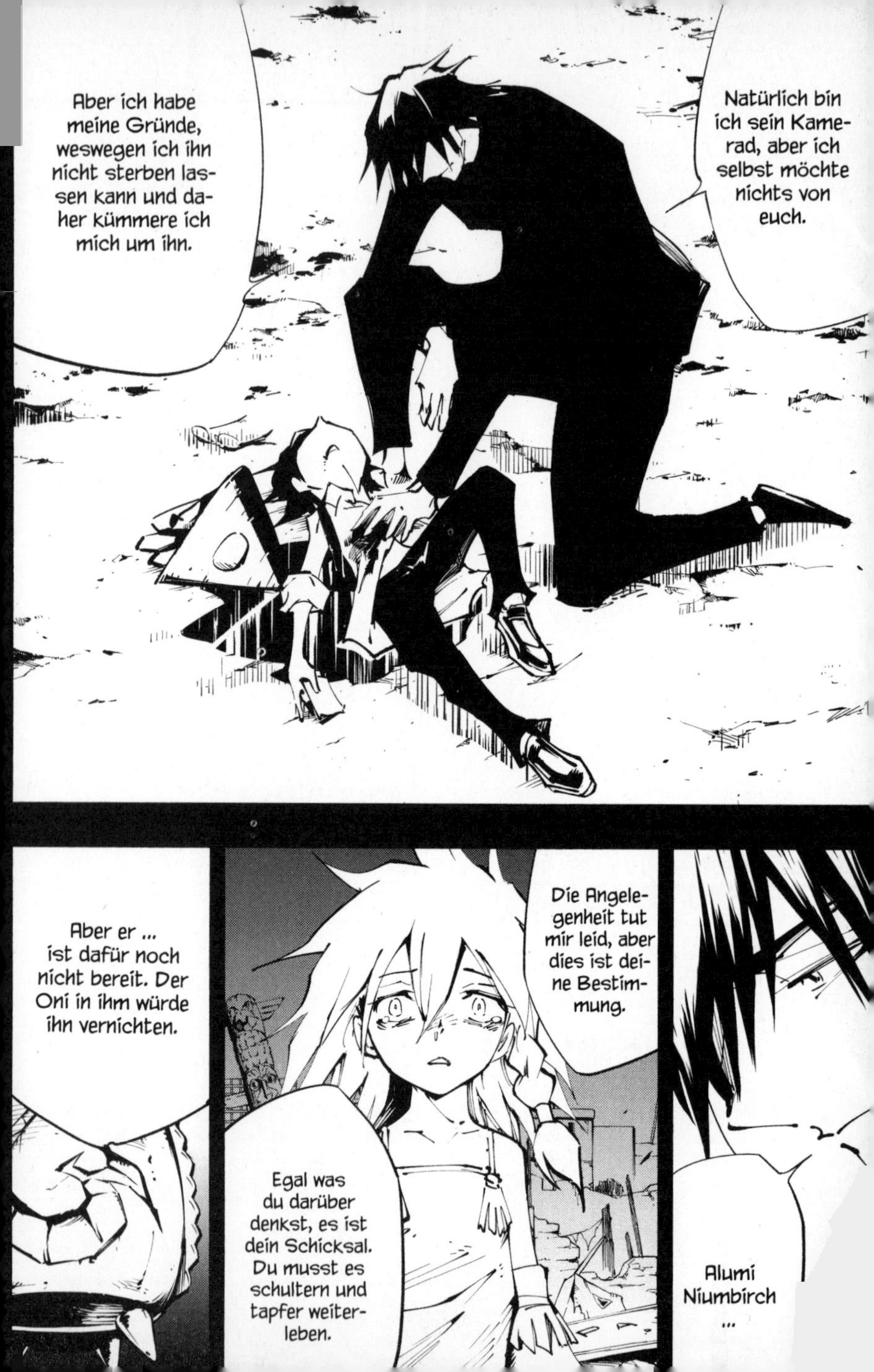
Natürlich bin ich sein Kamerad, aber ich selbst möchte nichts von euch.
Aber ich habe meine Gründe, weswegen ich ihn nicht sterben lassen kann und daher kümmere ich mich um ihn.
Alumi Niumbirch ...
Die Angelegenheit tut mir leid, aber dies ist deine Bestimmung.
Egal was du darüber denkst, es ist dein Schicksal. Du musst es schultern und tapfer weiterleben.
Aber er ... ist dafür noch nicht bereit. Der Oni in ihm würde ihn vernichten.

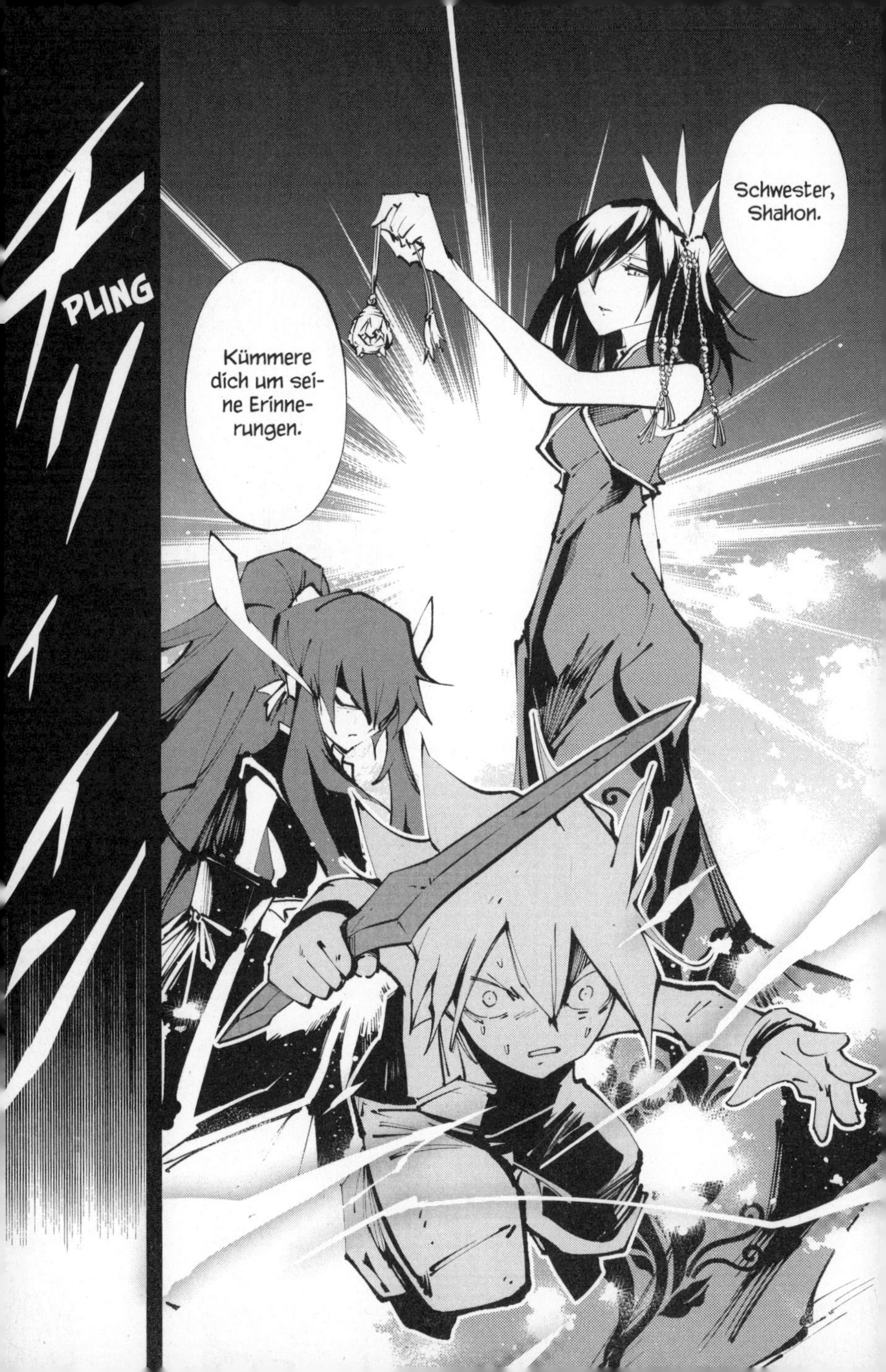
Schwester, Shahon.
Kümmere dich um seine Erinnerungen.
PLING

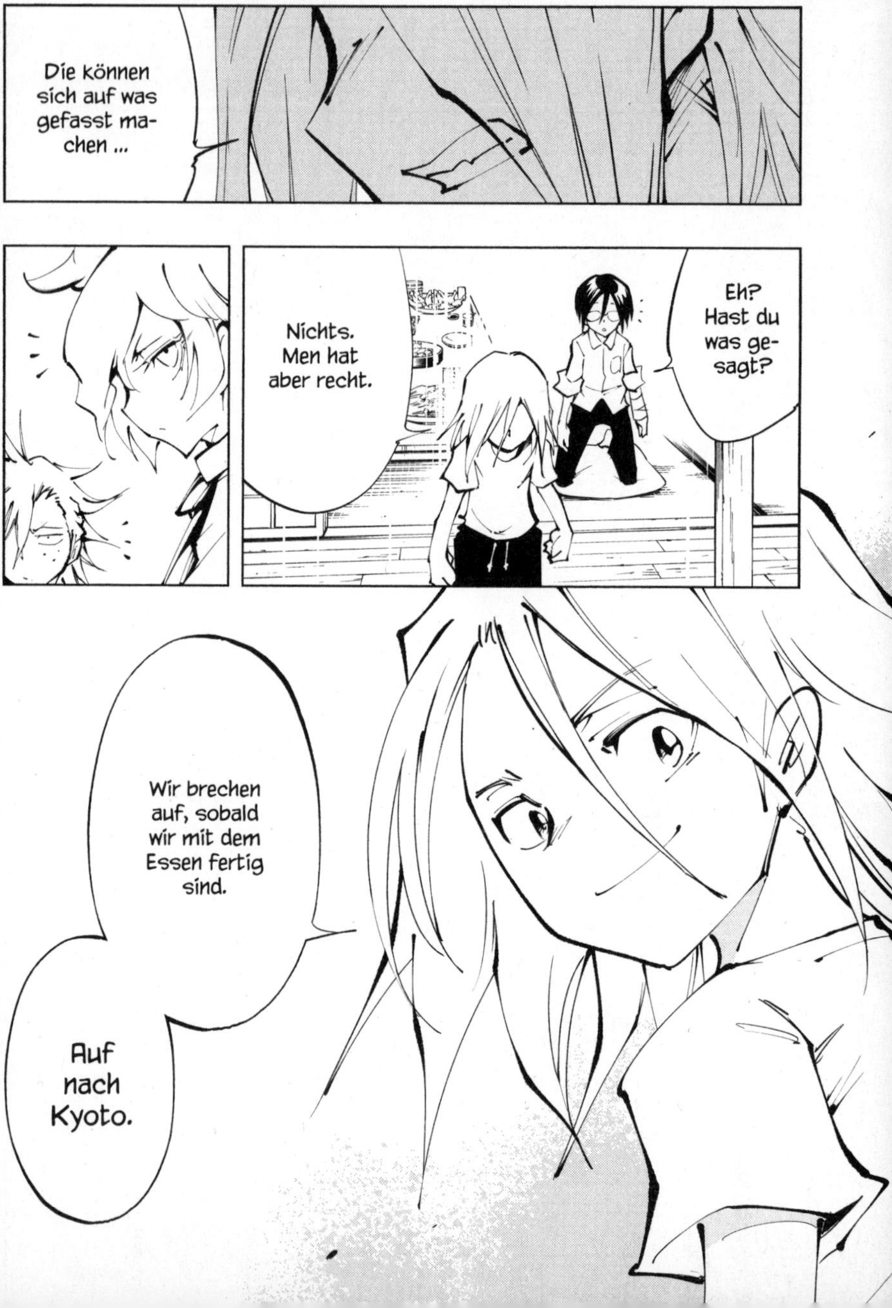
Die können sich auf was gefasst machen ...
Eh? Hast du was gesagt?
Nichts. Men hat aber recht.
Wir brechen auf, sobald wir mit dem Essen fertig sind.
Auf nach Kyoto.

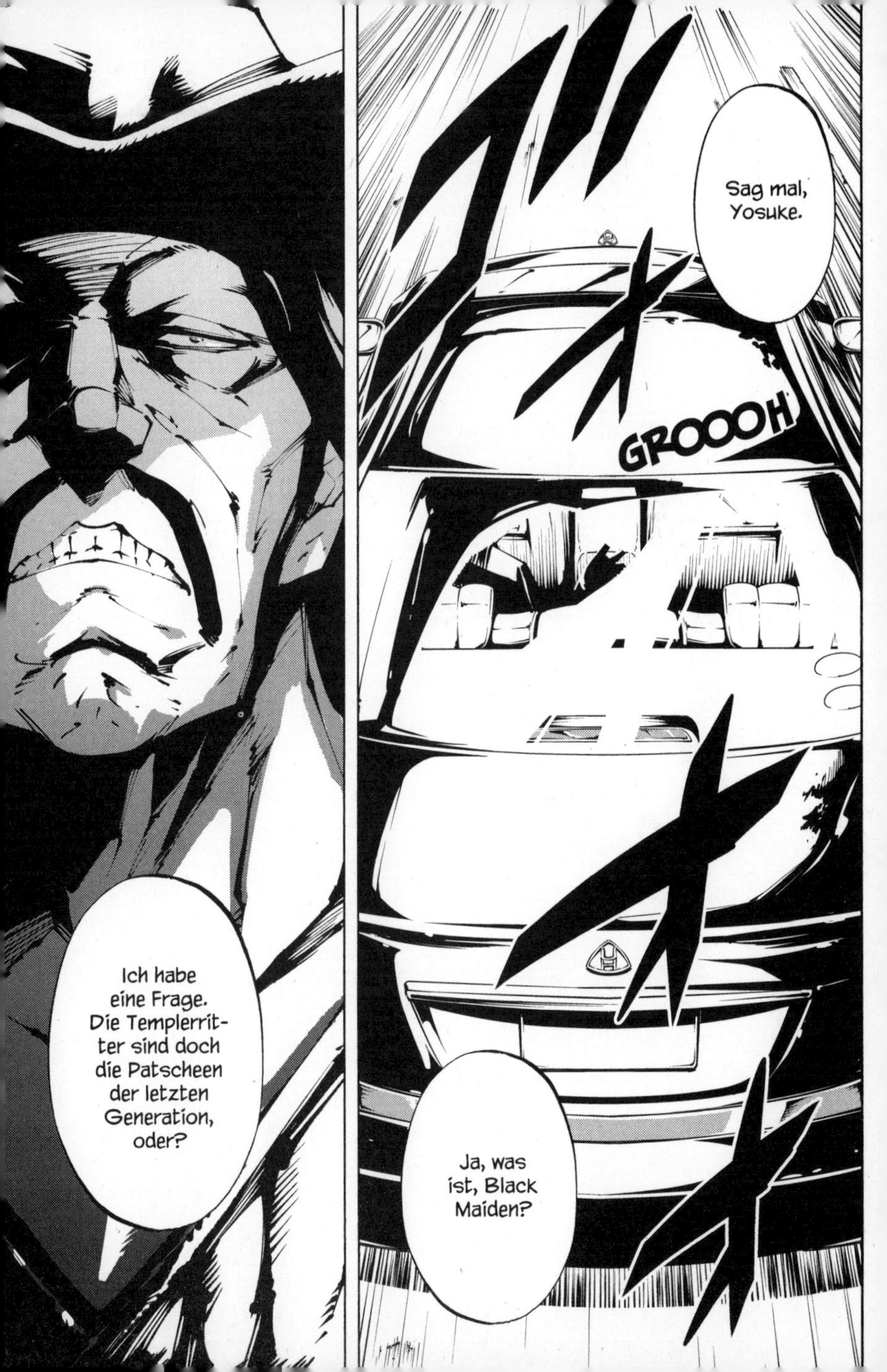
Sag mal, Yosuke.
GROOOH
Ja, was ist, Black Maiden?
Ich habe eine Frage. Die Templerritter sind doch die Patscheen der letzten Generation, oder?

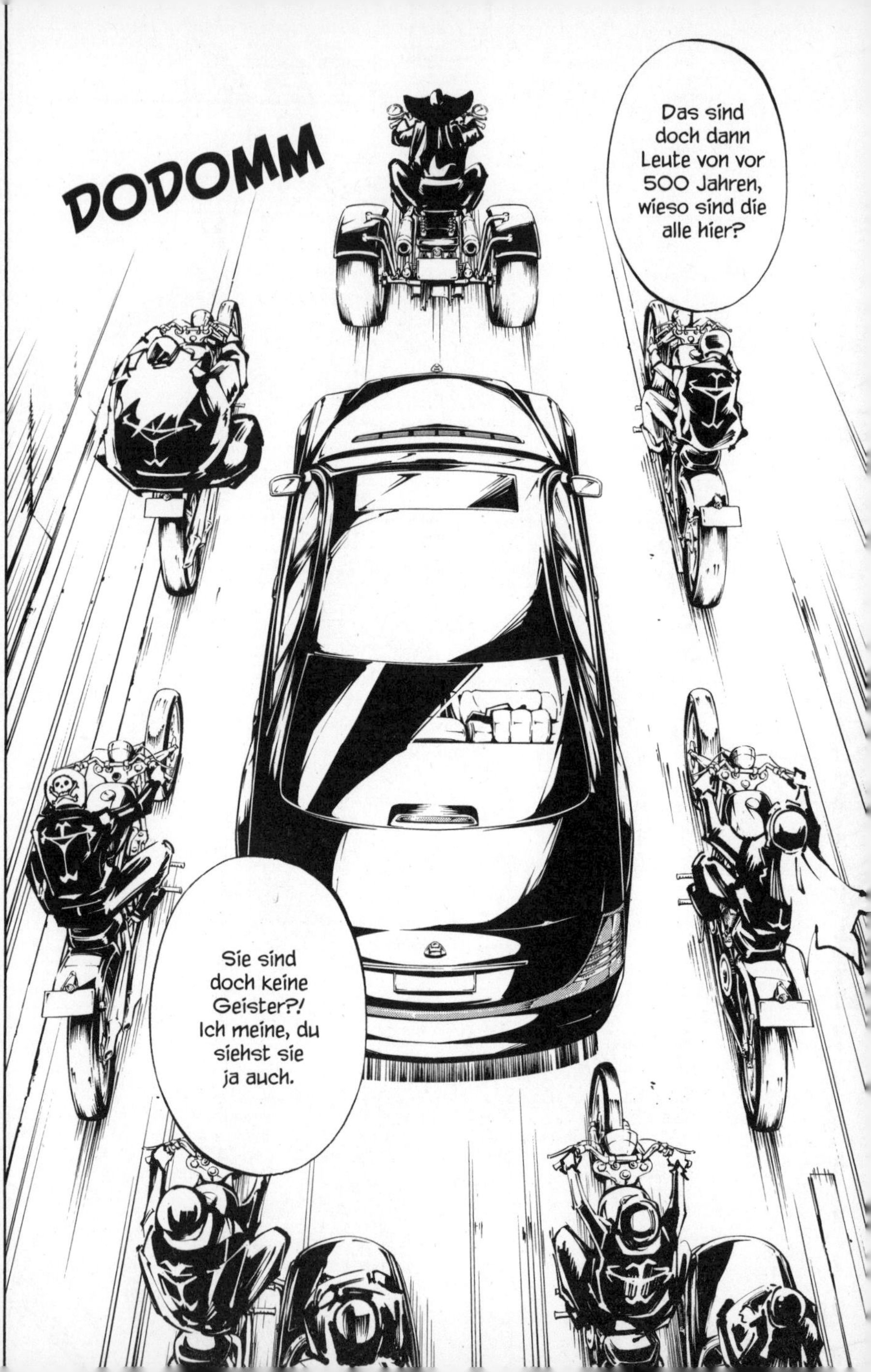
DODOMM
Das sind doch dann Leute von vor 500 Jahren, wieso sind die alle hier?
Sie sind doch keine Geister?! Ich meine, du siehst sie ja auch.

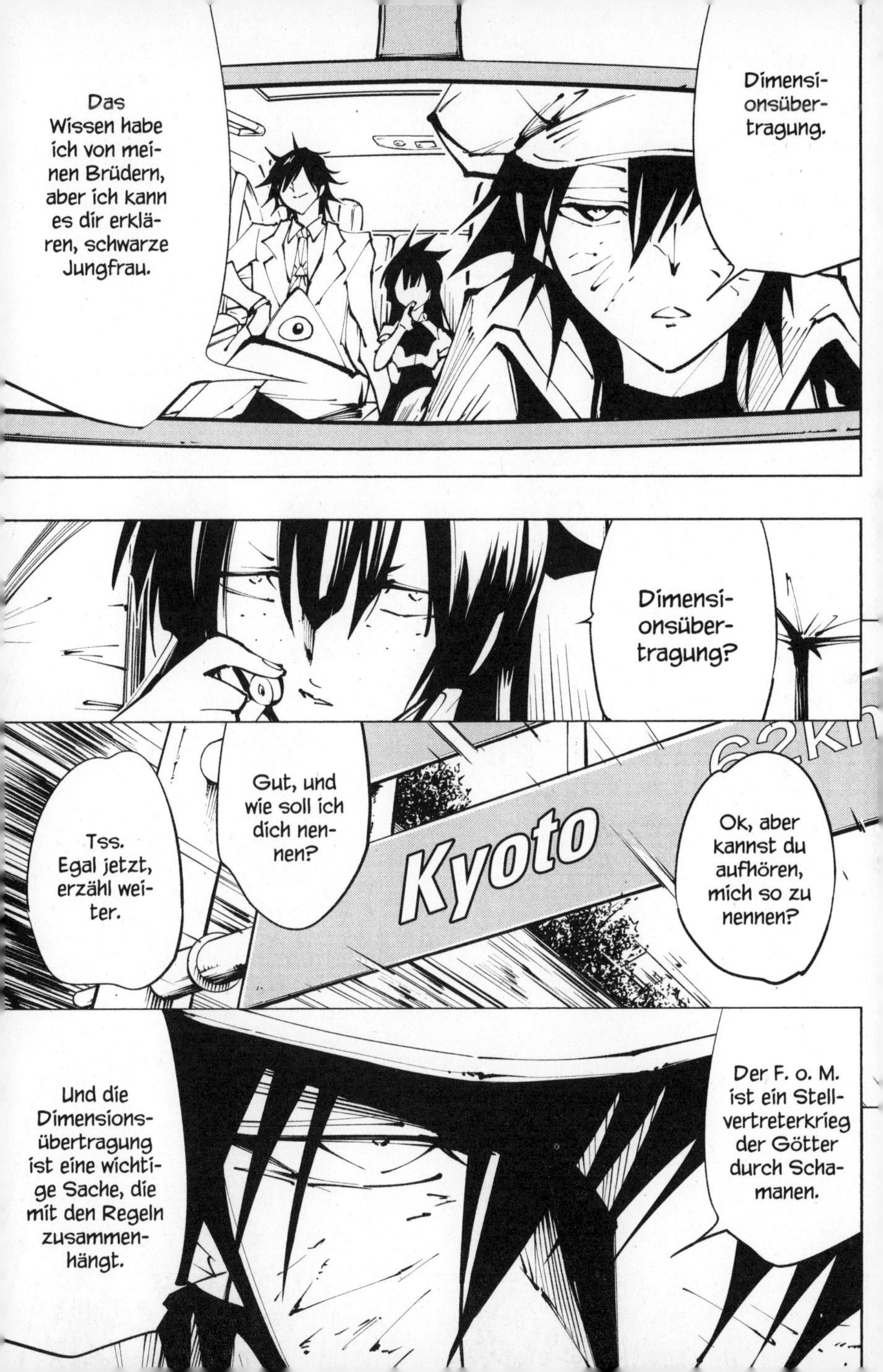
Dimensionsübertragung.
Das Wissen habe ich von meinen Brüdern, aber ich kann es dir erklären, schwarze Jungfrau.
Dimensionsübertragung?
Ok, aber kannst du aufhören, mich so zu nennen?
Kyoto
62km
Gut, und wie soll ich dich nennen?
Tss. Egal jetzt, erzähl weiter.
Der F. o. M. ist ein Stellvertreterkrieg der Götter durch Schamanen.
Und die Dimensionsübertragung ist eine wichtige Sache, die mit den Regeln zusammenhängt.

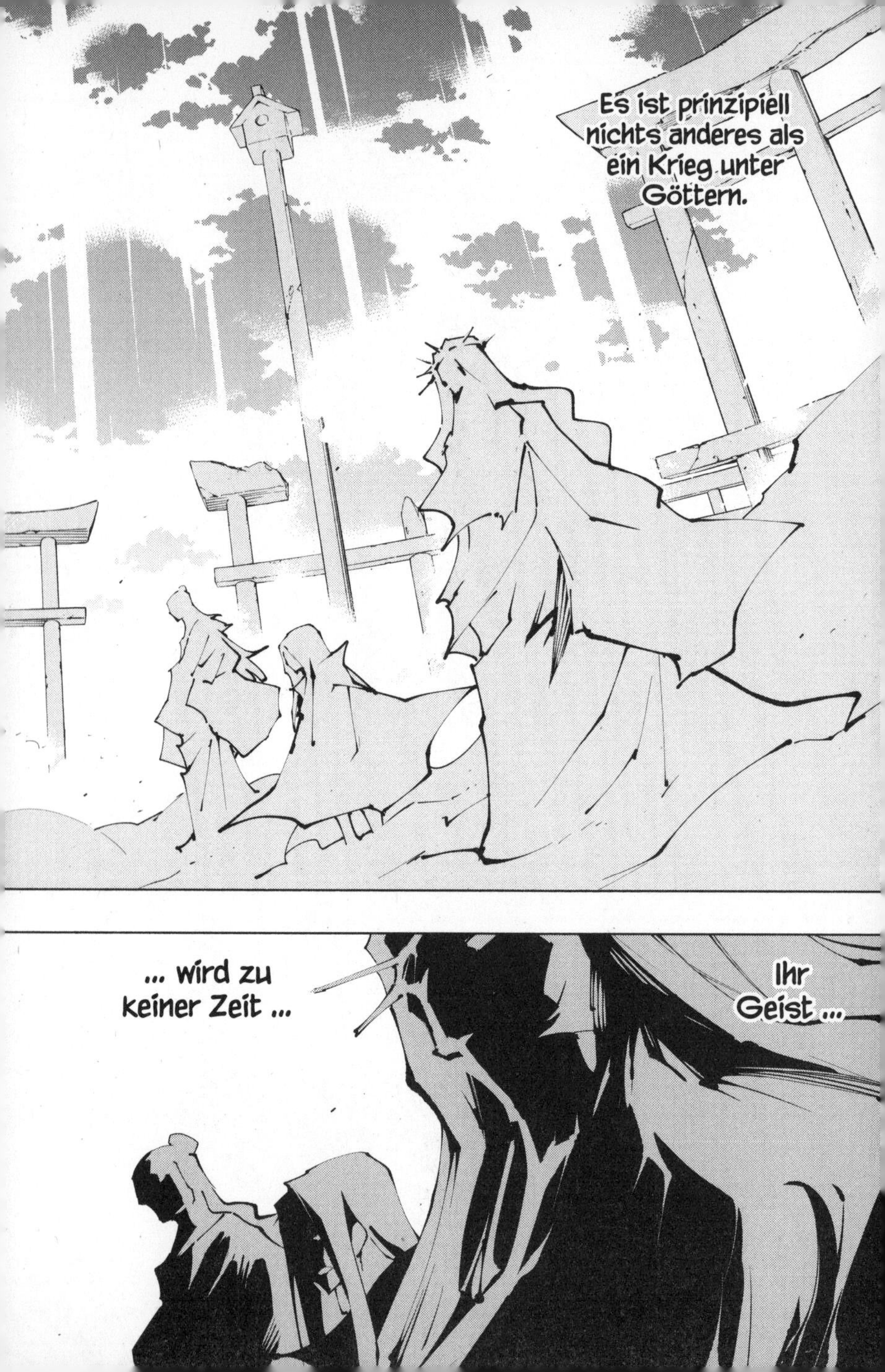
Es ist prinzipiell nichts anderes als ein Krieg unter Göttern.
Ihr Geist ...
... wird zu keiner Zeit ...

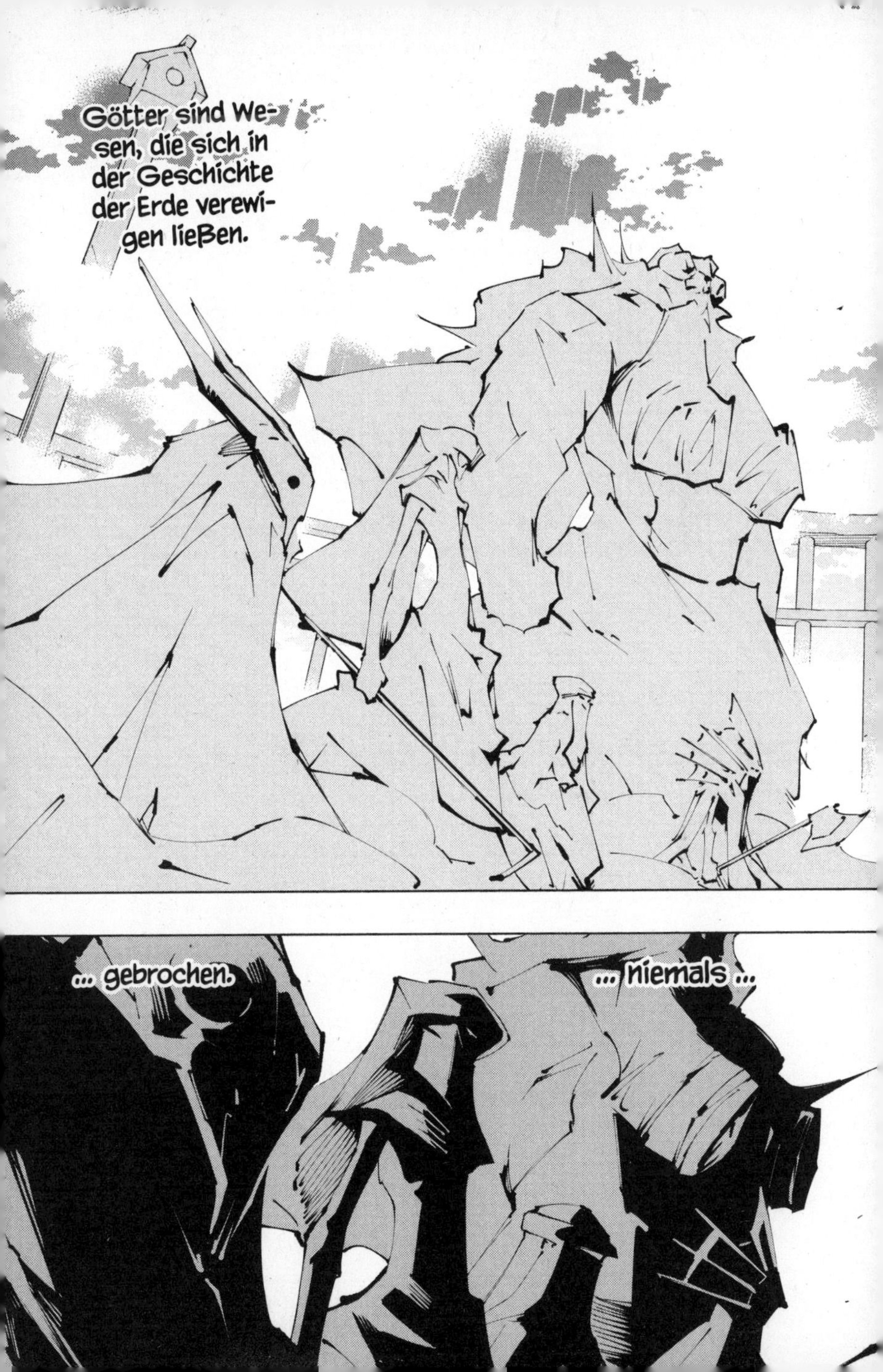
Götter sind Wesen, die sich in der Geschichte der Erde verewigen ließen.
... niemals ...
... gebrochen.

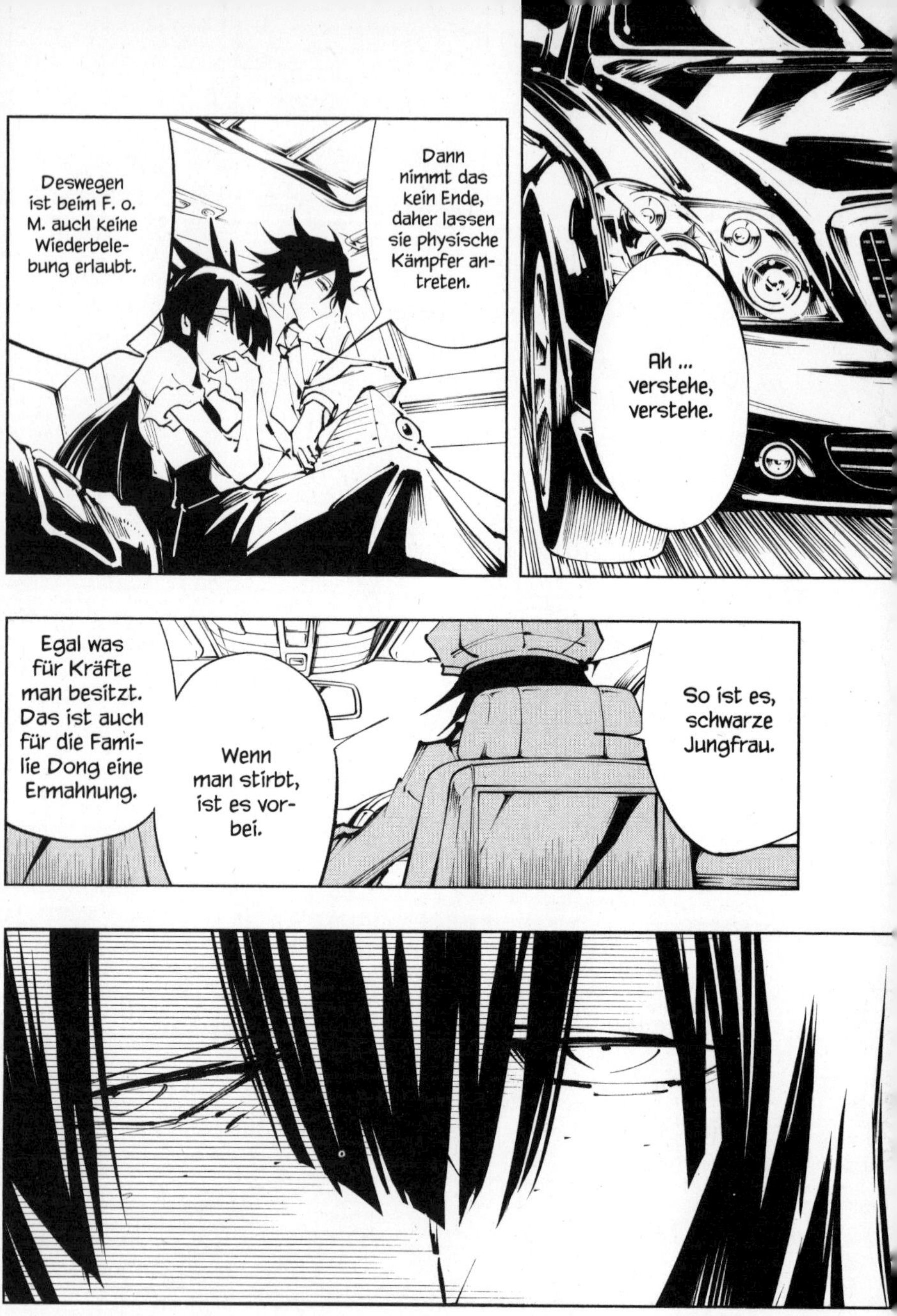
Ah ... verstehe, verstehe.
Dann nimmt das kein Ende, daher lassen sie physische Kämpfer antreten.
Deswegen ist beim F. o. M. auch keine Wiederbelebung erlaubt.
So ist es, schwarze Jungfrau.
Wenn man stirbt, ist es vorbei.
Egal was für Kräfte man besitzt. Das ist auch für die Familie Dong eine Ermahnung.

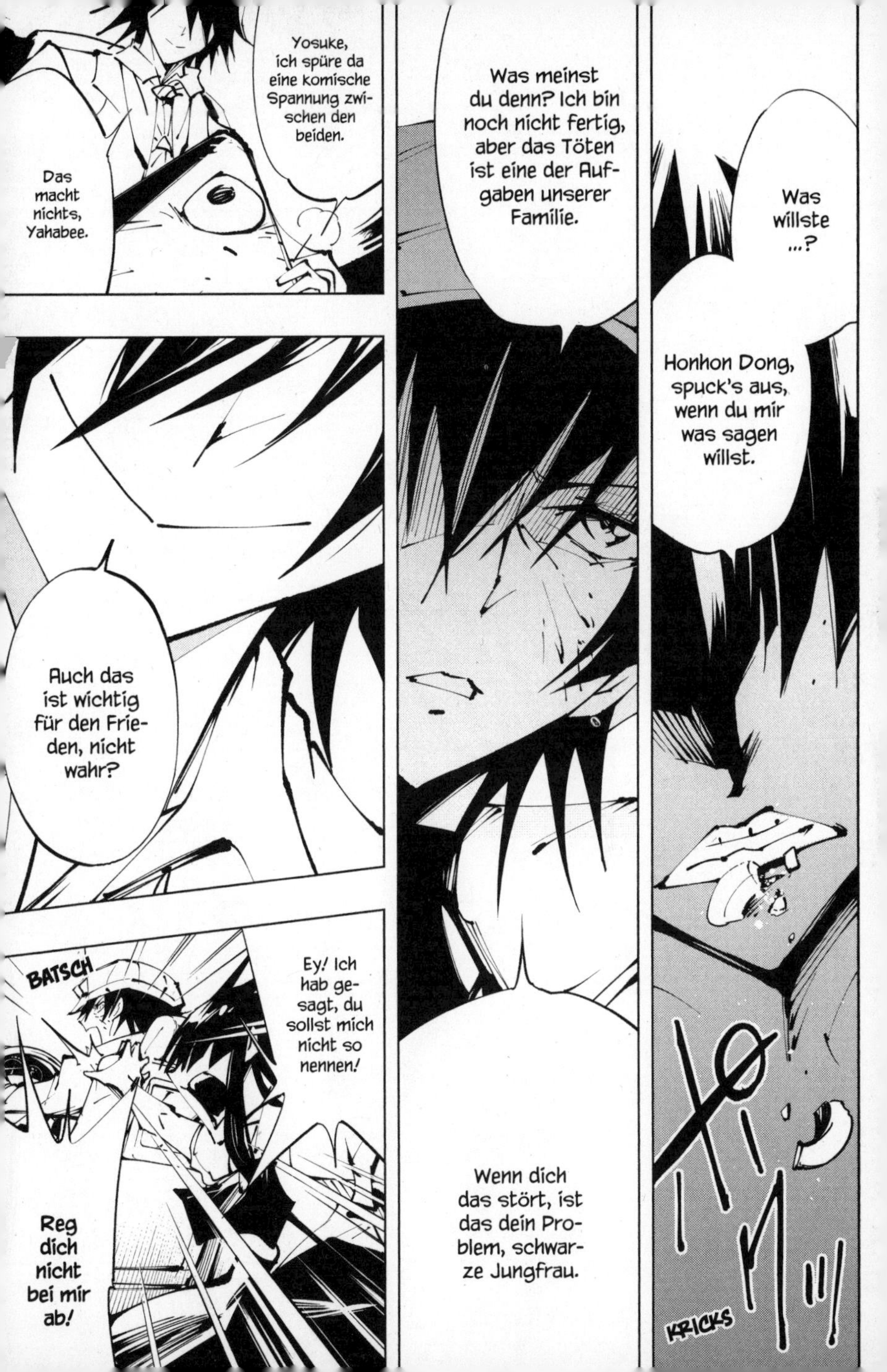
Was willste ...?
Honhon Dong, spuck's aus, wenn du mir was sagen willst.
KRICKS
Was meinst du denn? Ich bin noch nicht fertig, aber das Töten ist eine der Aufgaben unserer Familie.
Wenn dich das stört, ist das dein Problem, schwarze Jungfrau.
Yosuke, ich spüre da eine komische Spannung zwischen den beiden.
Das macht nichts, Yahabee.
Auch das ist wichtig für den Frieden, nicht wahr?
Ey! Ich hab gesagt, du sollst mich nicht so nennen!
BATSCH
Reg dich nicht bei mir ab!

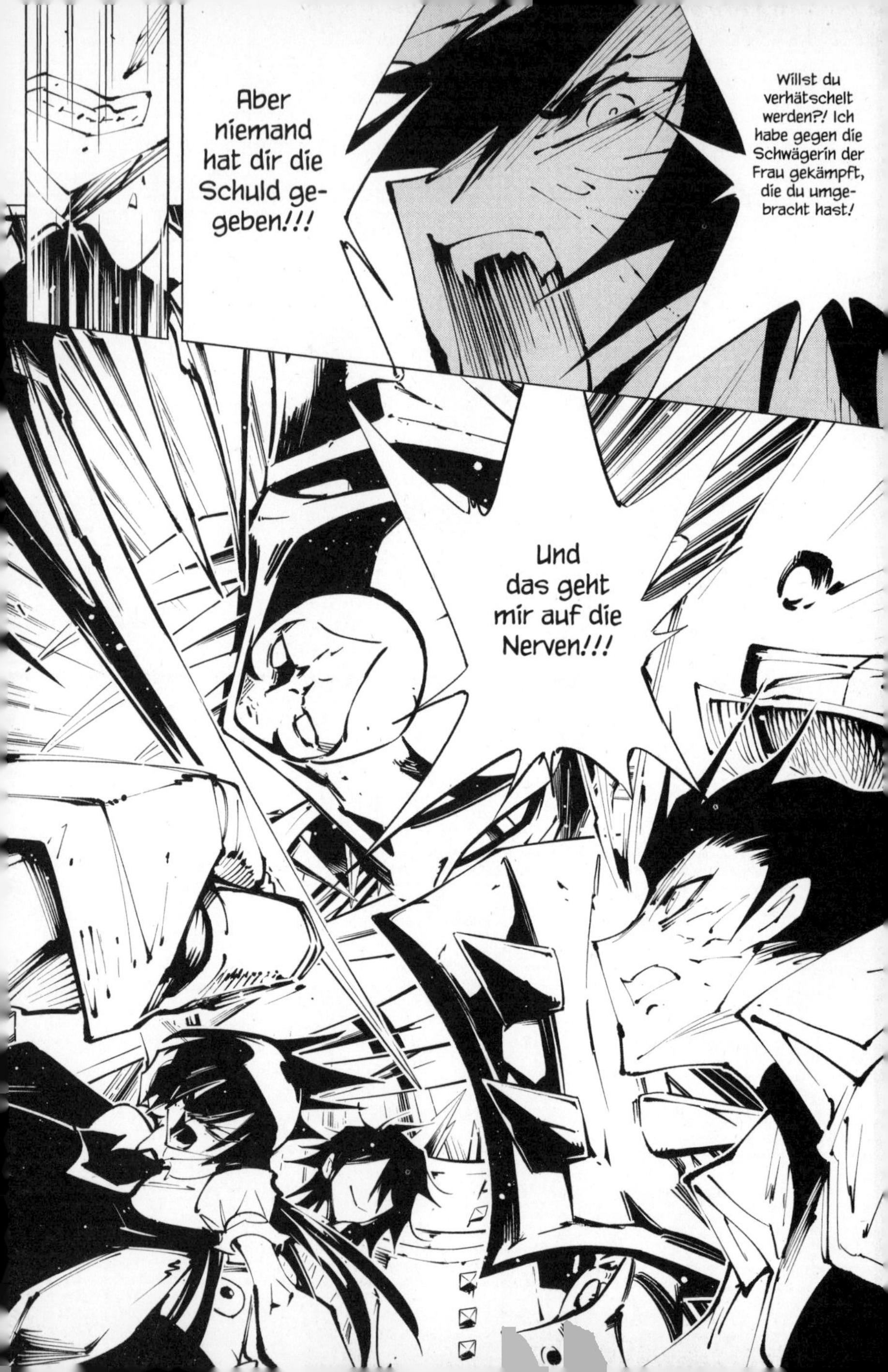
Willst du verhätschelt werden?! Ich habe gegen die Schwägerin der Frau gekämpft, die du umgebracht hast!
Aber niemand hat dir die Schuld gegeben!!!
Und das geht mir auf die Nerven!!!

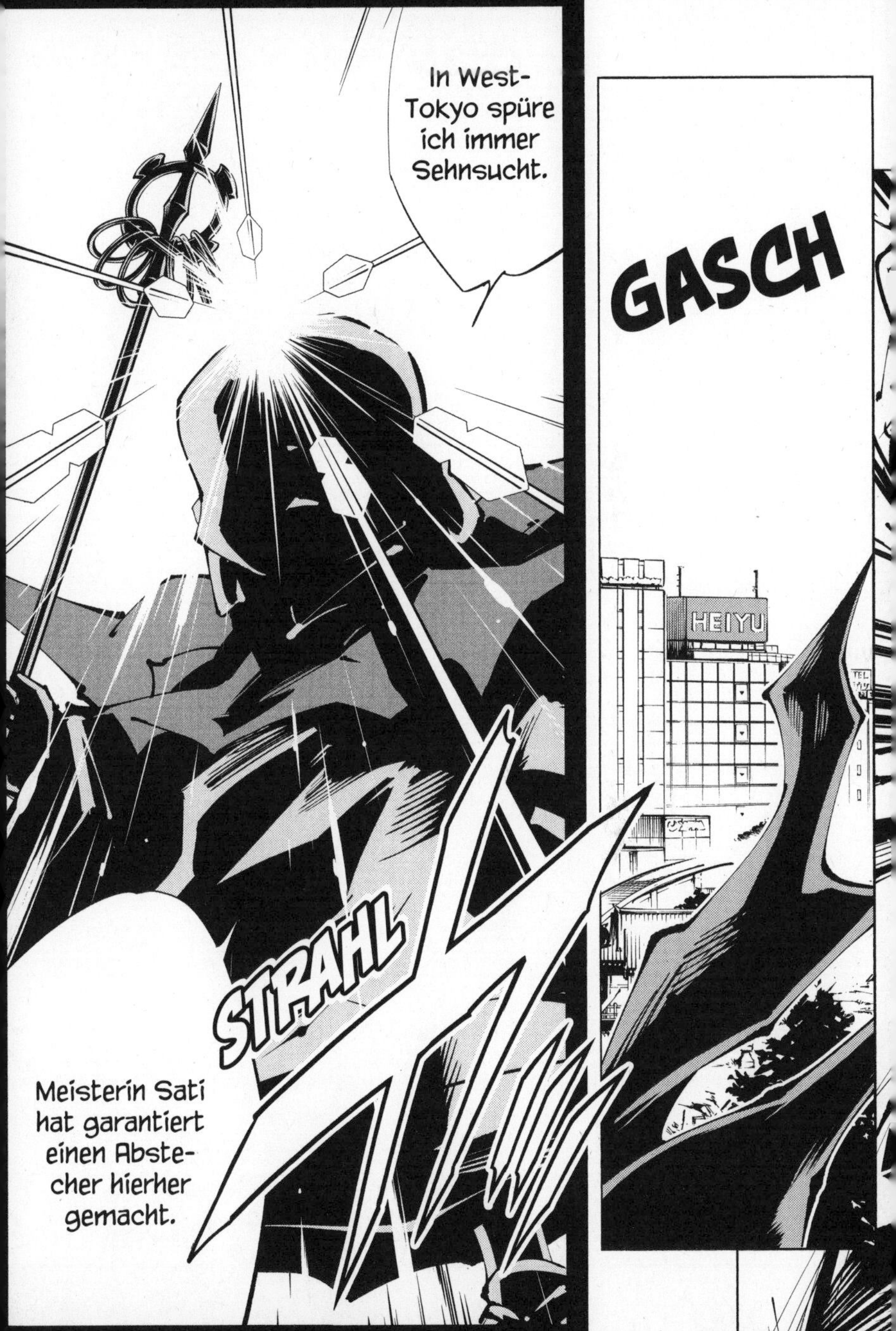
GASCH
HEIYU
In West-Tokyo spüre ich immer Sehnsucht.
STRAHL
Meisterin Sati hat garantiert einen Abstecher hierher gemacht.

SHAMAN KING THE SUPERSTAR

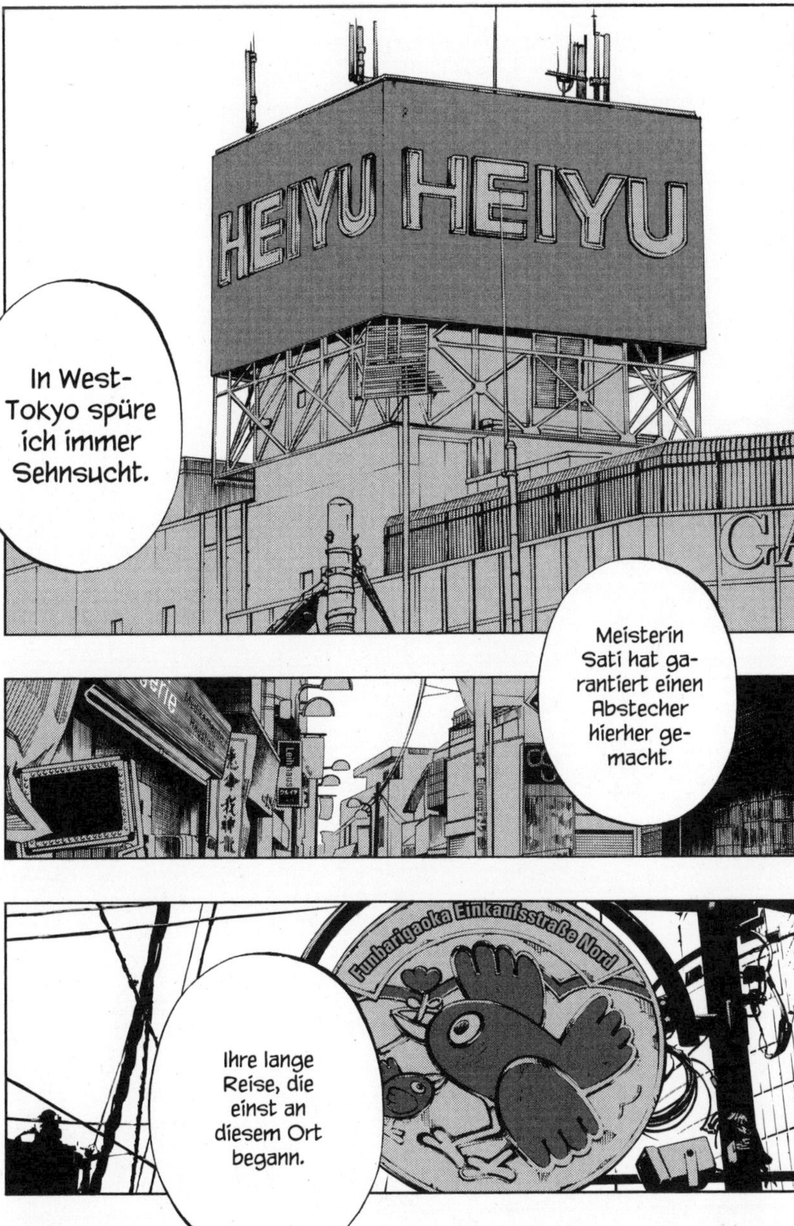
HEIYU HEIYU
In West-Tokyo spüre ich immer Sehnsucht.
Meisterin Sati hat garantiert einen Abstecher hierher gemacht.
Funbarigaoka Einkaufsstraße Nord
Ihre lange Reise, die einst an diesem Ort begann.

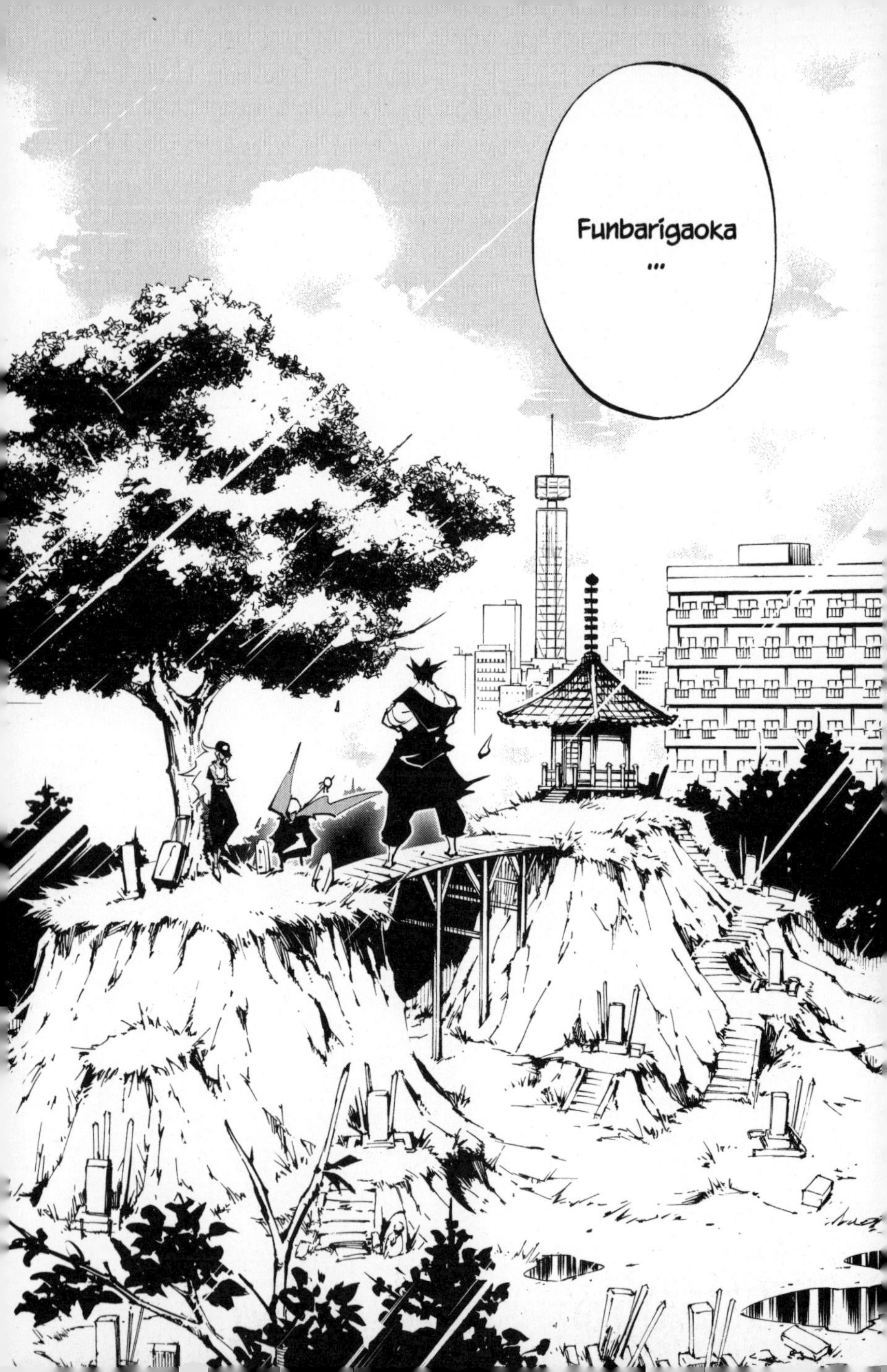
Funbarigaoka
...

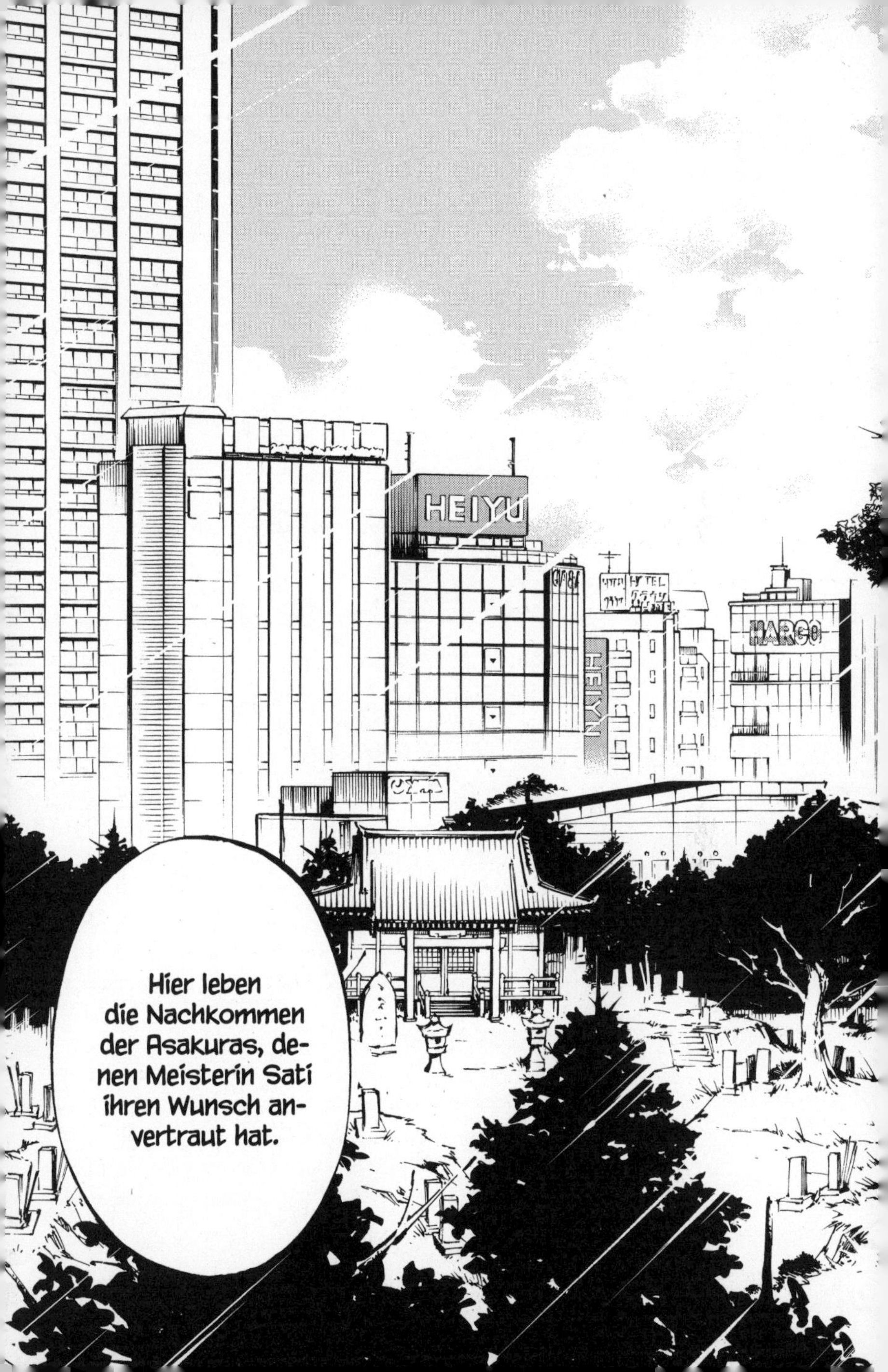
HEIYU
Hier leben die Nachkommen der Asakuras, denen Meisterin Sati ihren Wunsch anvertraut hat.

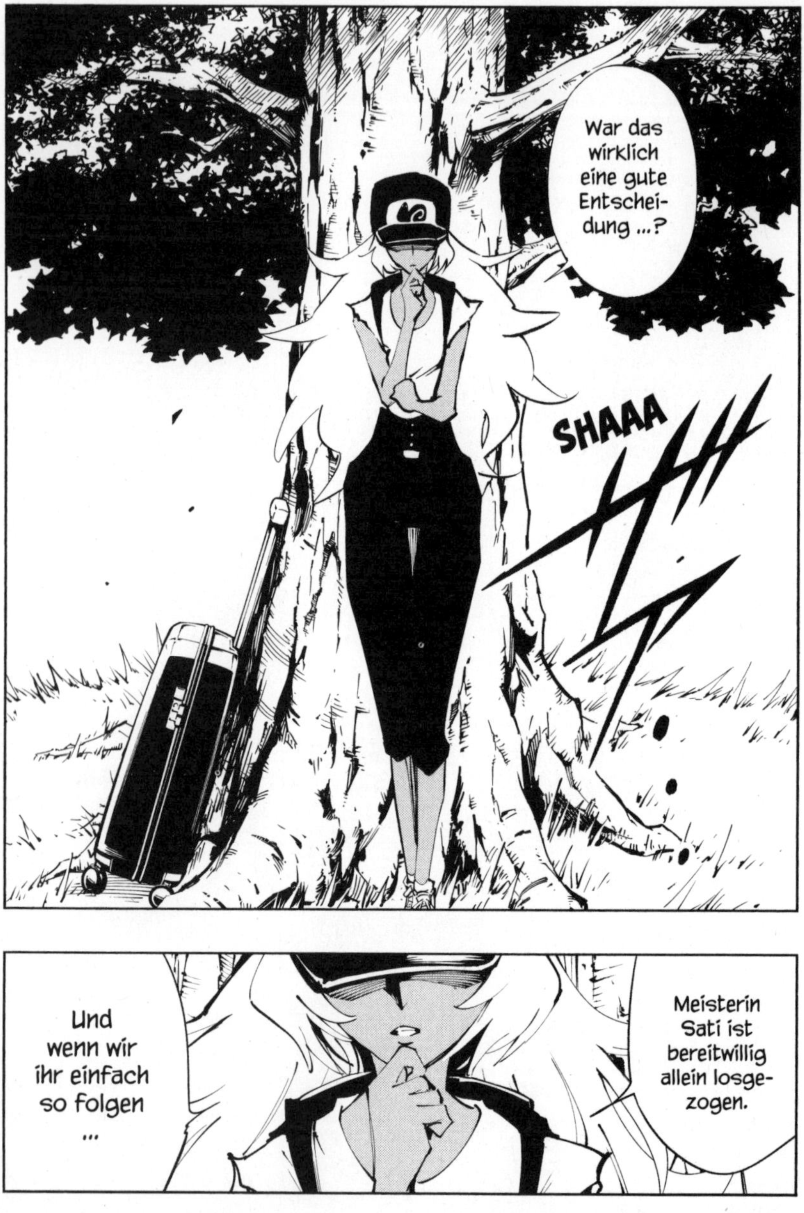
War das wirklich eine gute Entschei-dung ...?
SHAAA
Meisterin Sati ist bereitwillig allein losge-zogen.
Und wenn wir ihr einfach so folgen ...

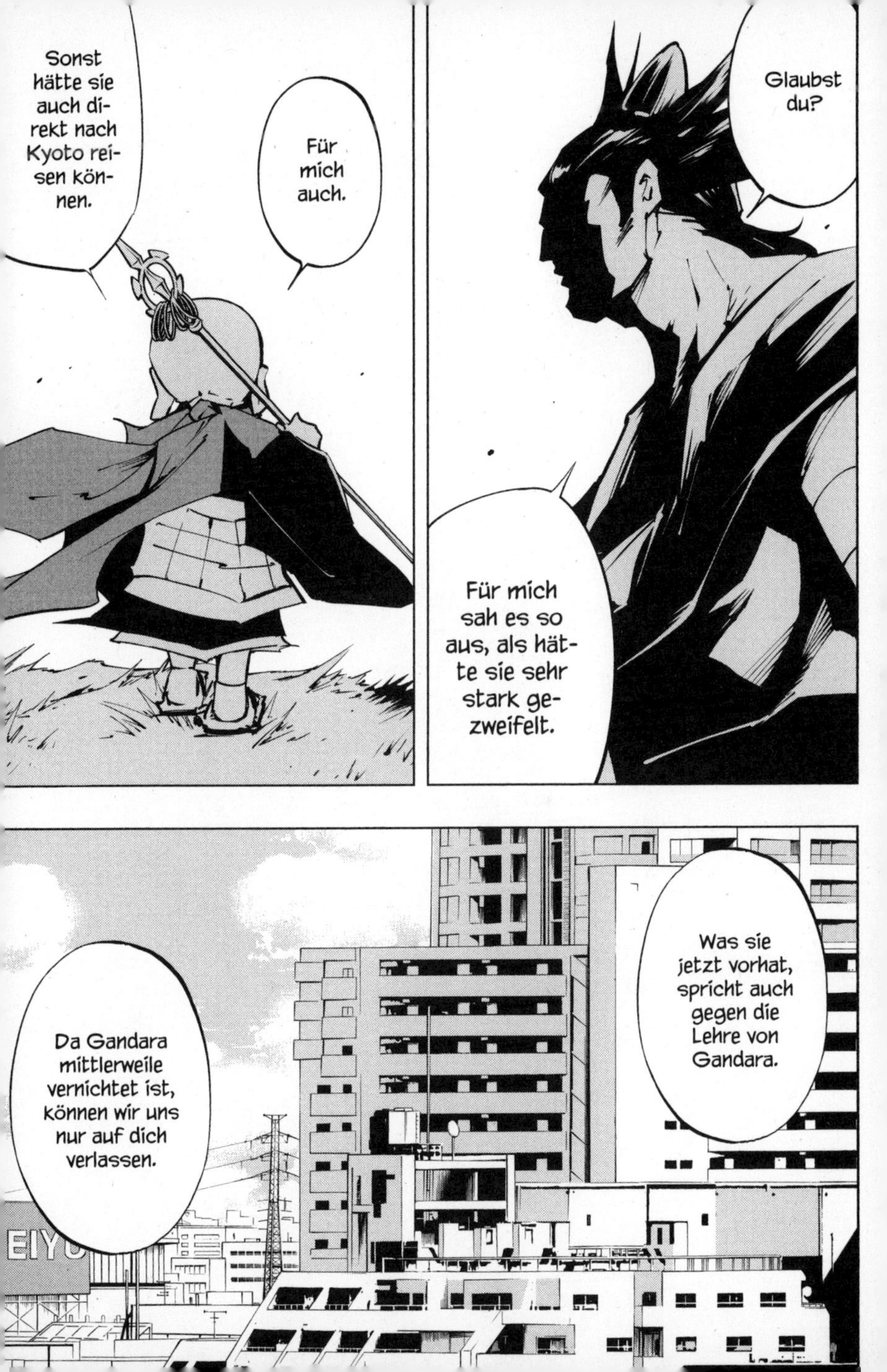
Glaubst du?
Für mich sah es so aus, als hätte sie sehr stark gezweifelt.
Für mich auch.
Sonst hätte sie auch direkt nach Kyoto reisen können.
Was sie jetzt vorhat, spricht auch gegen die Lehre von Gandara.
Da Gandara mittlerweile vernichtet ist, können wir uns nur auf dich verlassen.

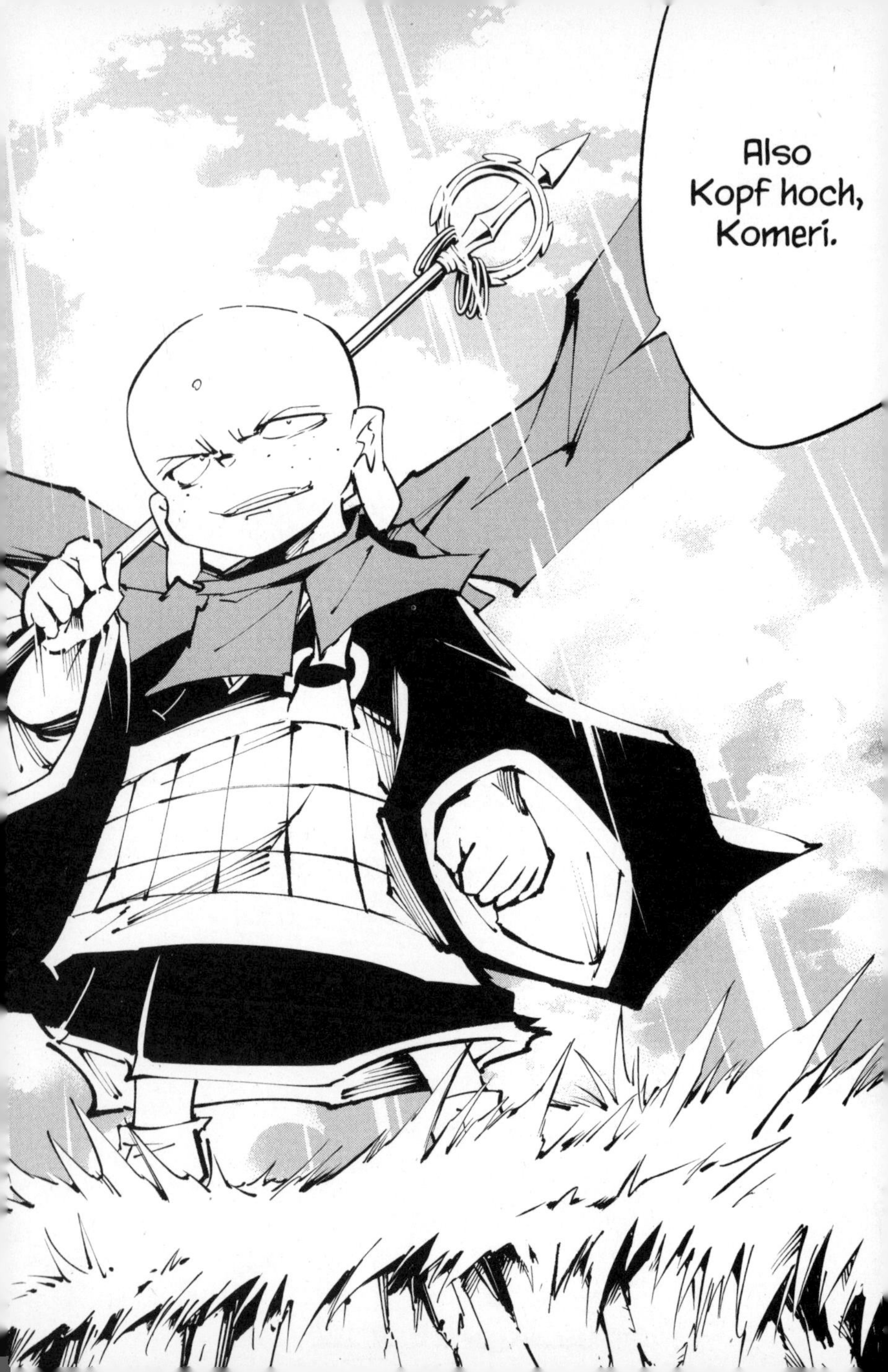
Also Kopf hoch, Komeri.

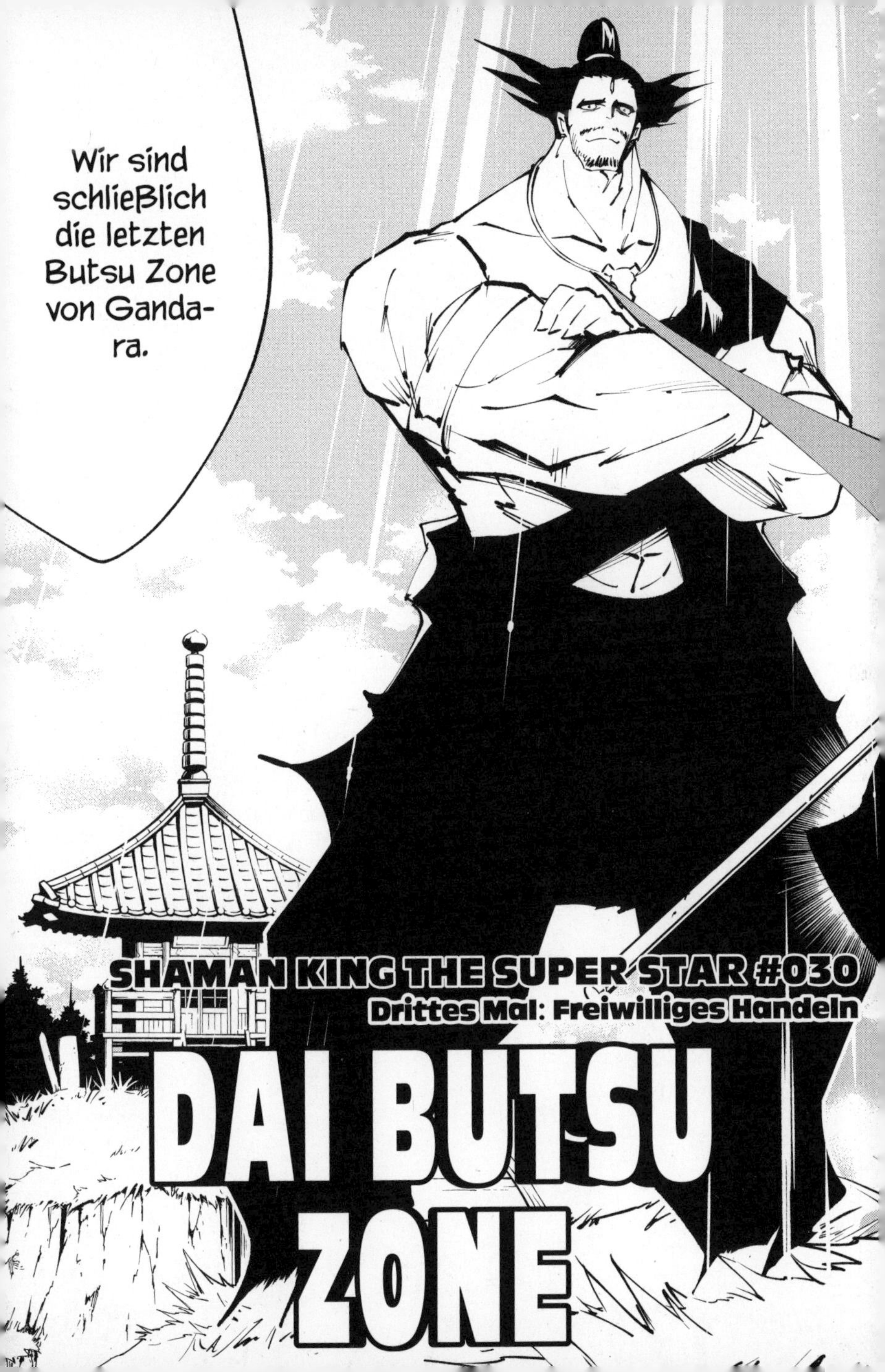
Wir sind schließlich die letzten Butsu Zone von Gandara.
SHAMAN KING THE SUPER STAR #030
Drittes Mal: Freiwilliges Handeln
DAI BUTSU ZONE

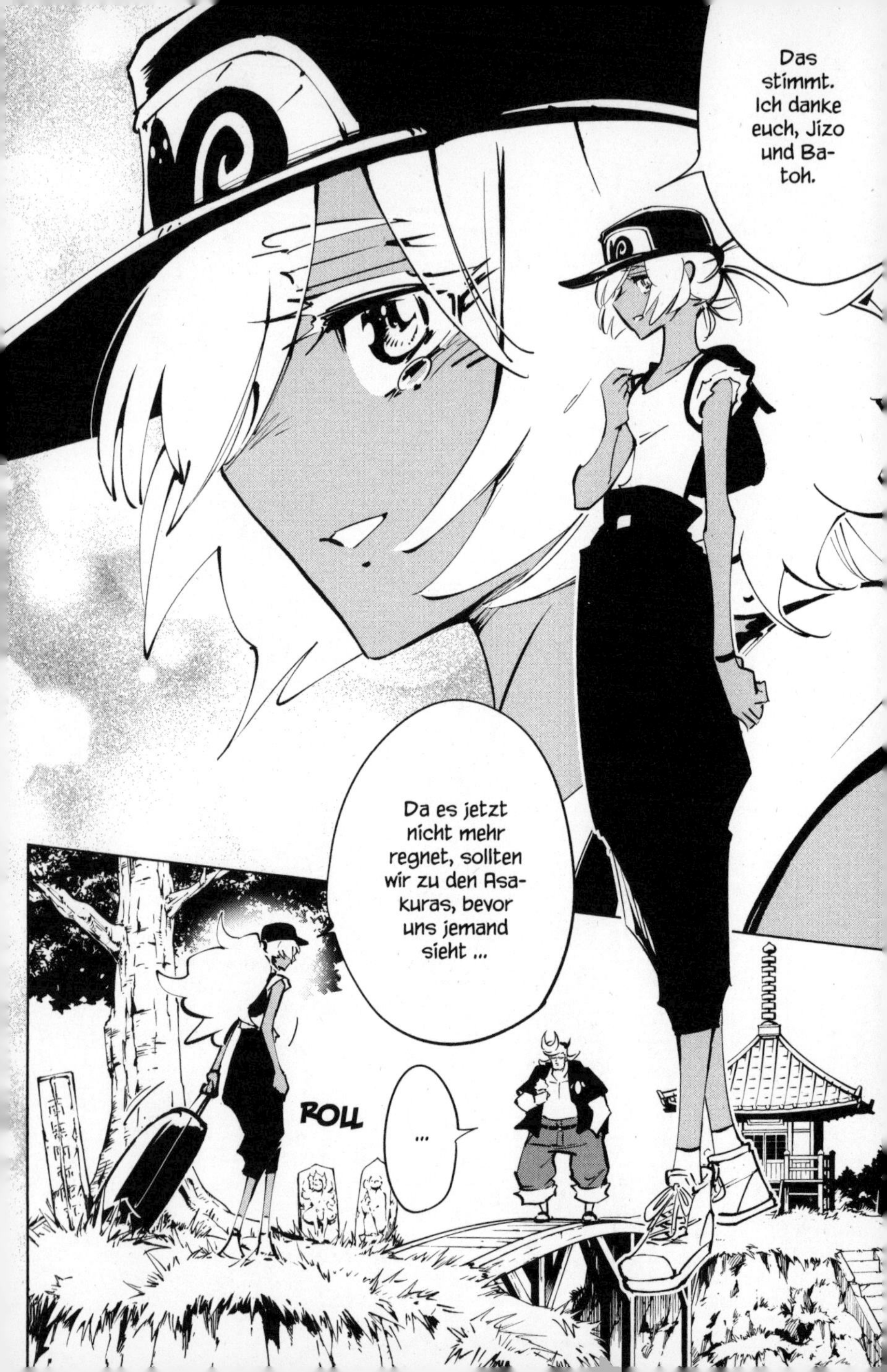
Das stimmt. Ich danke euch, Jizo und Ba-toh.
Da es jetzt nicht mehr regnet, sollten wir zu den Asakuras, bevor uns jemand sieht ...
...
ROLL

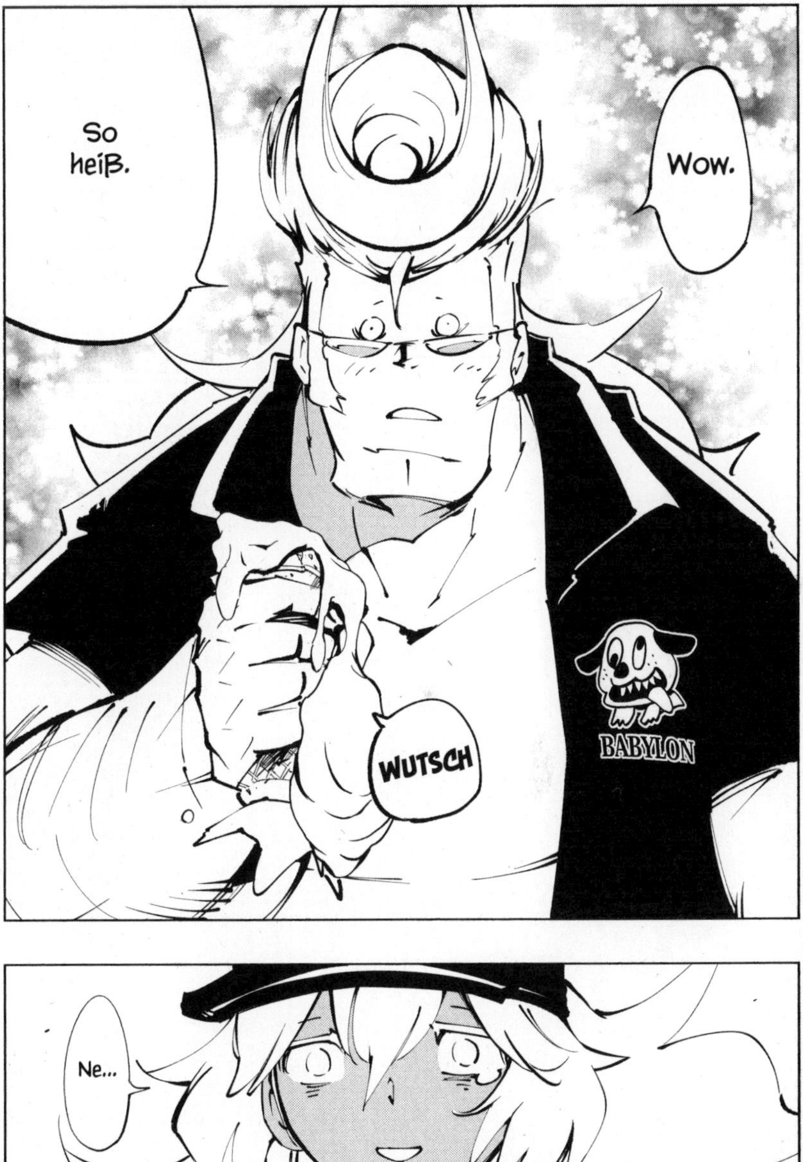
Wow.
So heiß.
BABYLON
WUTSCH
Ne...

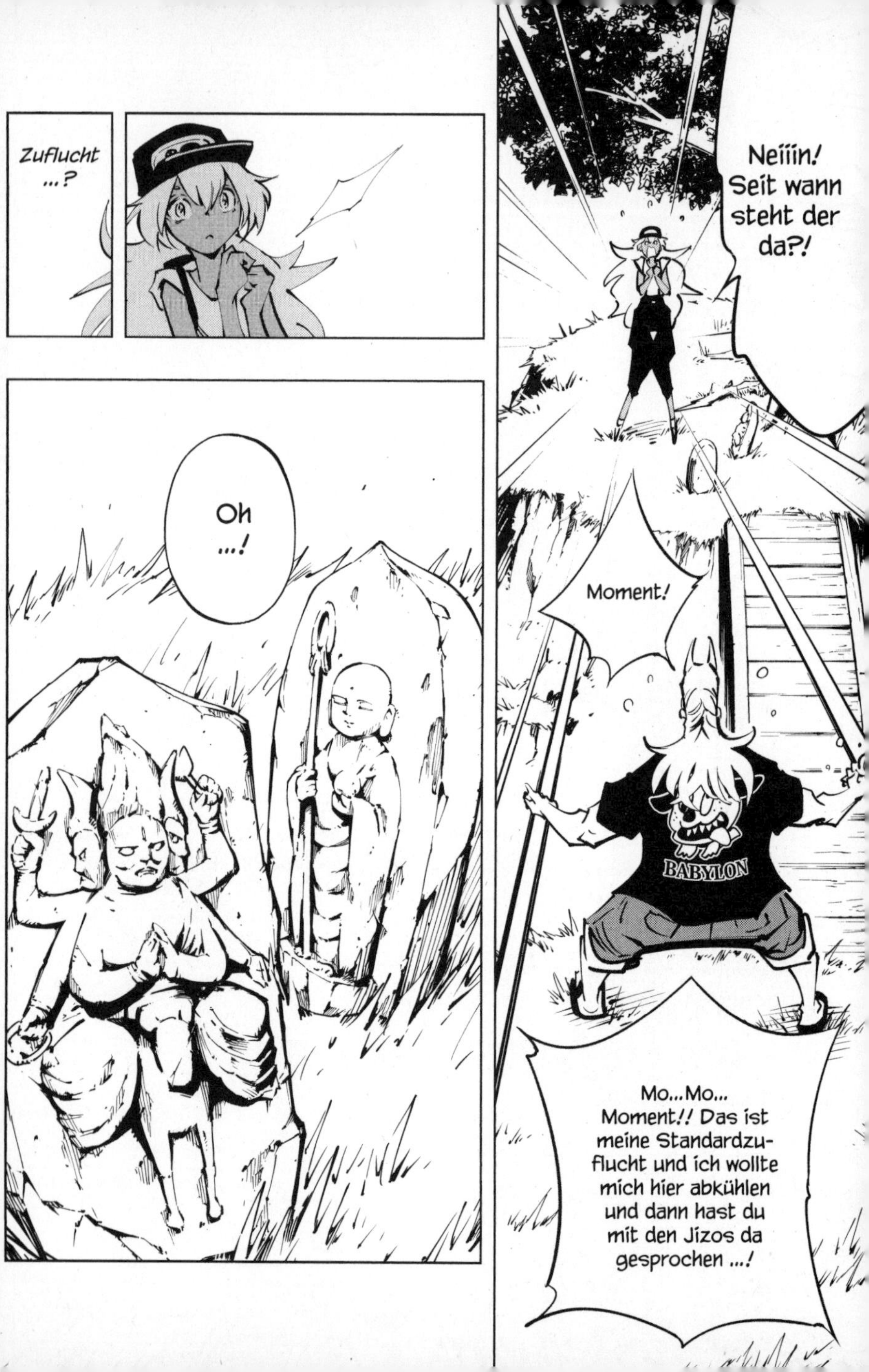
Zuflucht ...?
Oh ...!
Neiiin! Seit wann steht der da?!
Moment!
Mo...Mo... Moment!! Das ist meine Standardzuflucht und ich wollte mich hier abkühlen und dann hast du mit den Jizos da gesprochen ...!
BABYLON

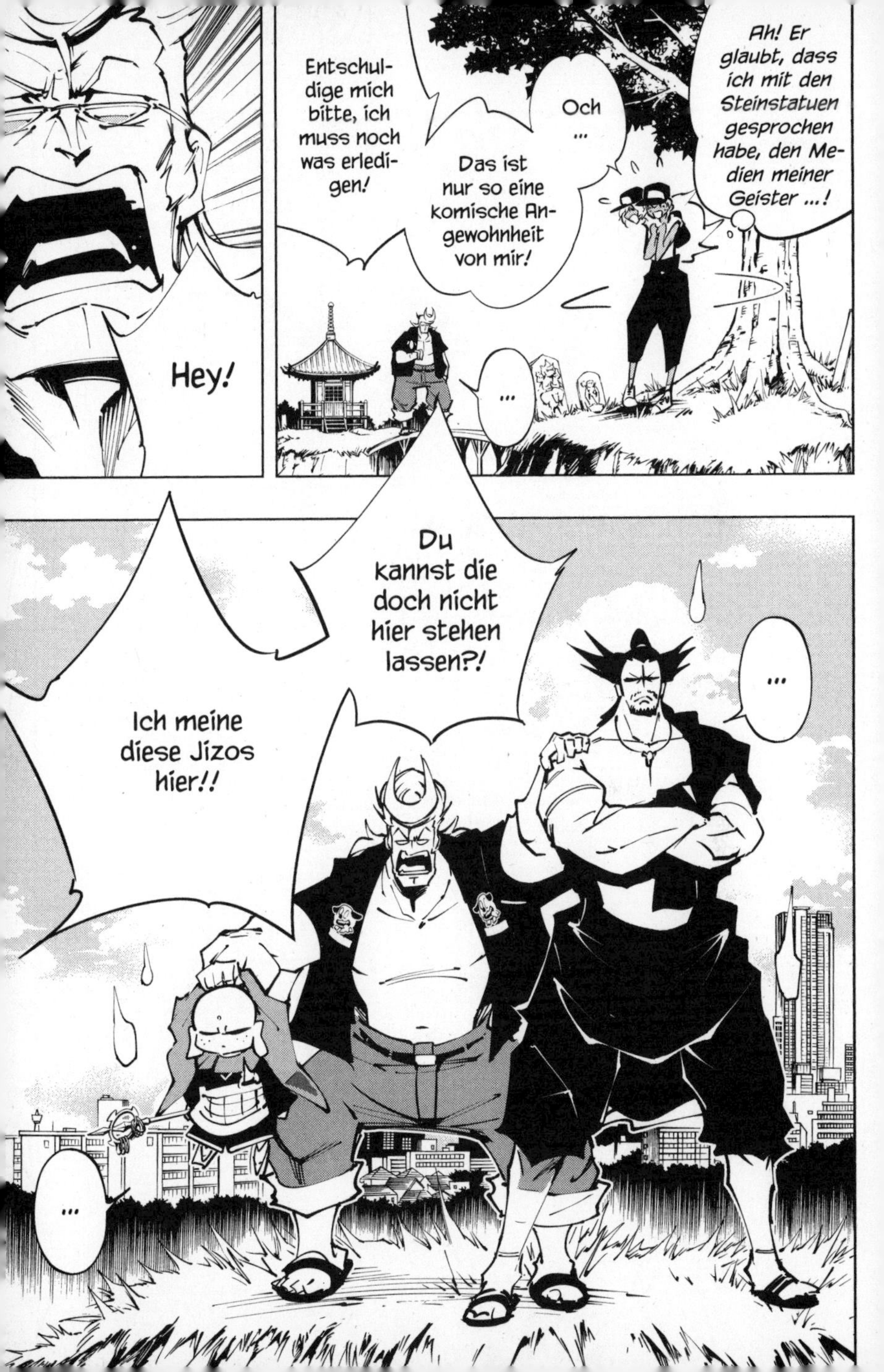
Ah! Er glaubt, dass ich mit den Steinstatuen gesprochen habe, den Medien meiner Geister ...!
Och ...
Das ist nur so eine komische Angewohnheit von mir!
Entschuldige mich bitte, ich muss noch was erledigen!
...
Hey!
...
Du kannst die doch nicht hier stehen lassen?!
Ich meine diese Jizos hier!!
...

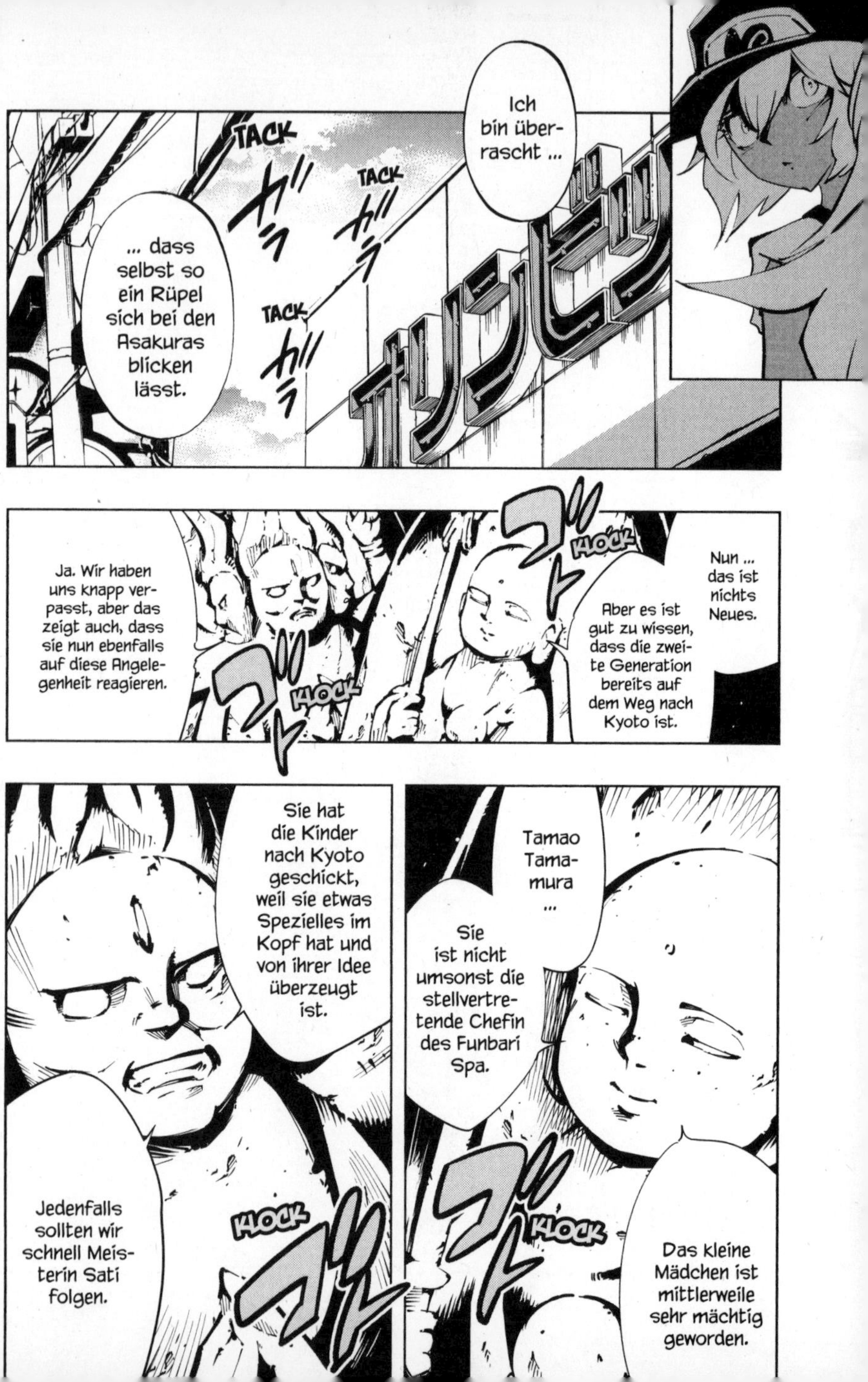
Ich bin überrascht ...
TACK
TACK
TACK
... dass selbst so ein Rüpel sich bei den Asakuras blicken lässt.
KLOCK
Nun ... das ist nichts Neues.
Aber es ist gut zu wissen, dass die zweite Generation bereits auf dem Weg nach Kyoto ist.
KLOCK
Ja. Wir haben uns knapp verpasst, aber das zeigt auch, dass sie nun ebenfalls auf diese Angelegenheit reagieren.
Tamao Tamamura ...
Sie ist nicht umsonst die stellvertretende Chefin des Funbari Spa.
KLOCK
Das kleine Mädchen ist mittlerweile sehr mächtig geworden.
Sie hat die Kinder nach Kyoto geschickt, weil sie etwas Spezielles im Kopf hat und von ihrer Idee überzeugt ist.
KLOCK
Jedenfalls sollten wir schnell Meisterin Sati folgen.

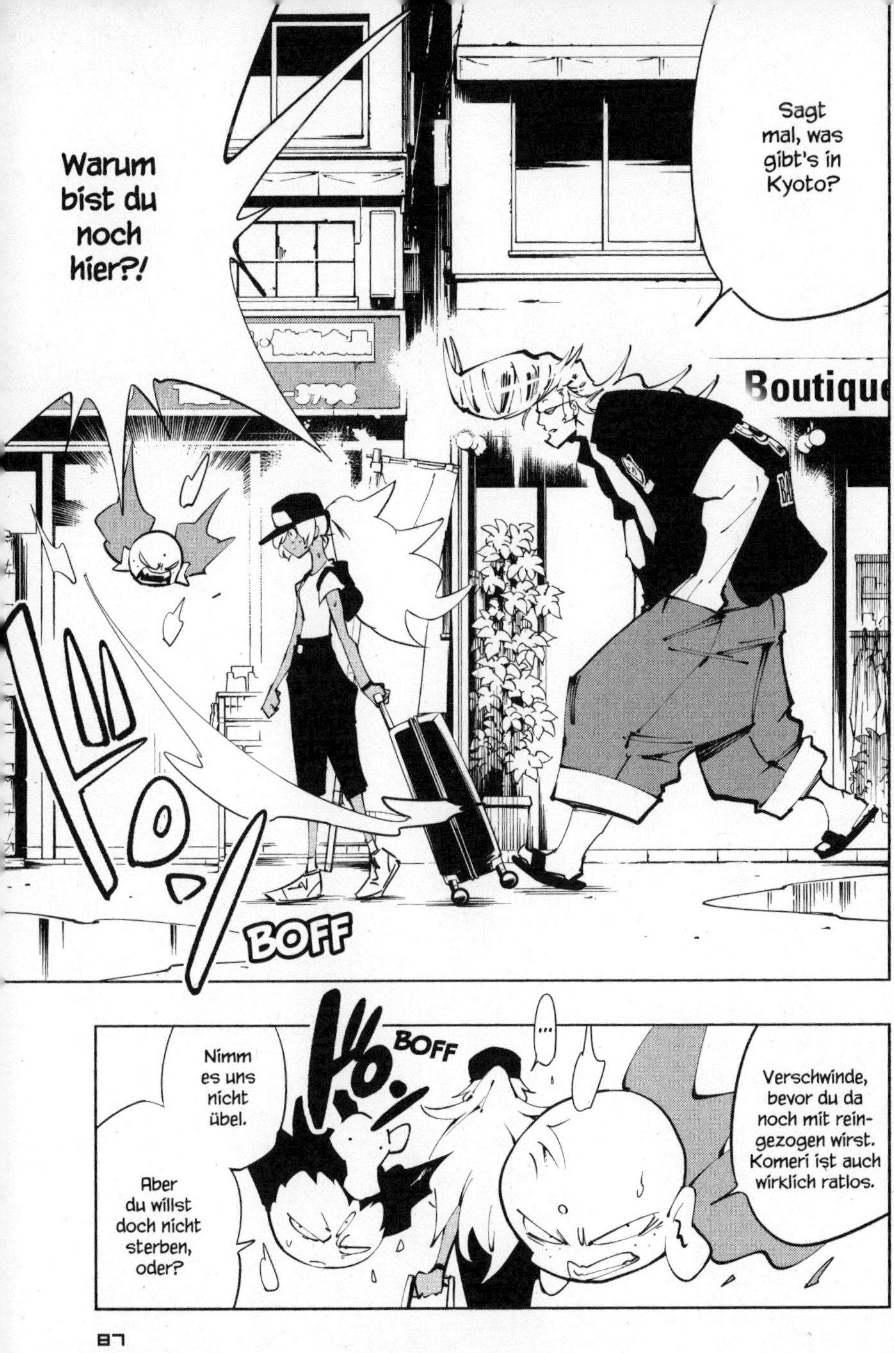
Sagt mal, was gibt's in Kyoto?
Warum bist du noch hier?!
Boutique
BOFF
Verschwinde, bevor du da noch mit reingezogen wirst. Komeri ist auch wirklich ratlos.
...
BOFF
Nimm es uns nicht übel.
Aber du willst doch nicht sterben, oder?

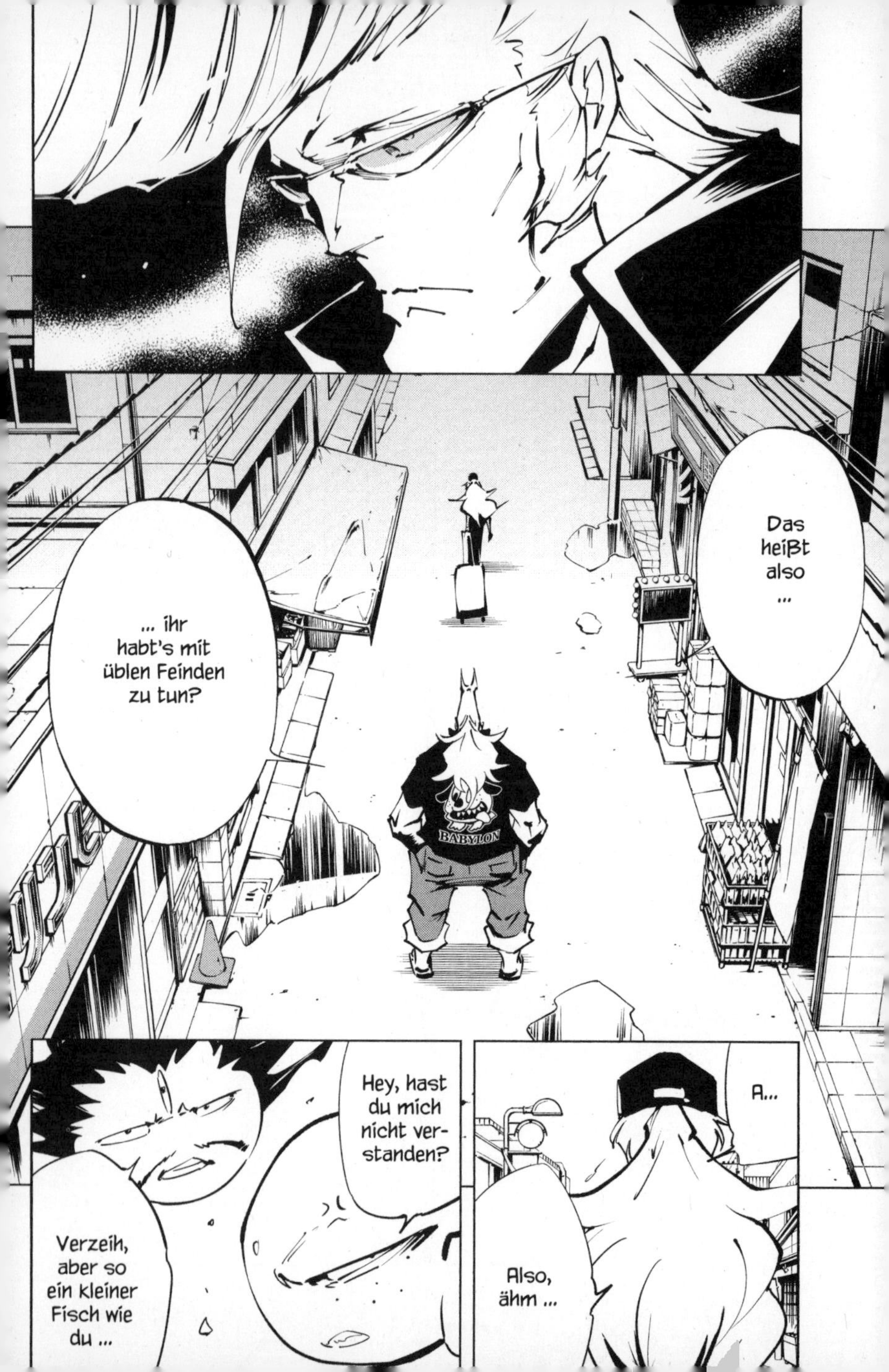
Das heißt also ...
... ihr habt's mit üblen Feinden zu tun?
BABYLON
A...
Also, ähm ...
Hey, hast du mich nicht verstanden?
Verzeih, aber so ein kleiner Fisch wie du ...

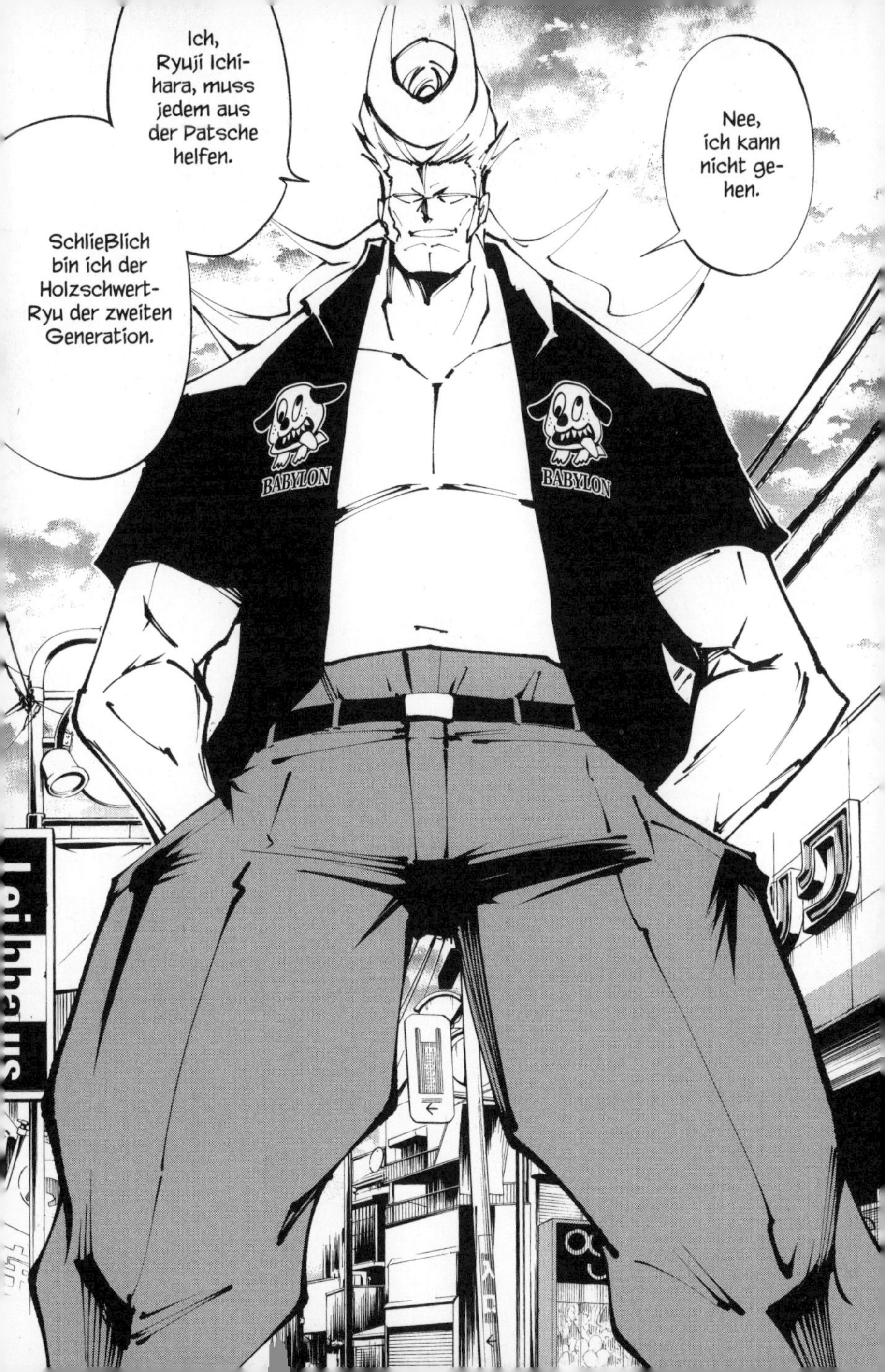
Nee, ich kann nicht gehen.
Ich, Ryuji Ichihara, muss jedem aus der Patsche helfen.
Schließlich bin ich der Holzschwert-Ryu der zweiten Generation.
BABYLON
BABYLON
Leihhaus

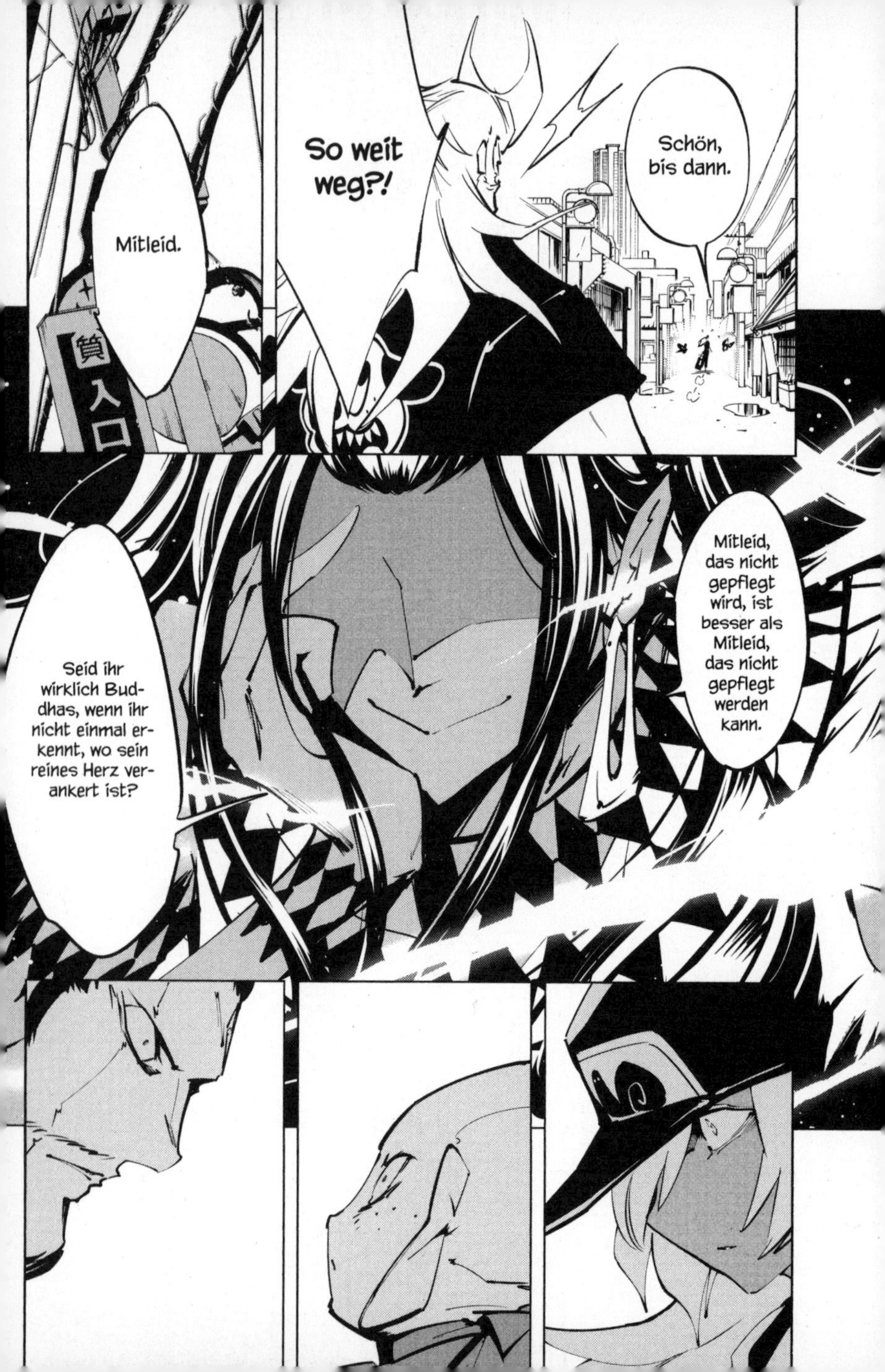

Schön, bis dann.
So weit weg?!
Mitleid.
質入口
Mitleid, das nicht gepflegt wird, ist besser als Mitleid, das nicht gepflegt werden kann.
Seid ihr wirklich Buddhas, wenn ihr nicht einmal erkennt, wo sein reines Herz verankert ist?

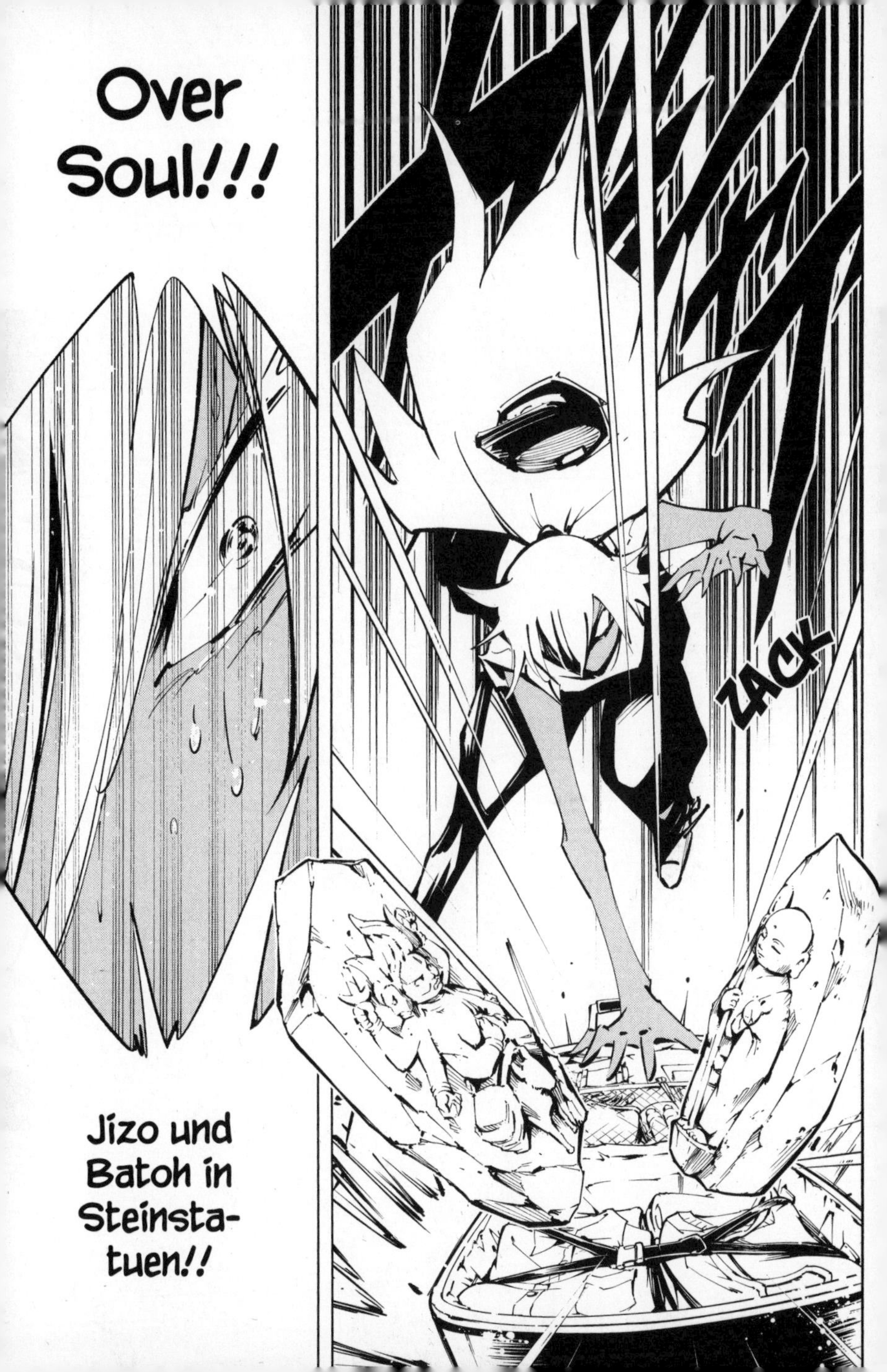
Over Soul!!!
ZACK
Jizo und Batoh in Steinstatuen!!

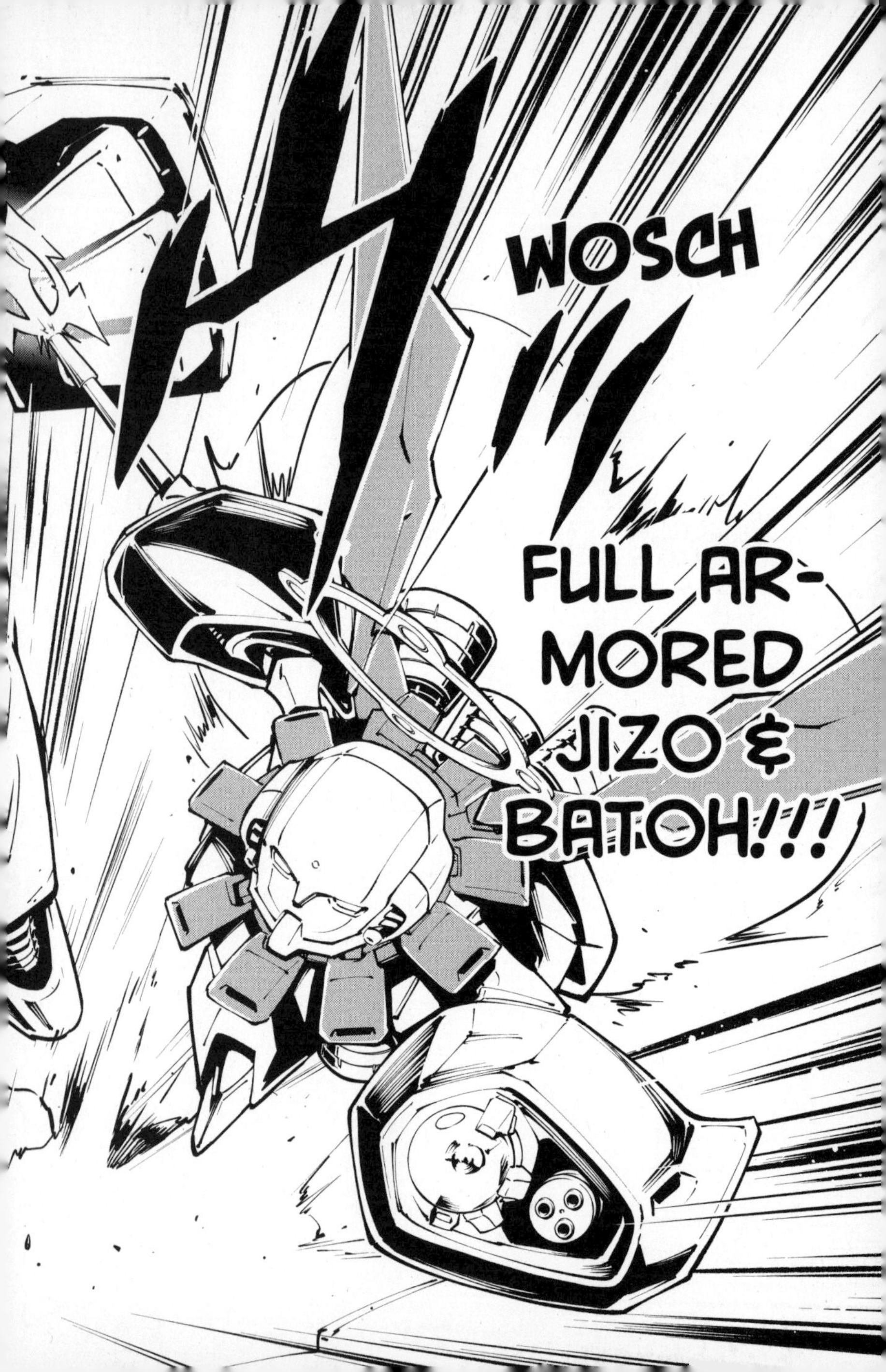
WOSCH
FULL AR-
MORED
JIZO &
BATOH!!!

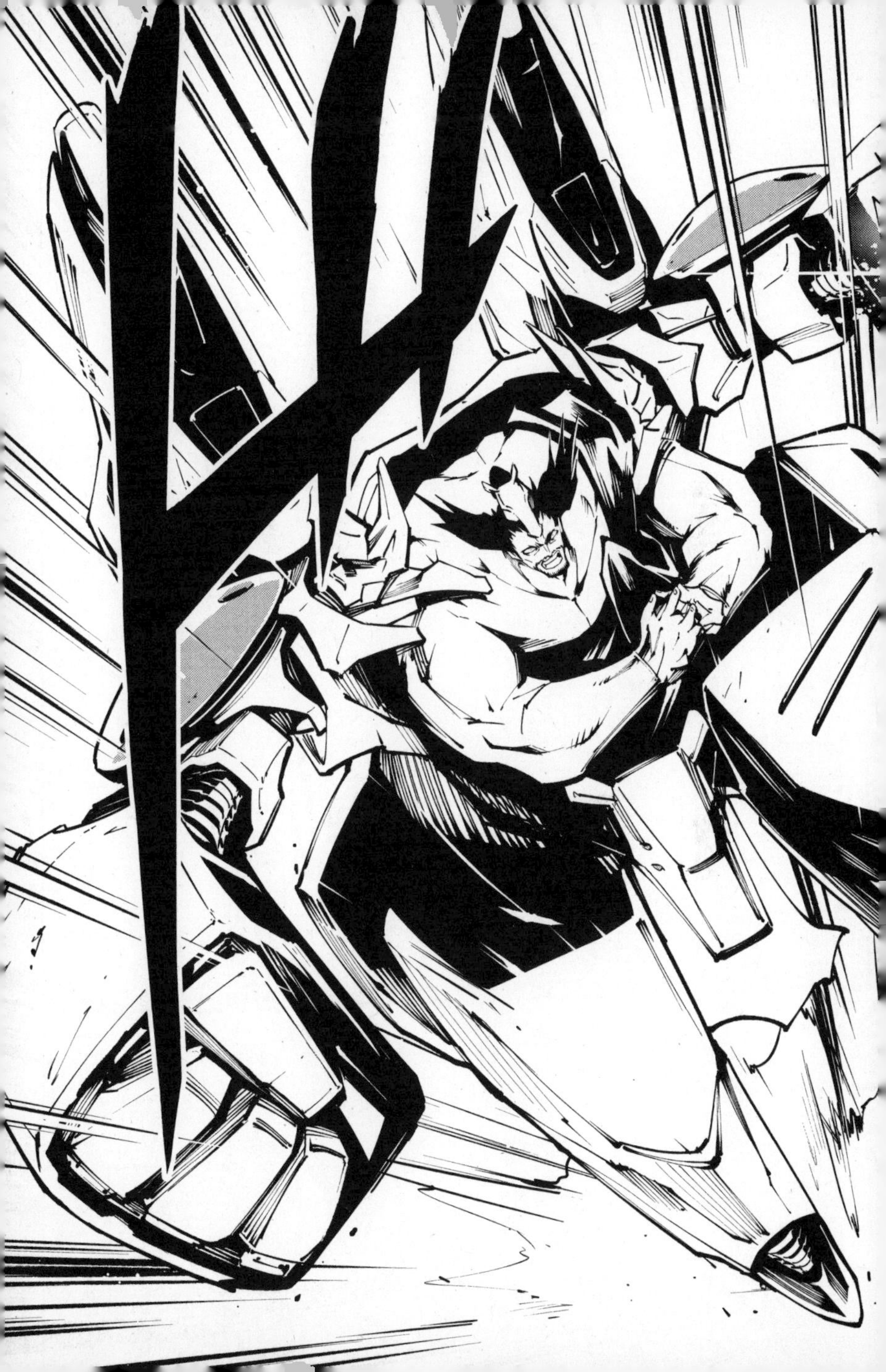

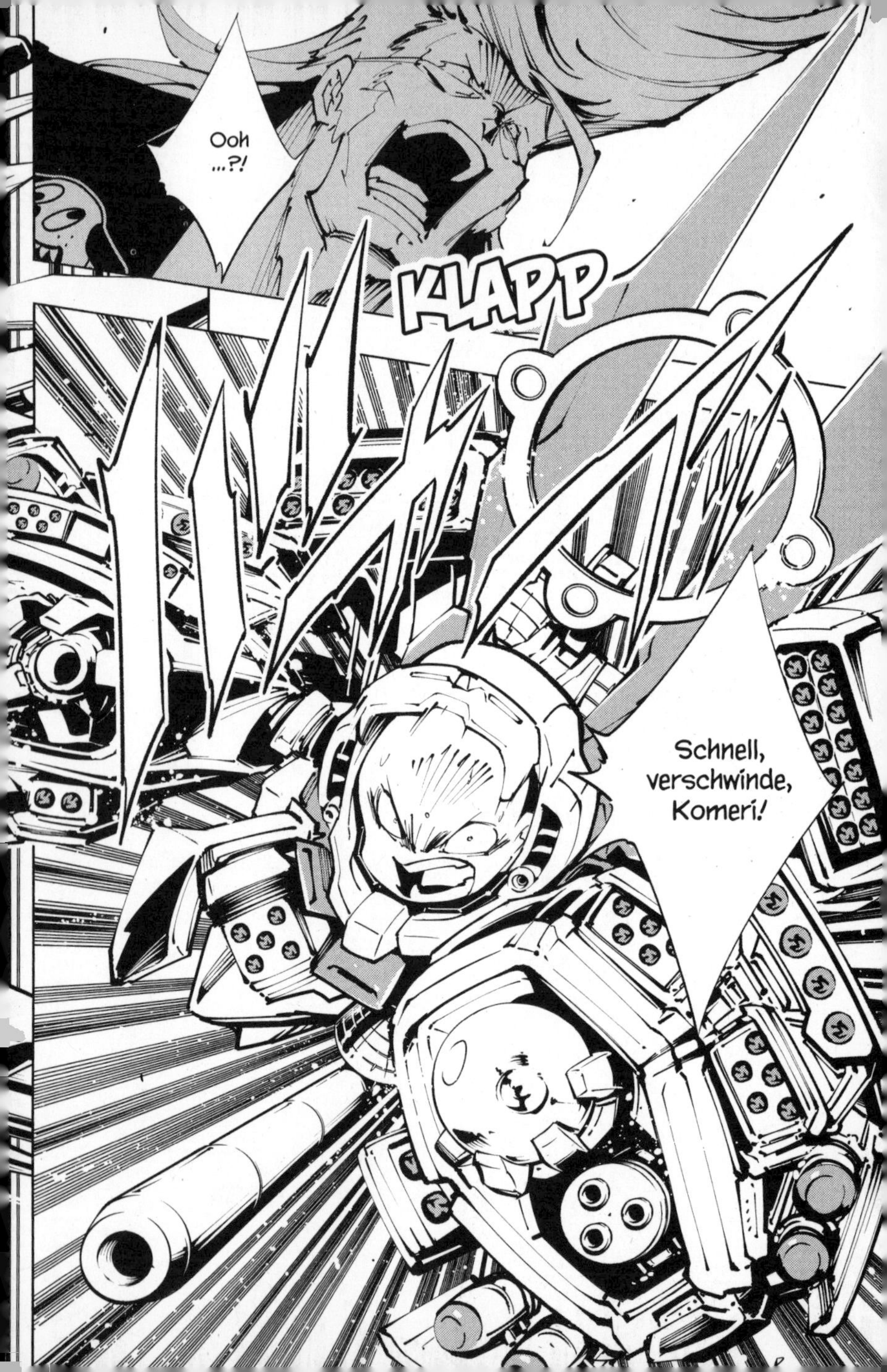
Ooh ...?!
KLAPP
Schnell, verschwinde, Komeri!

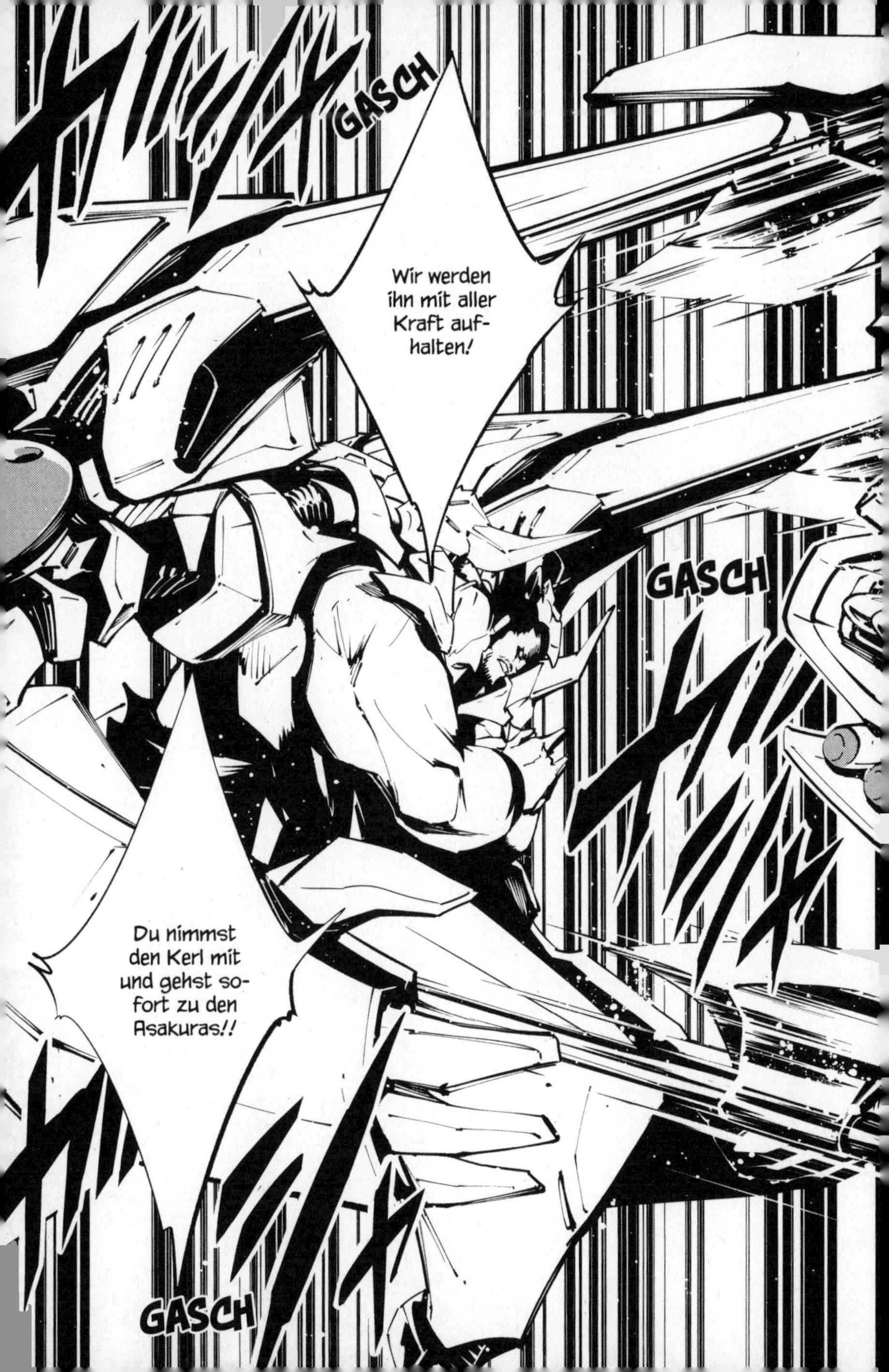
GASCH
Wir werden ihn mit aller Kraft auf-halten!
GASCH
Du nimmst den Kerl mit und gehst so-fort zu den Asakuras!!
GASCH

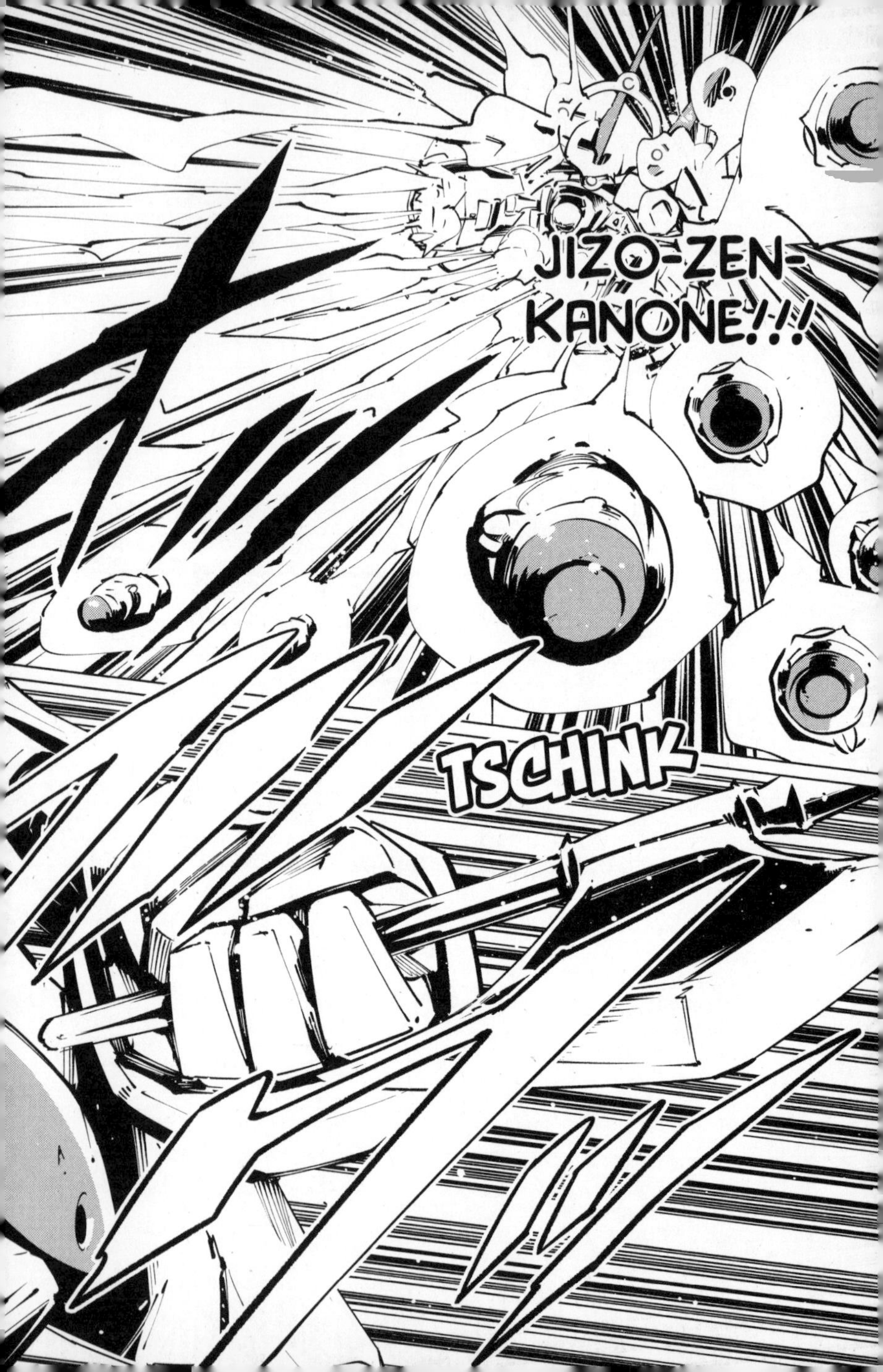
JIZO-ZEN-KANONE!!!
TSCHINK

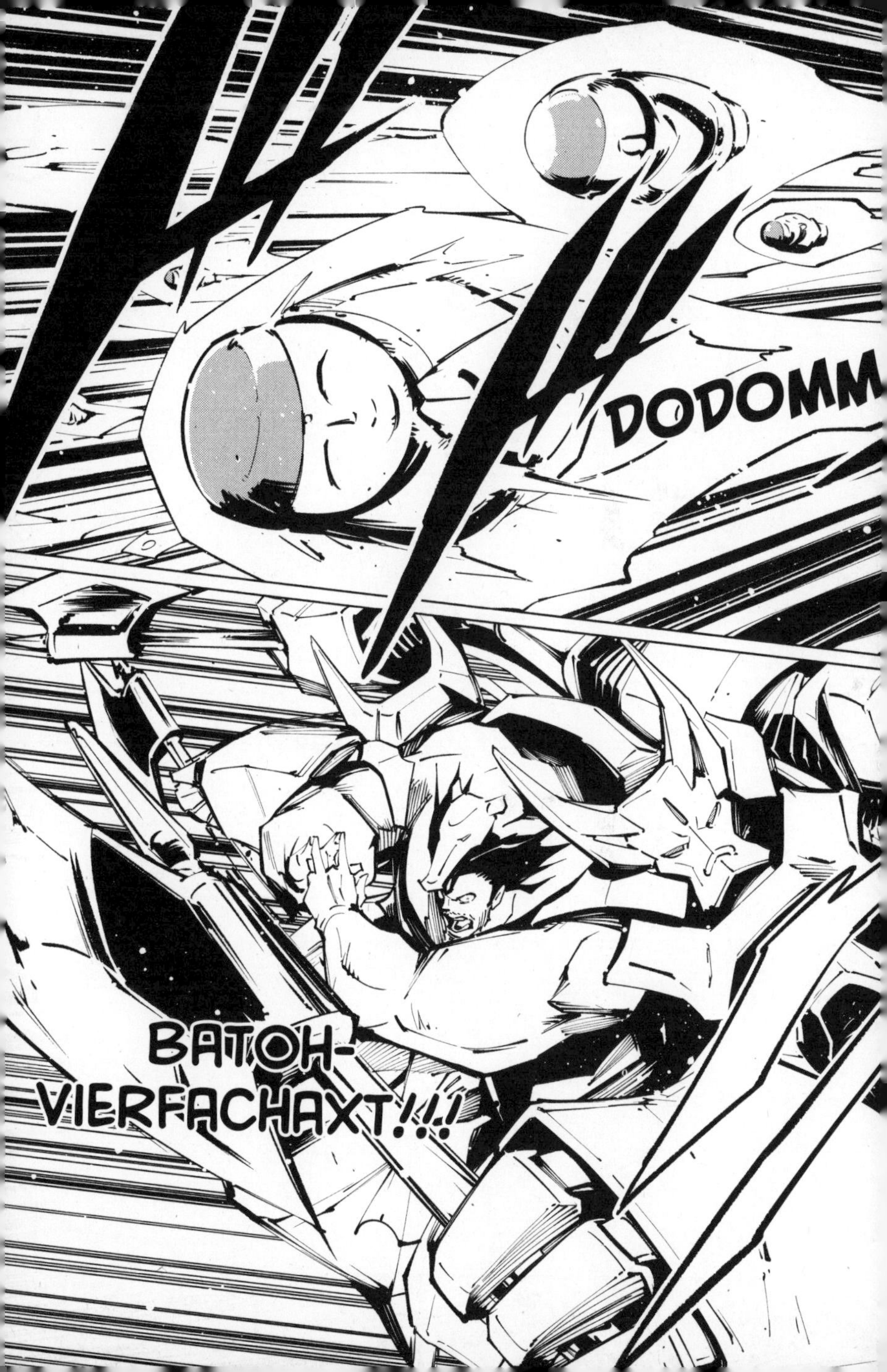
DODOMM
BATOH-
VIERFACHAXT!!!

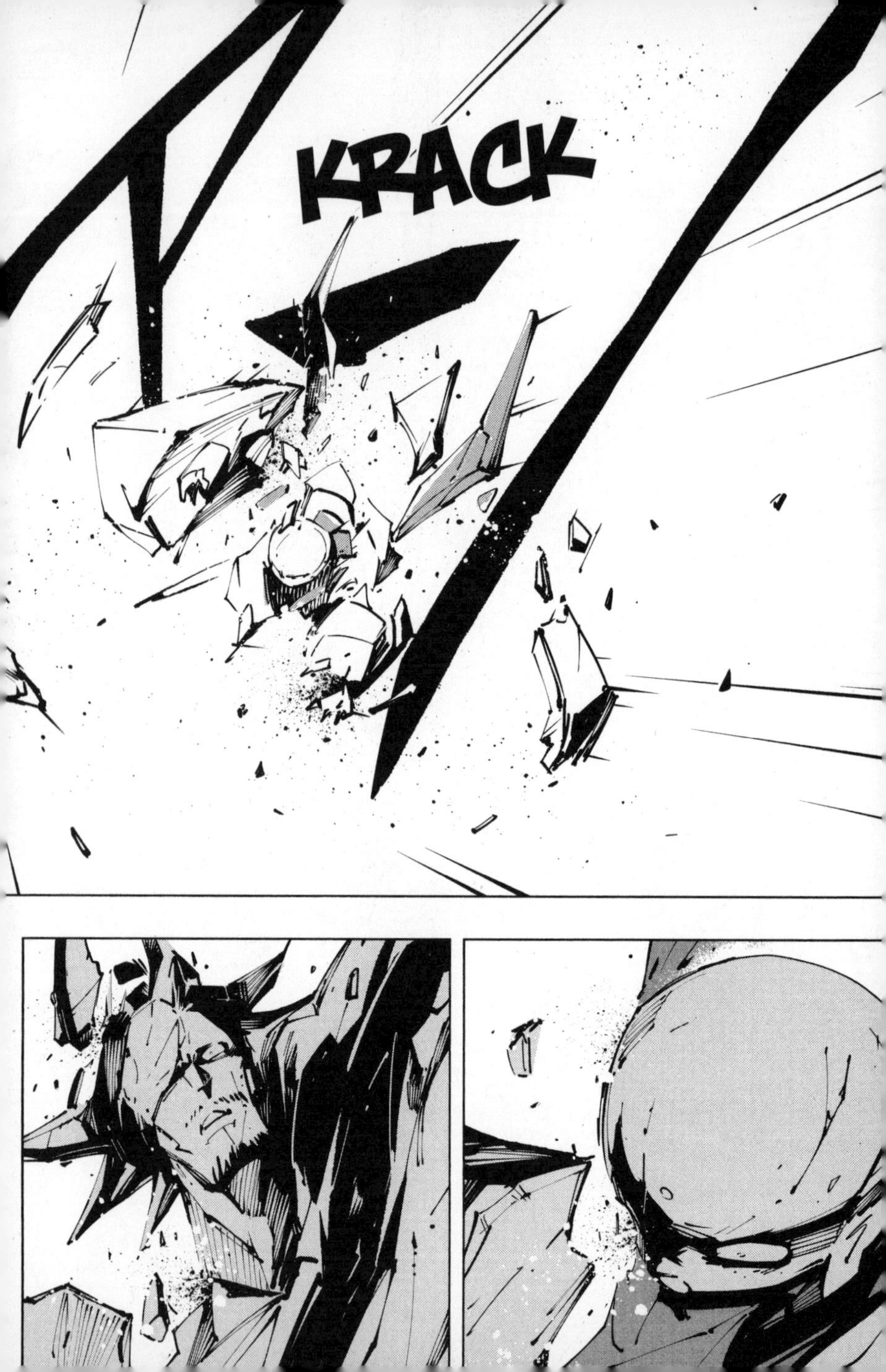
KRACK

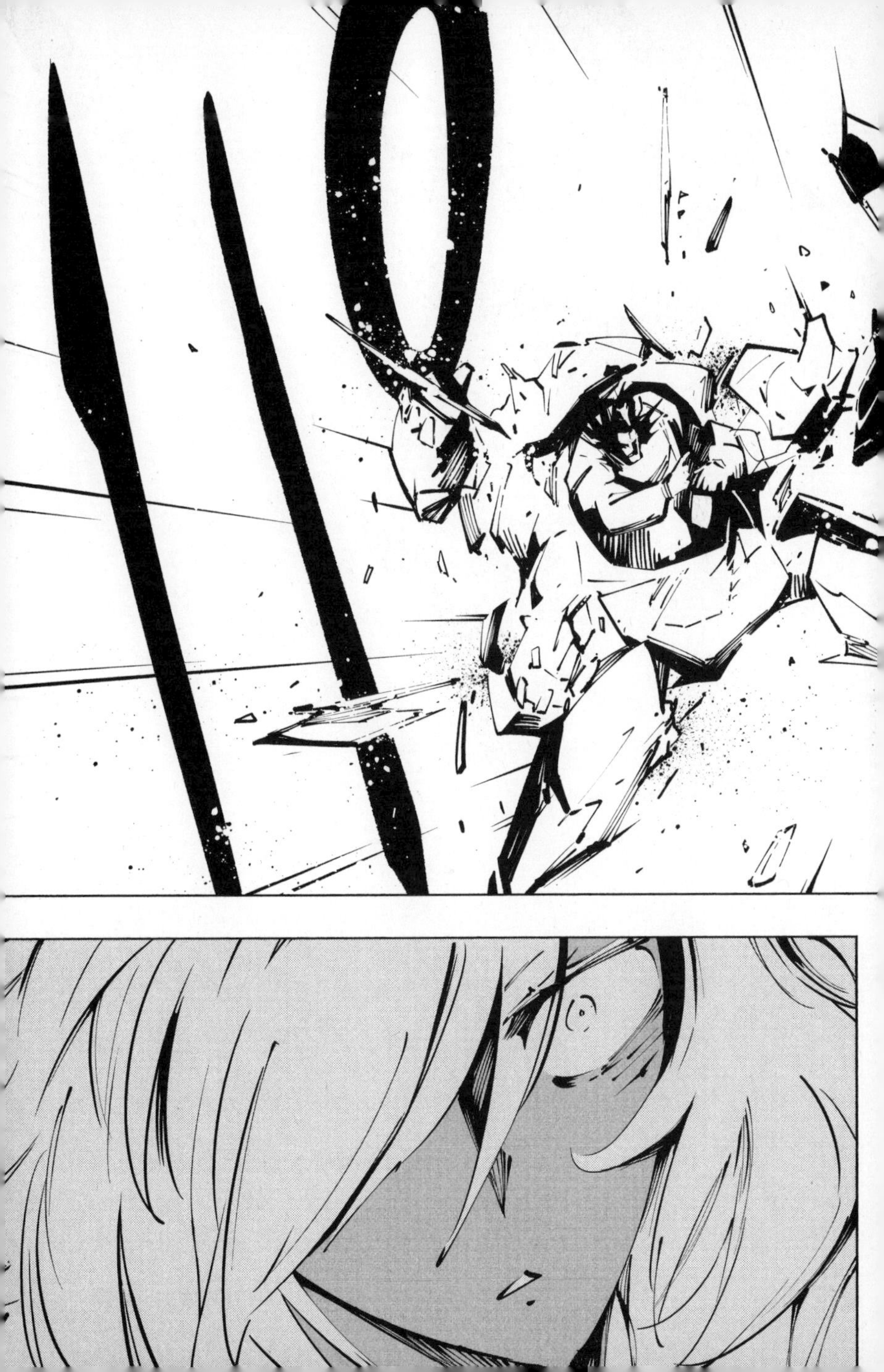

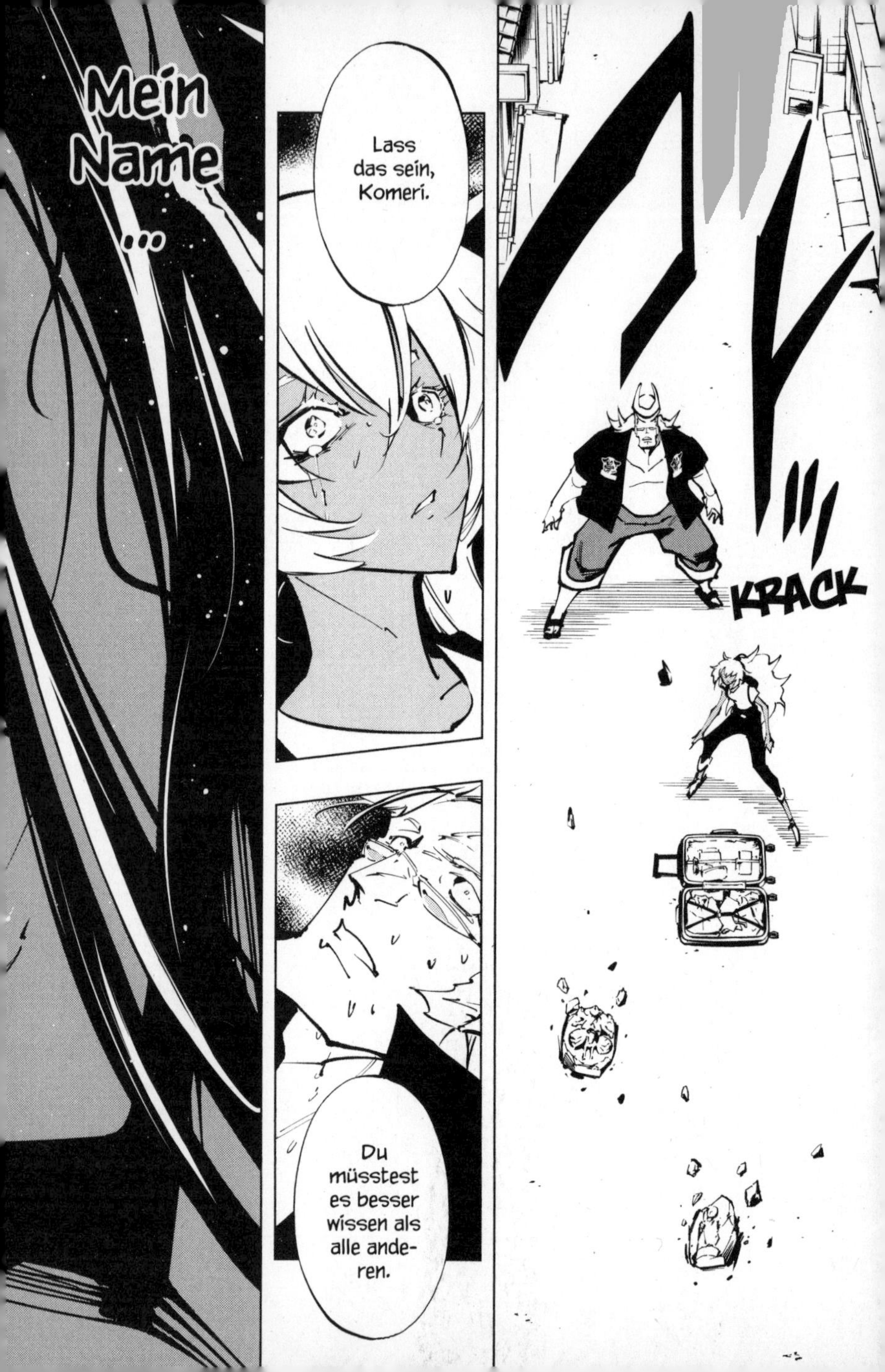
KRACK
Lass das sein, Komeri.
Du müsstest es besser wissen als alle anderen.
Mein Name ...

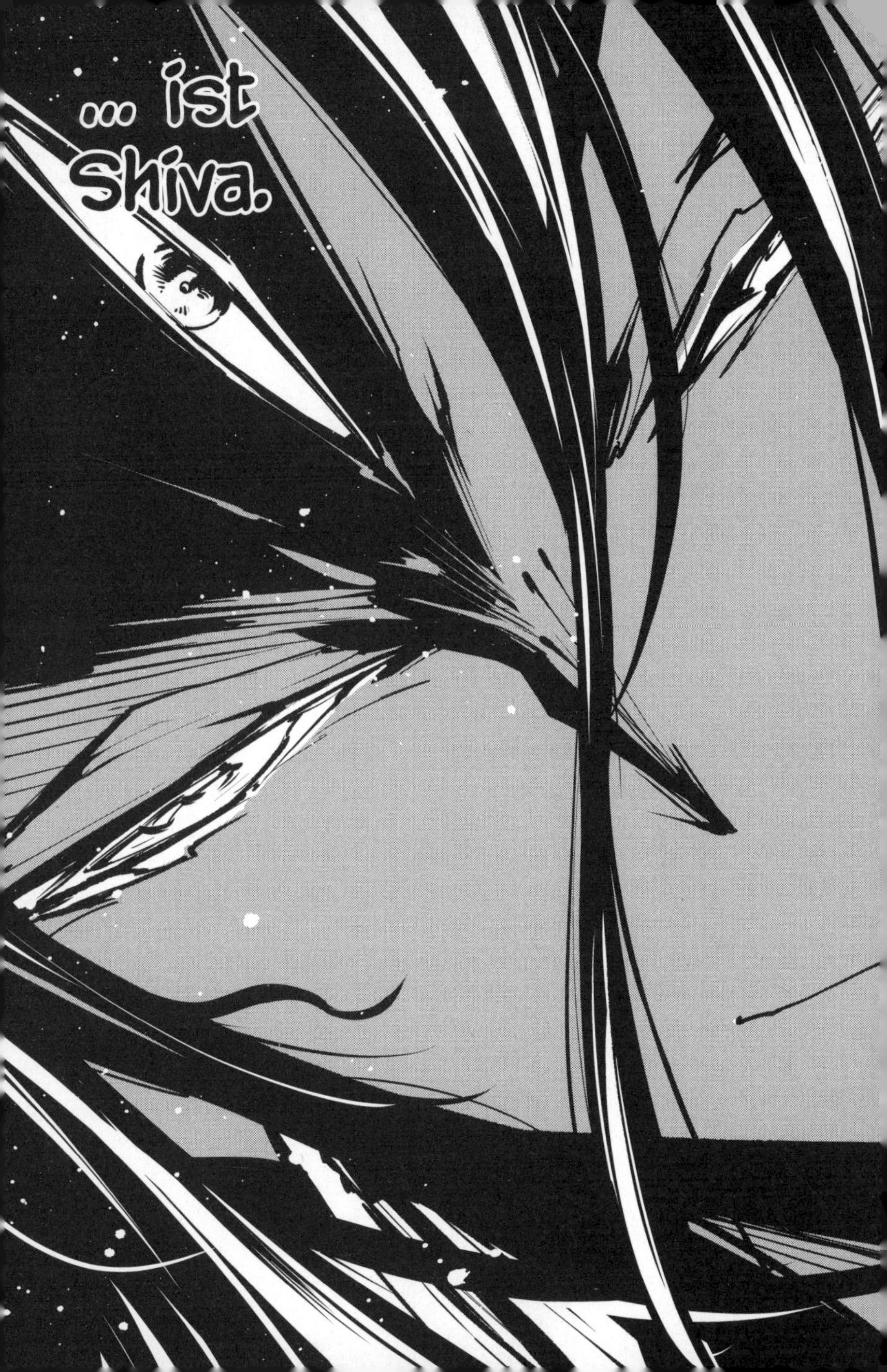
... ist Shiva.

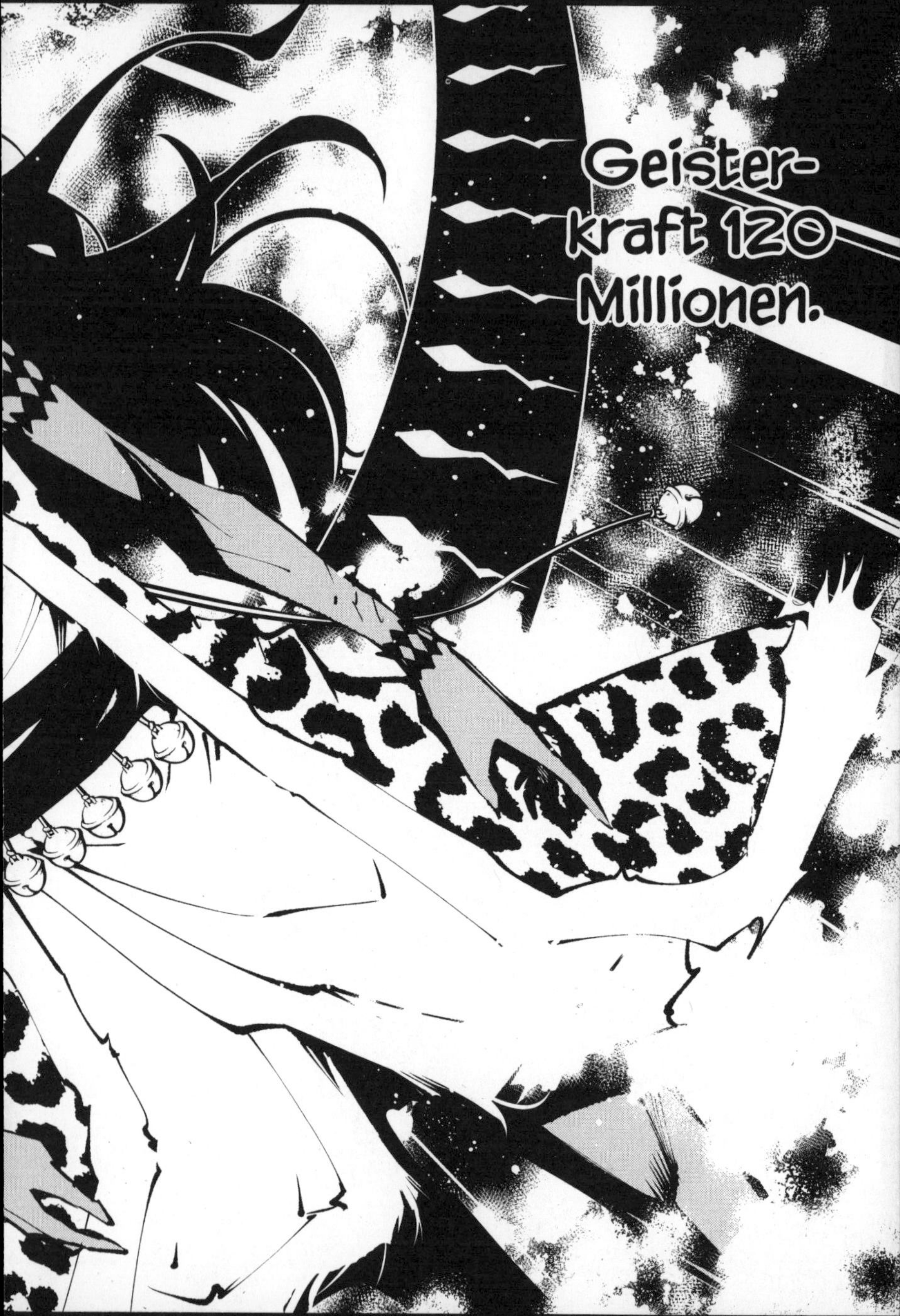
Geister-
kraft 120
Millionen.

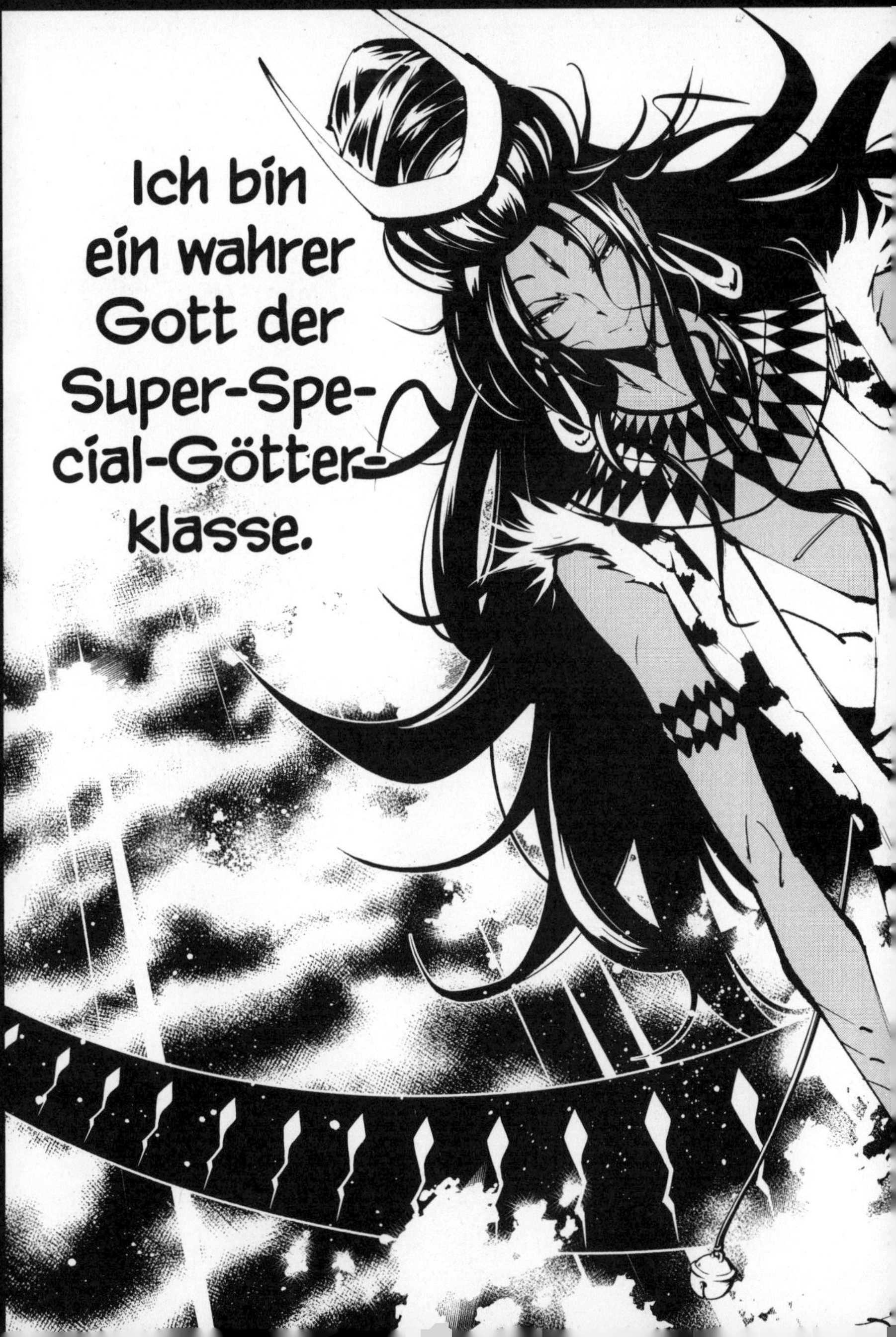
Ich bin ein wahrer Gott der Super-Spe-cial-Götter-klasse.

Shaman King THE SUPERSTAR

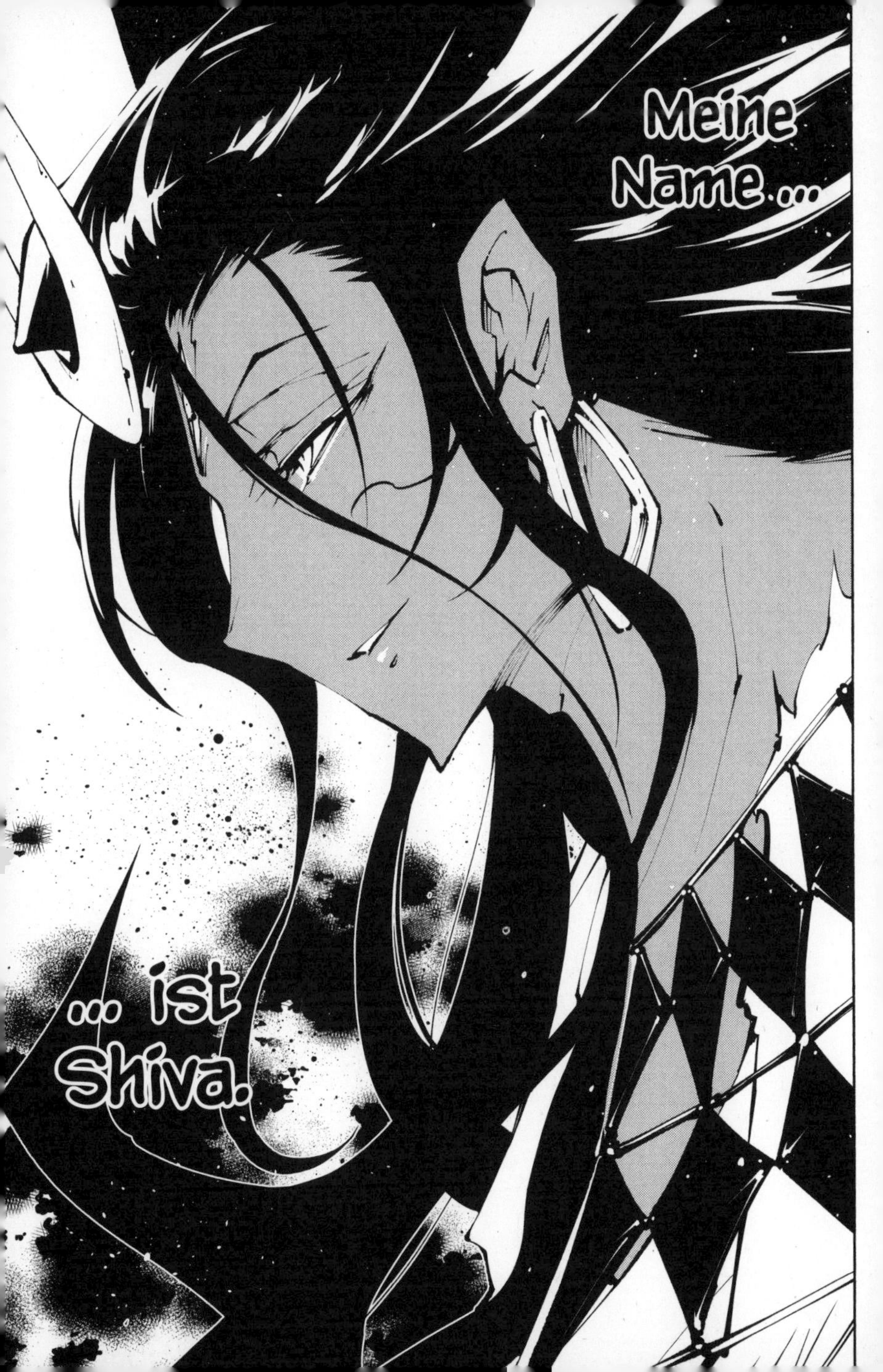
Meine Name ...
... ist Shiva.

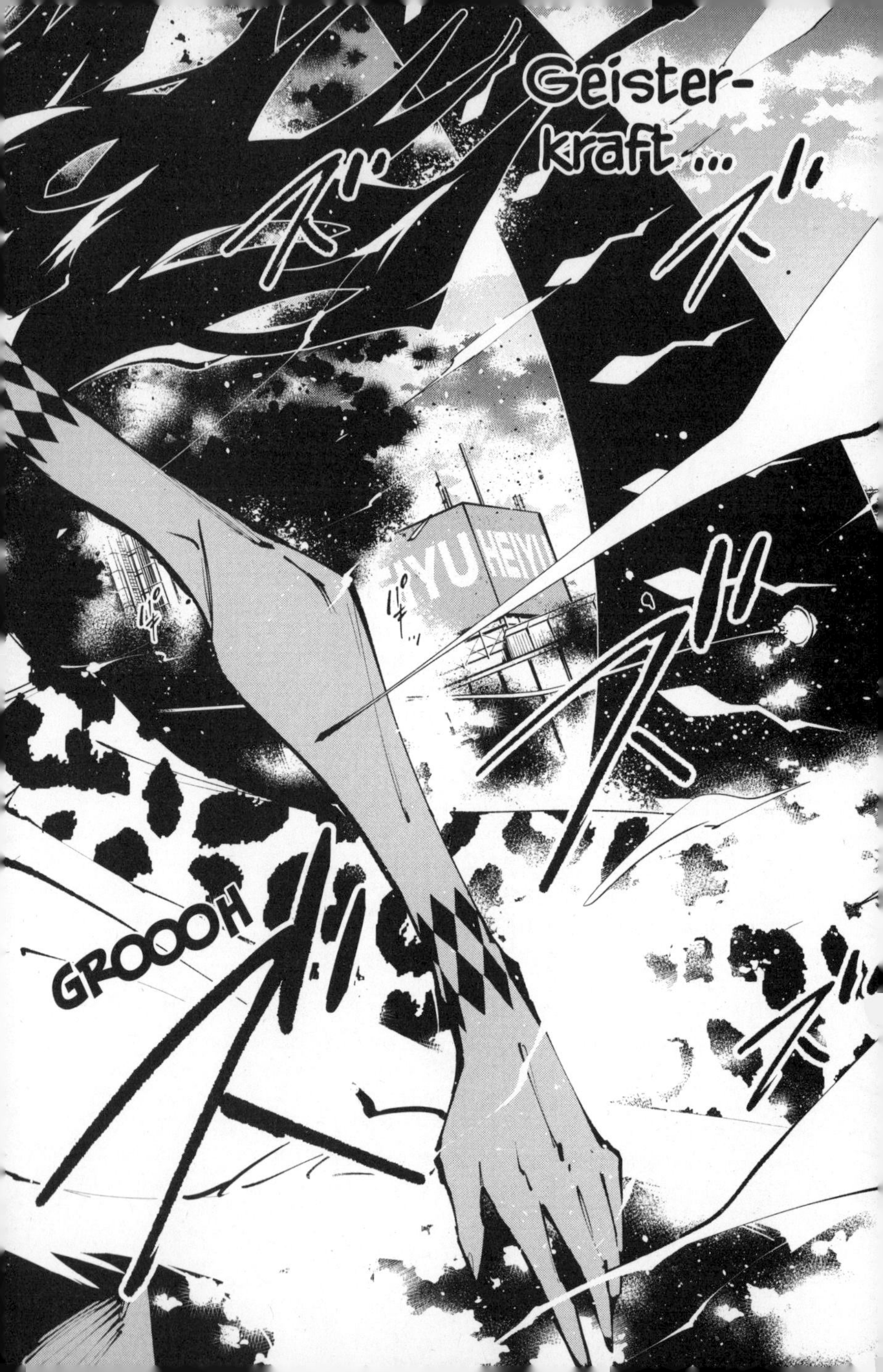
Geister-
kraft ...
GROOOH

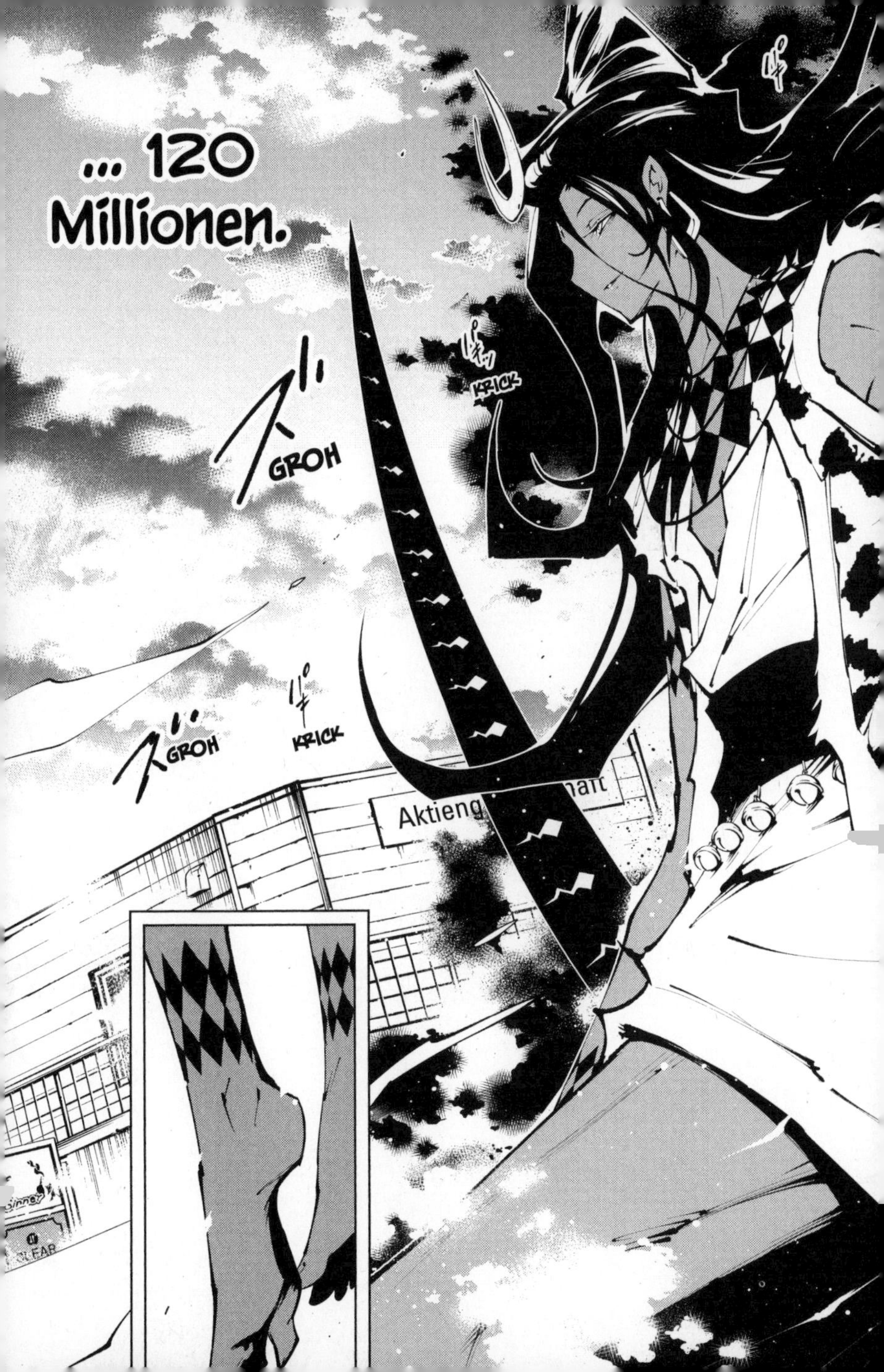
... 120 Millionen.
KRICK
GROH
KRICK
GROH

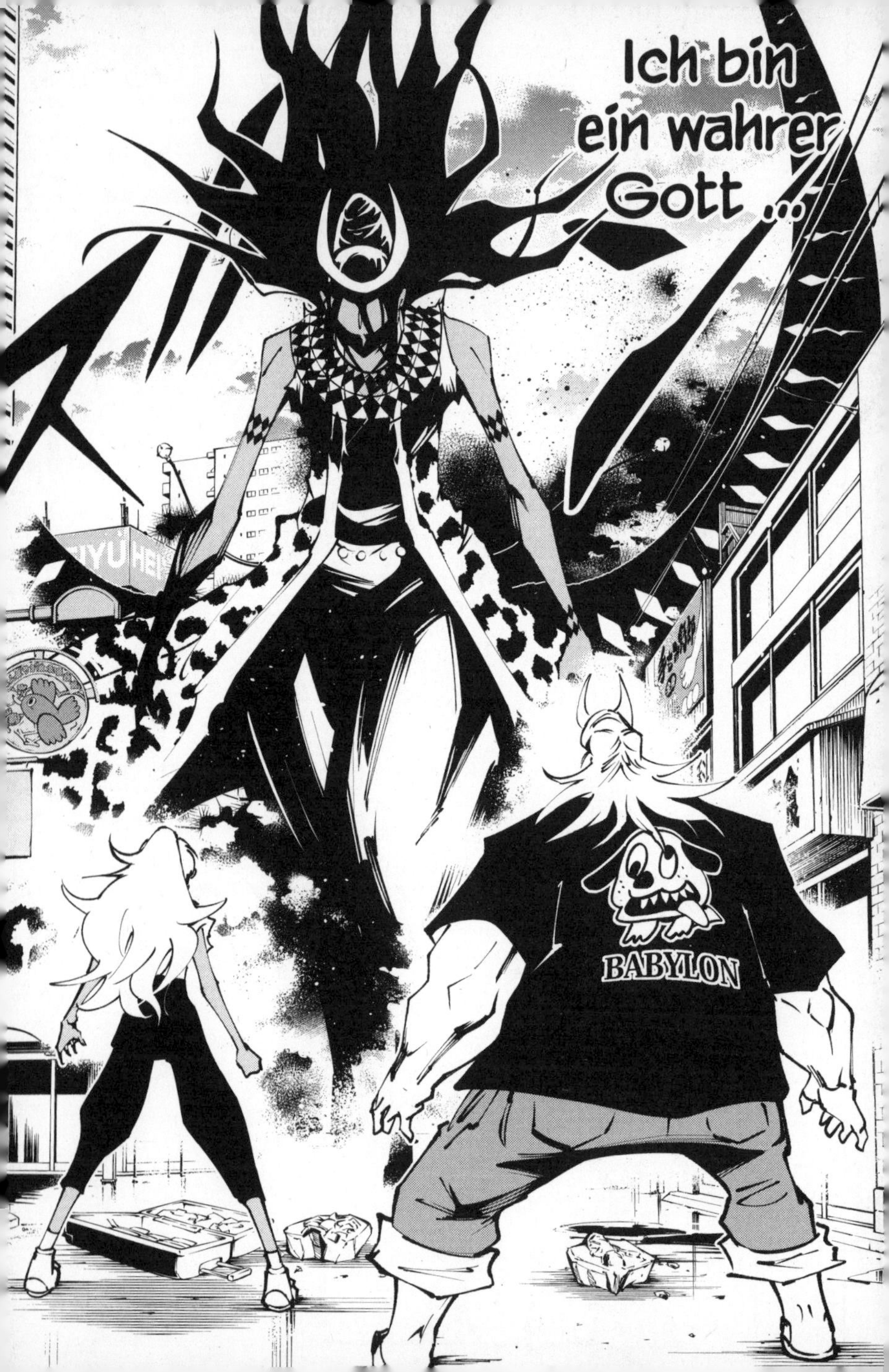
Ich bin ein wahrer Gott ...
BABYLON

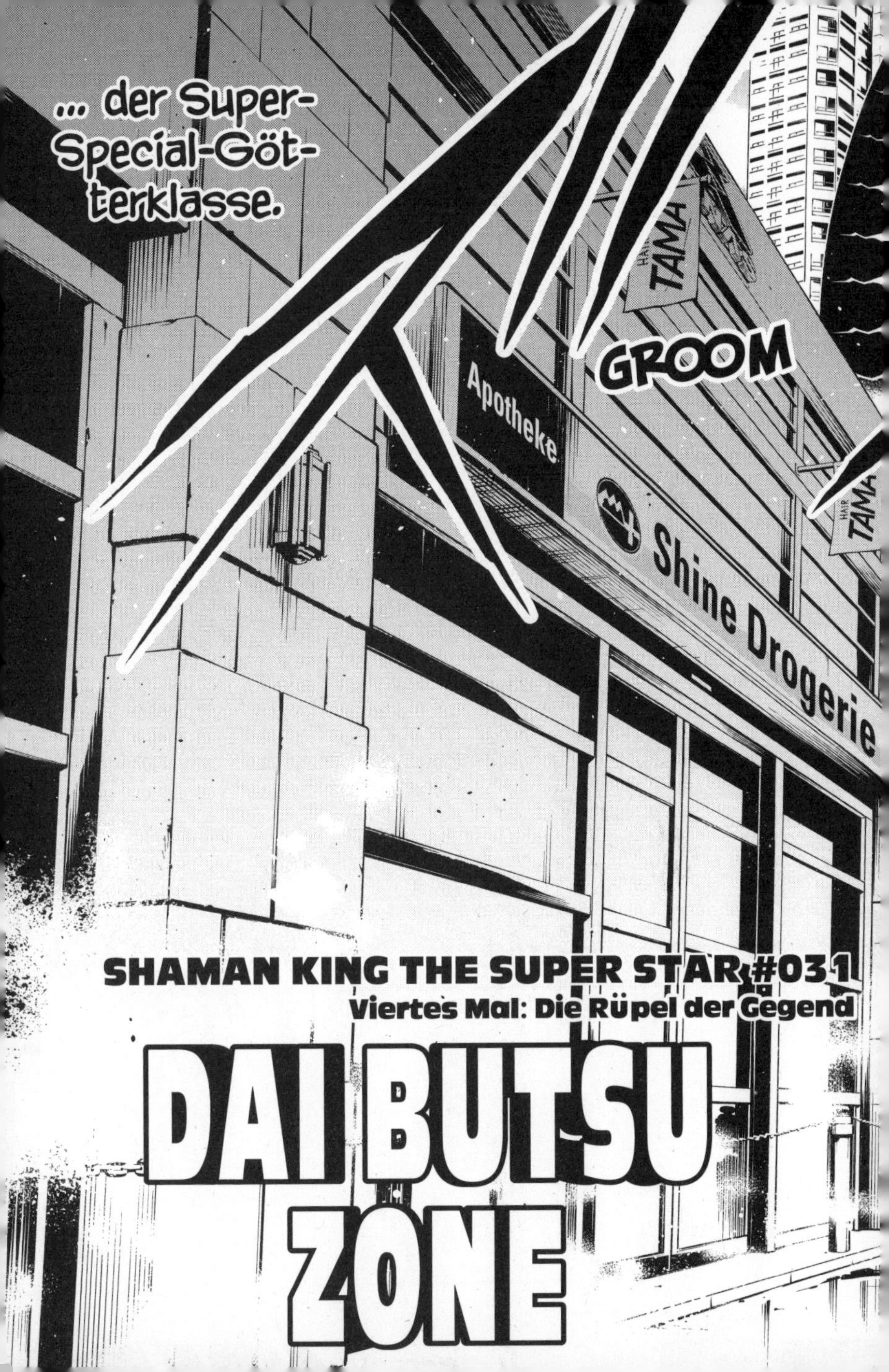
... der Super-Special-Götterklasse.
GROOM
HAIR TAMA
Apotheke
Shine Drogerie
HAIR TAMA
SHAMAN KING THE SUPER STAR #031
Viertes Mal: Die Rüpel der Gegend
DAI BUTSU ZONE

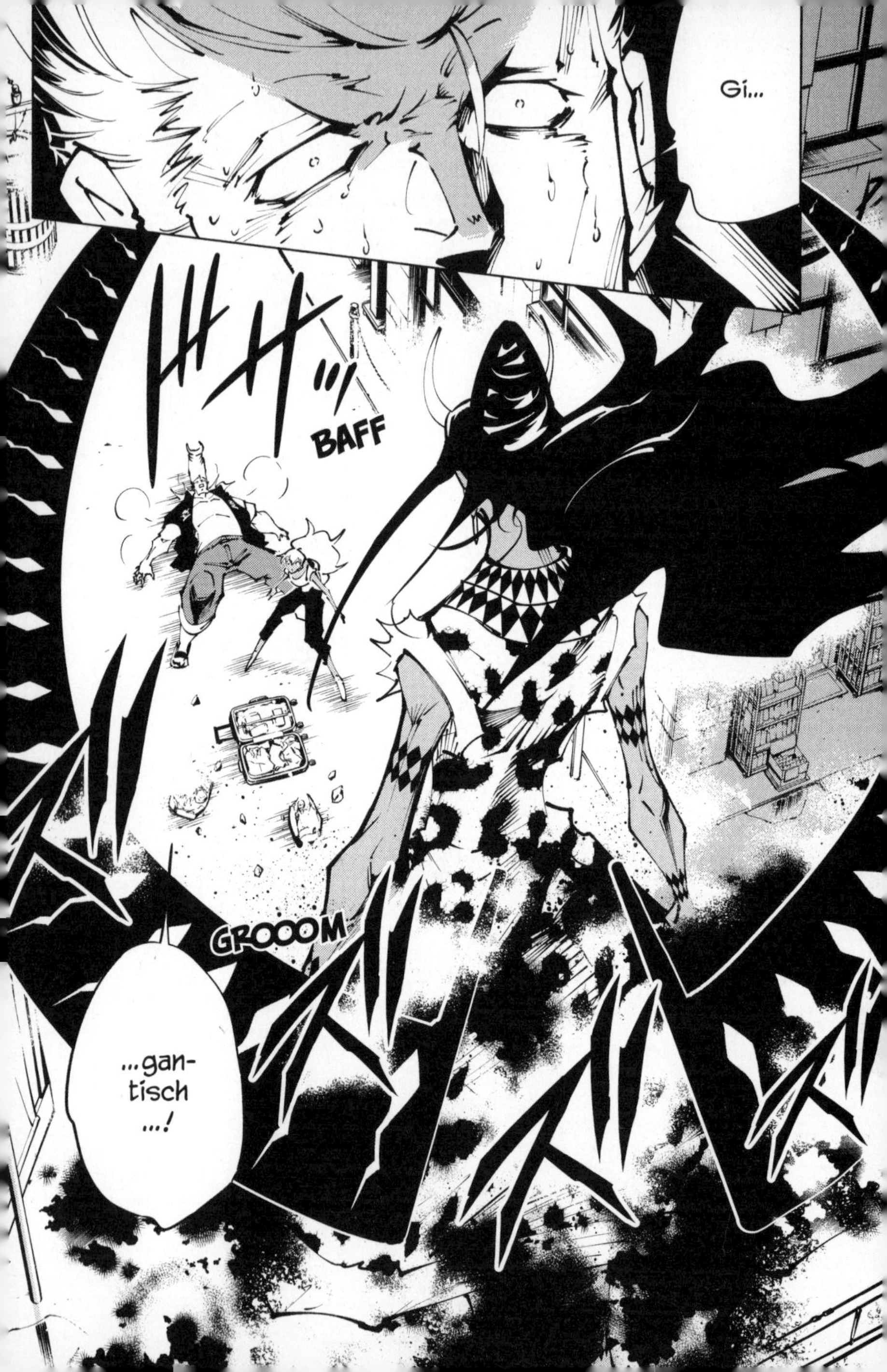
Gi...
BAFF
GROOOM
...gan-
tisch
...!

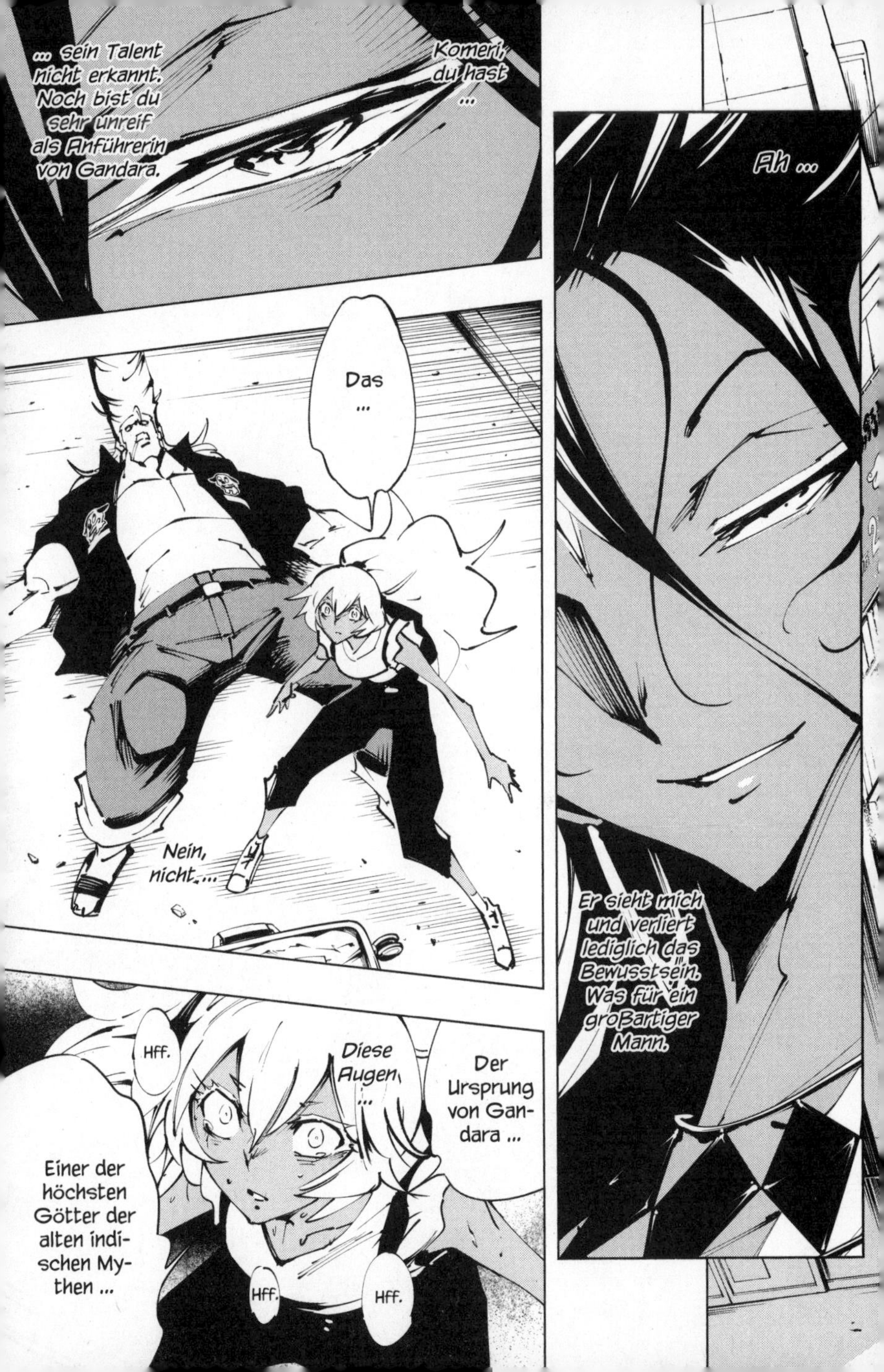
Komeri, du hast ...
... sein Talent nicht erkannt. Noch bist du sehr unreif als Anführerin von Gandara.
Ah ...
Er sieht mich und verliert lediglich das Bewusstsein. Was für ein großartiger Mann.
Das ...
Nein, nicht ...
Der Ursprung von Gandara ...
Diese Augen ...
Hff.
Einer der höchsten Götter der alten indischen Mythen ...
Hff.
Hff.

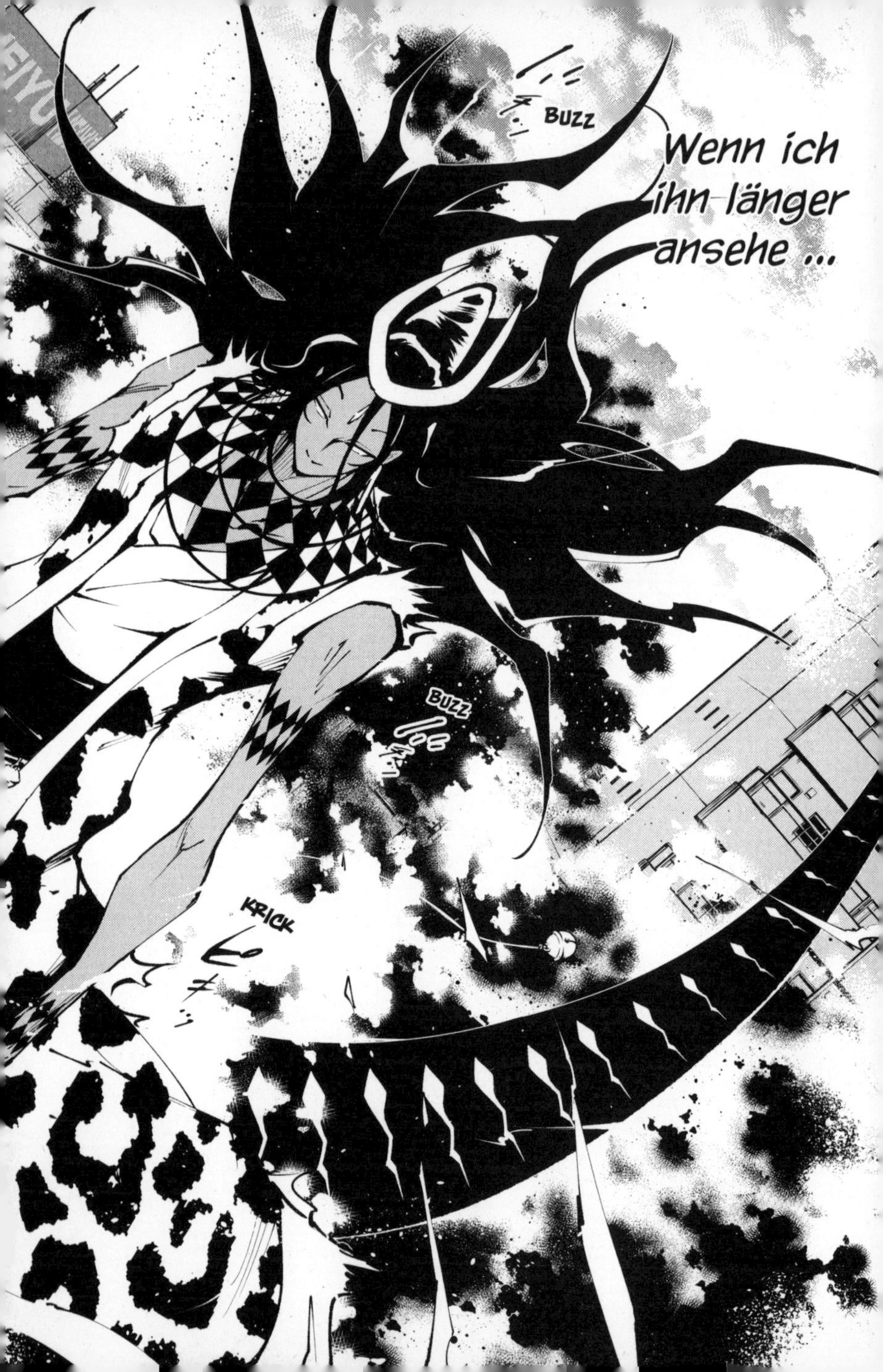
BUZZ
Wenn ich ihn länger ansehe ...
BUZZ
KRICK

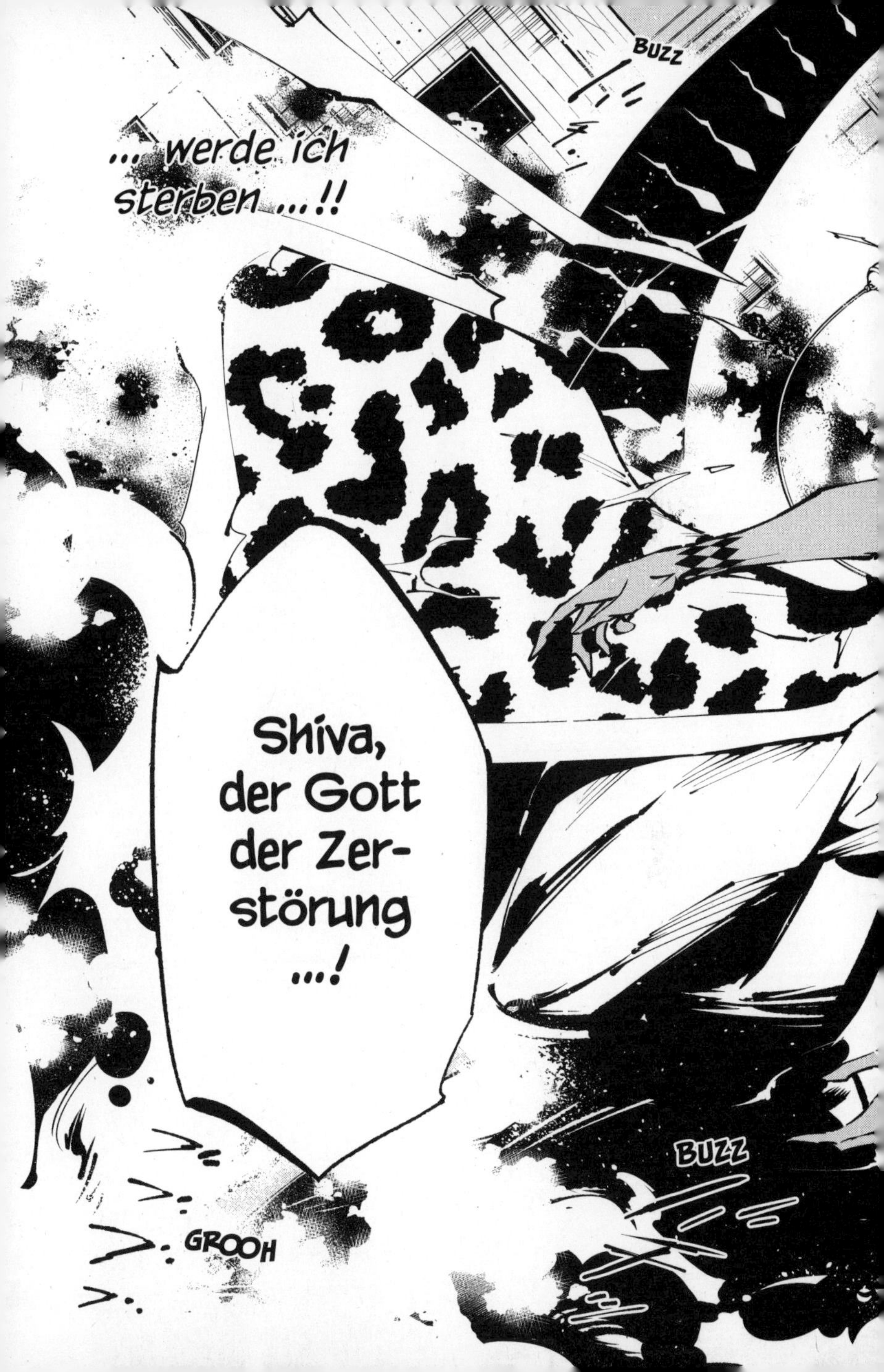
BUZZ
... werde ich sterben ...!!
Shiva, der Gott der Zer- störung ...!
BUZZ
GROOH

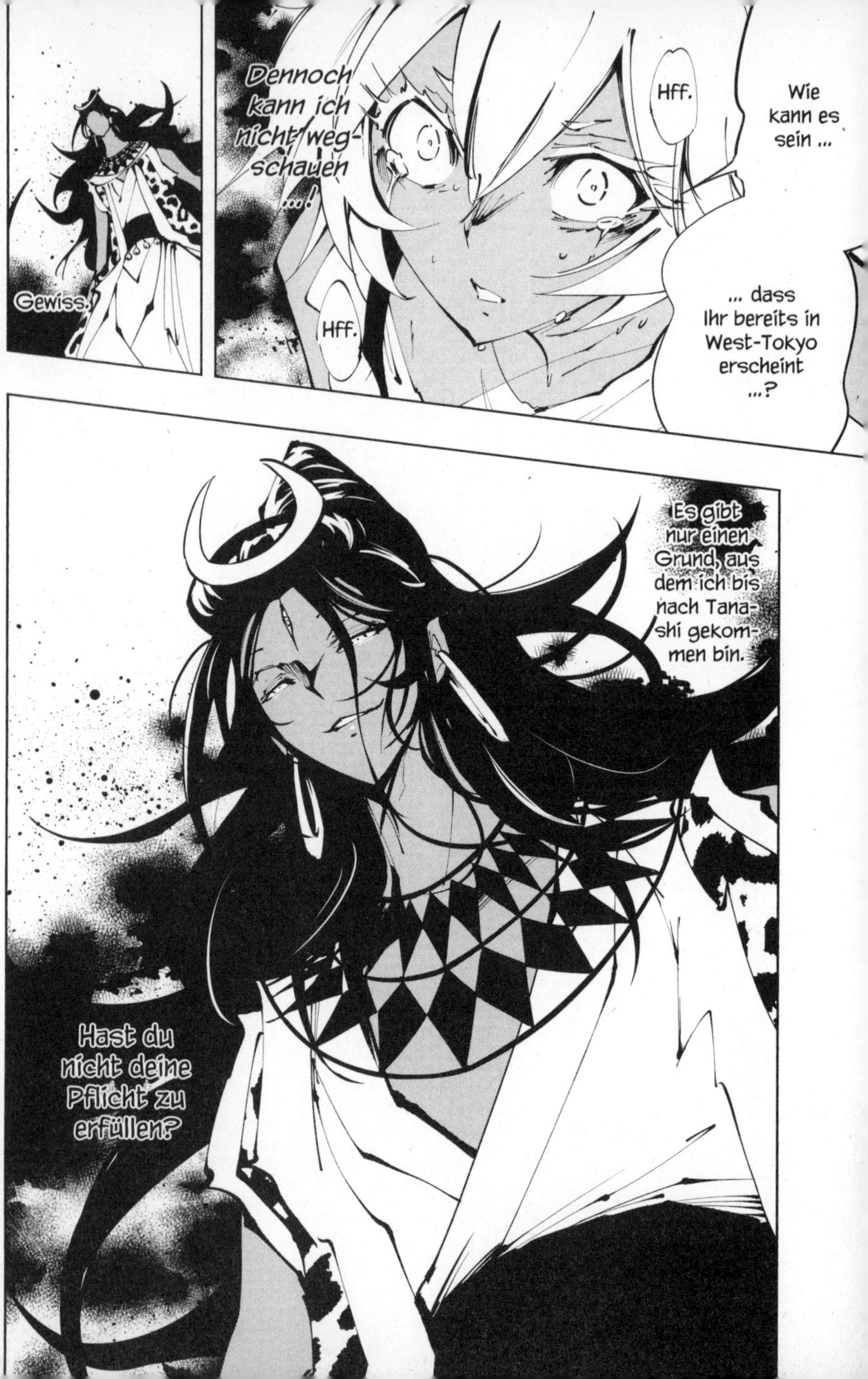
Wie kann es sein ...
Hff.
... dass Ihr bereits in West-Tokyo erscheint ...?
Dennoch kann ich nicht weg-schauen ...!
Hff.
Gewiss.
Es gibt nur einen Grund, aus dem ich bis nach Tana-shi gekom-men bin.
Hast du nicht deine Pflicht zu erfüllen?

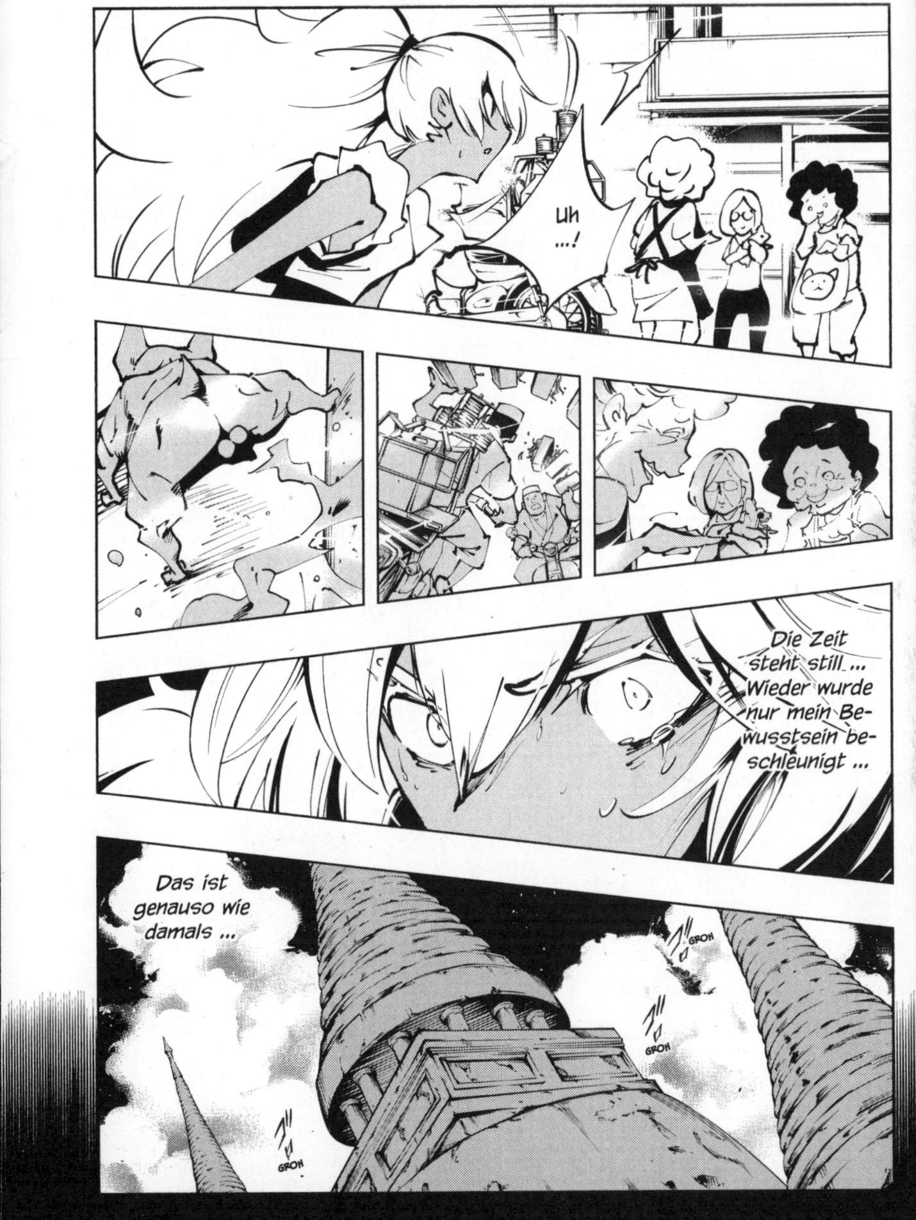
Uh ...!
Die Zeit steht still ... Wieder wurde nur mein Bewusstsein beschleunigt ...
Das ist genauso wie damals ...
GROH
GROH
GROH

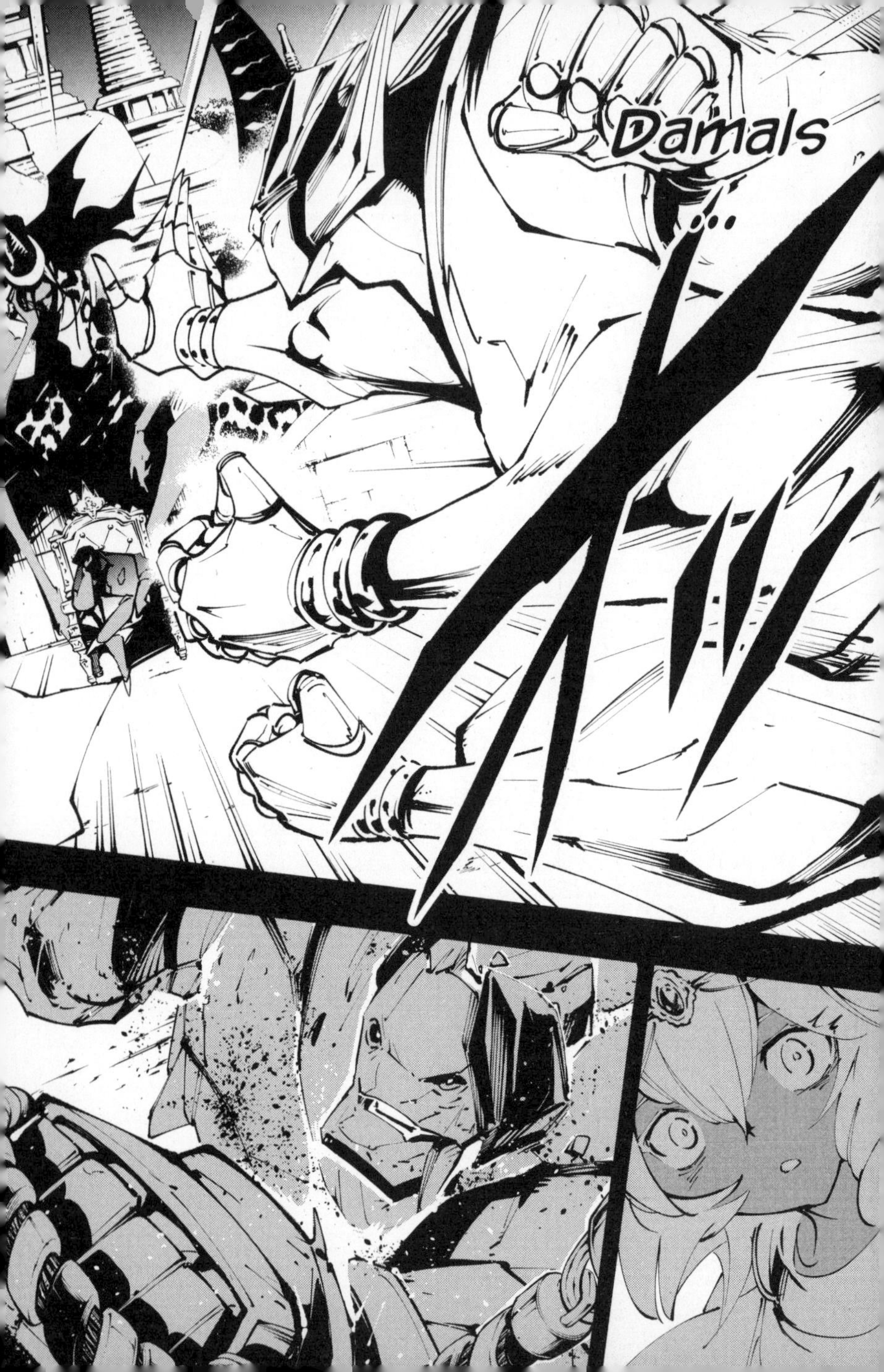
Damals …

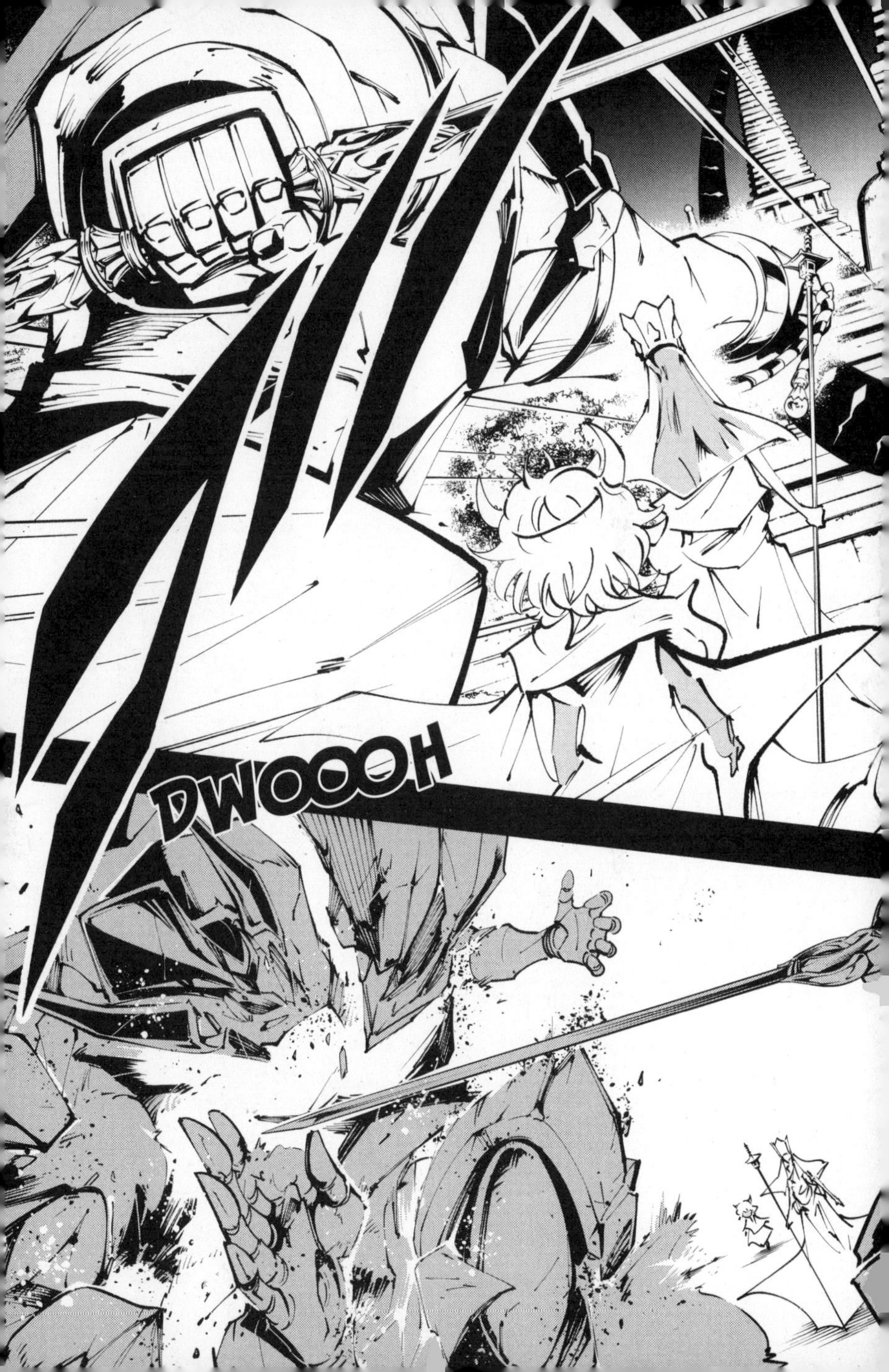
DWOOOH

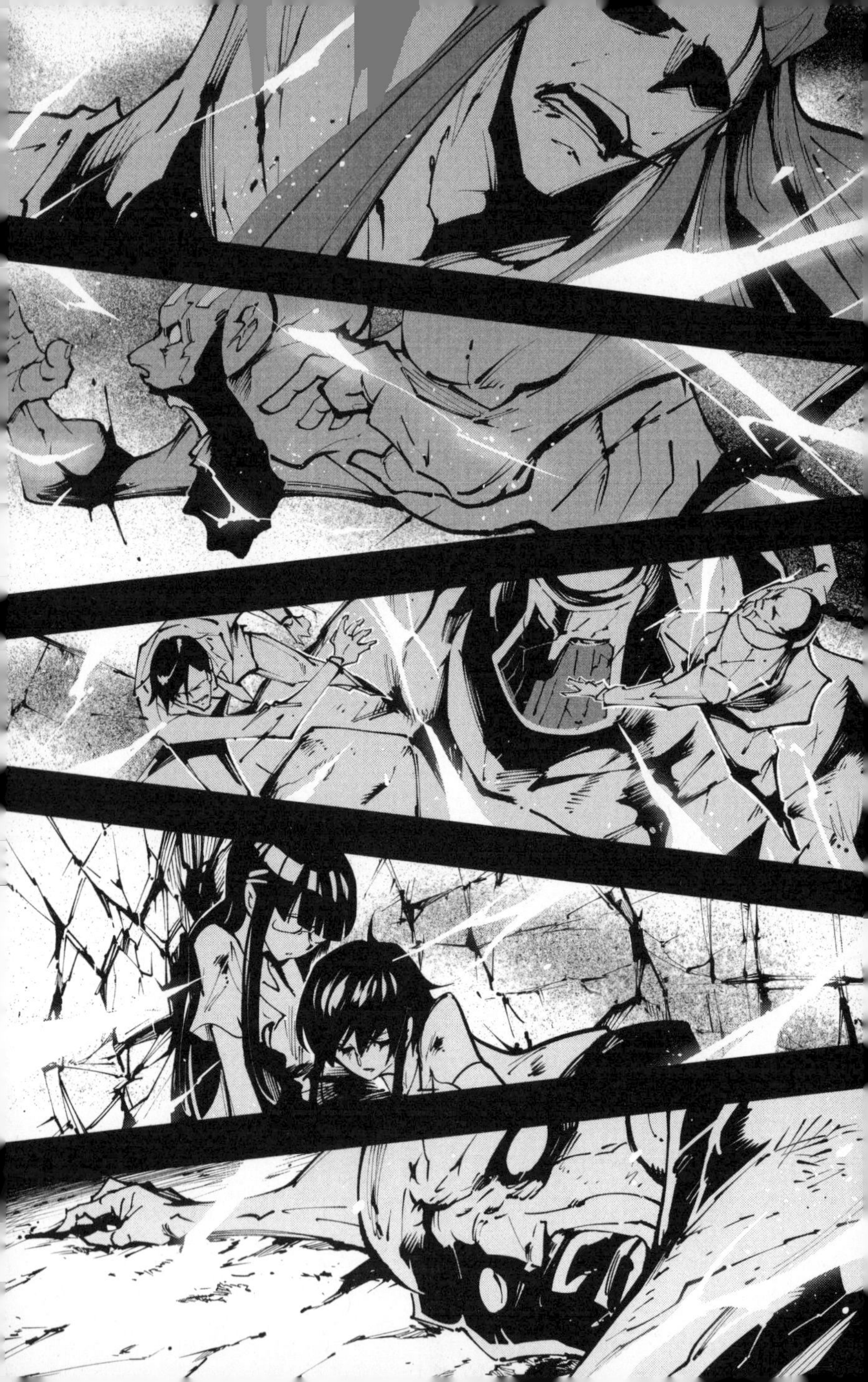

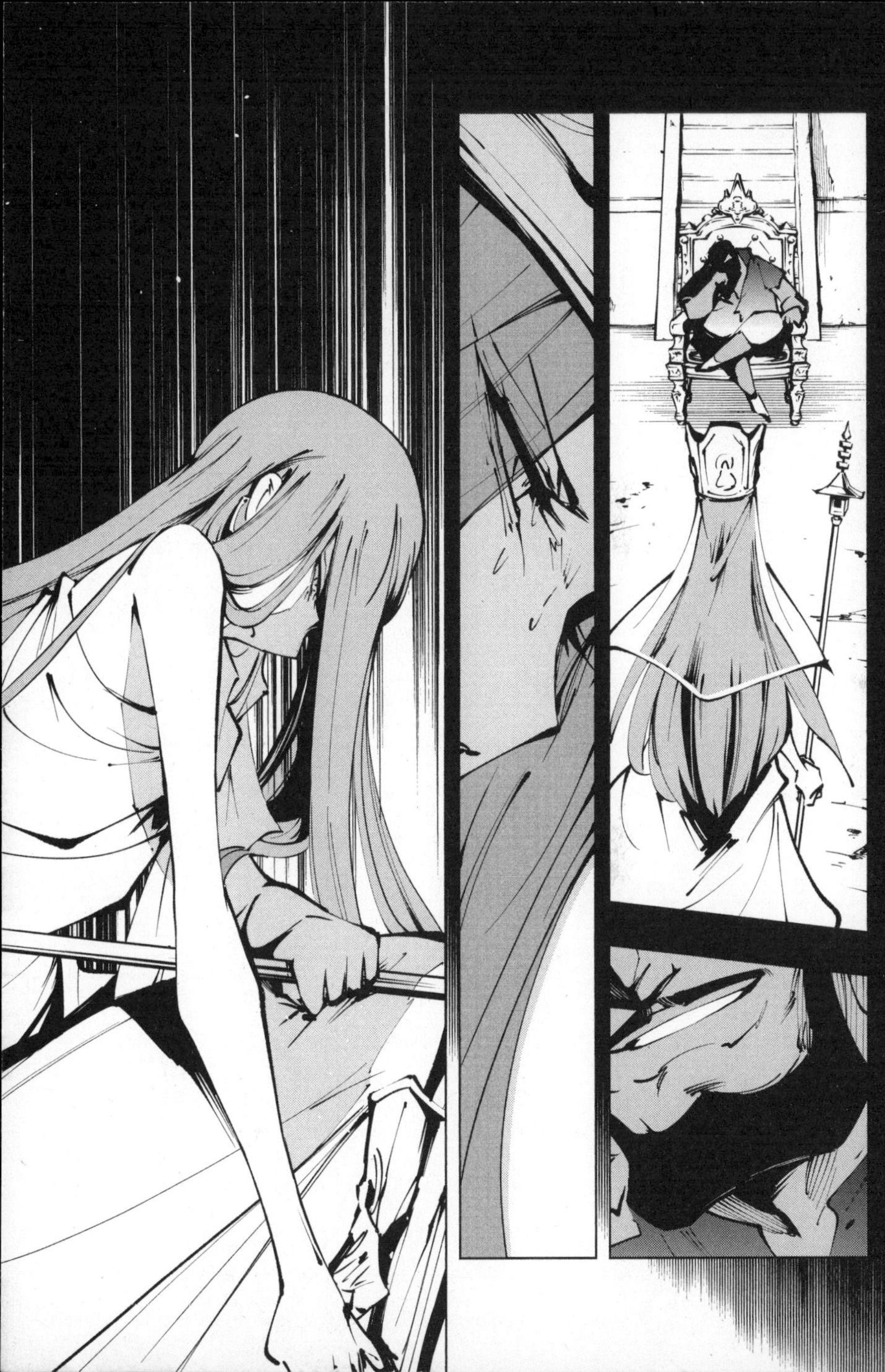

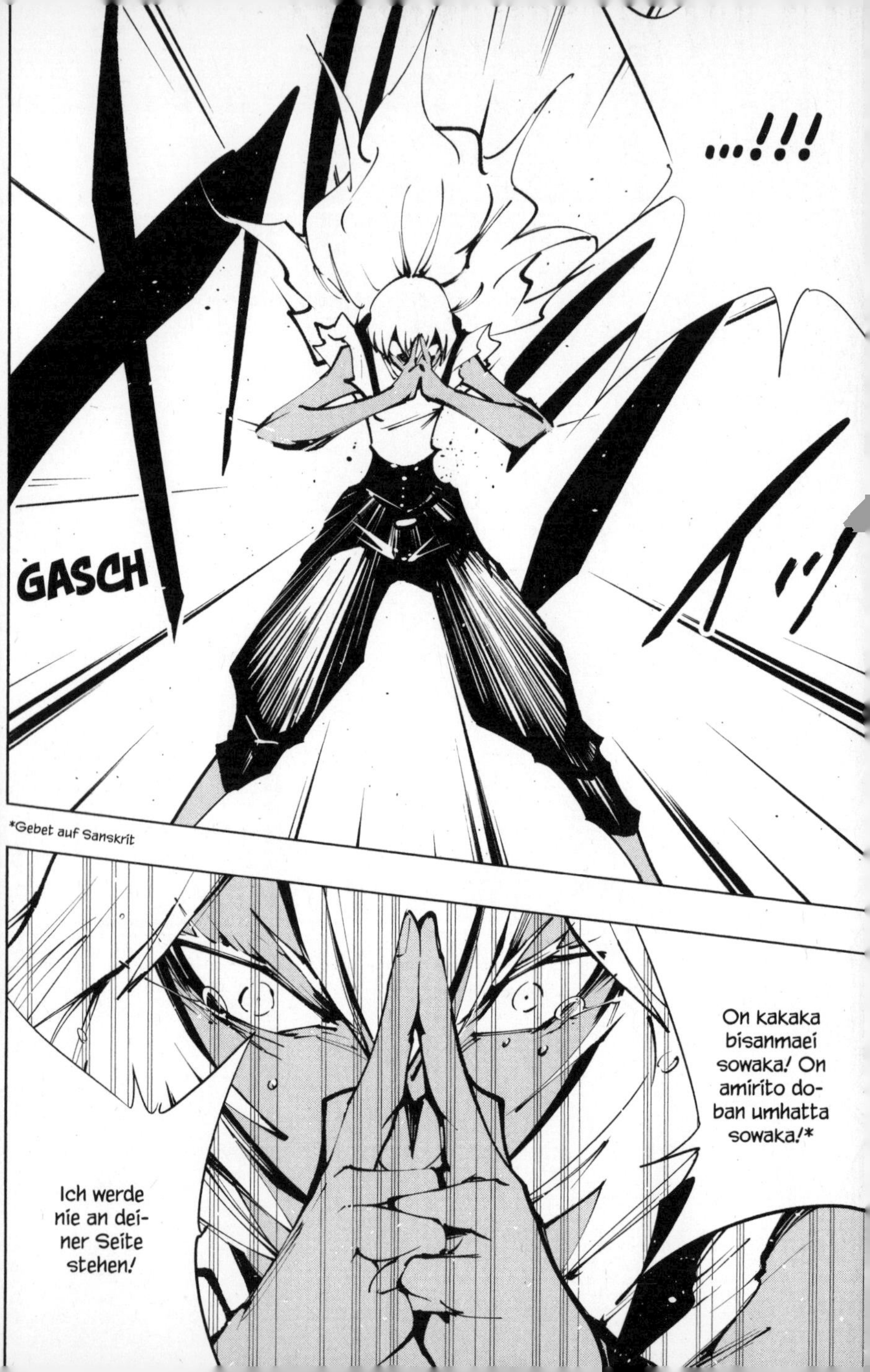
...!!!
GASCH
On kakaka bisanmaei sowaka! On amirito doban umhatta sowaka!*
Ich werde nie an deiner Seite stehen!
*Gebet auf Sanskrit

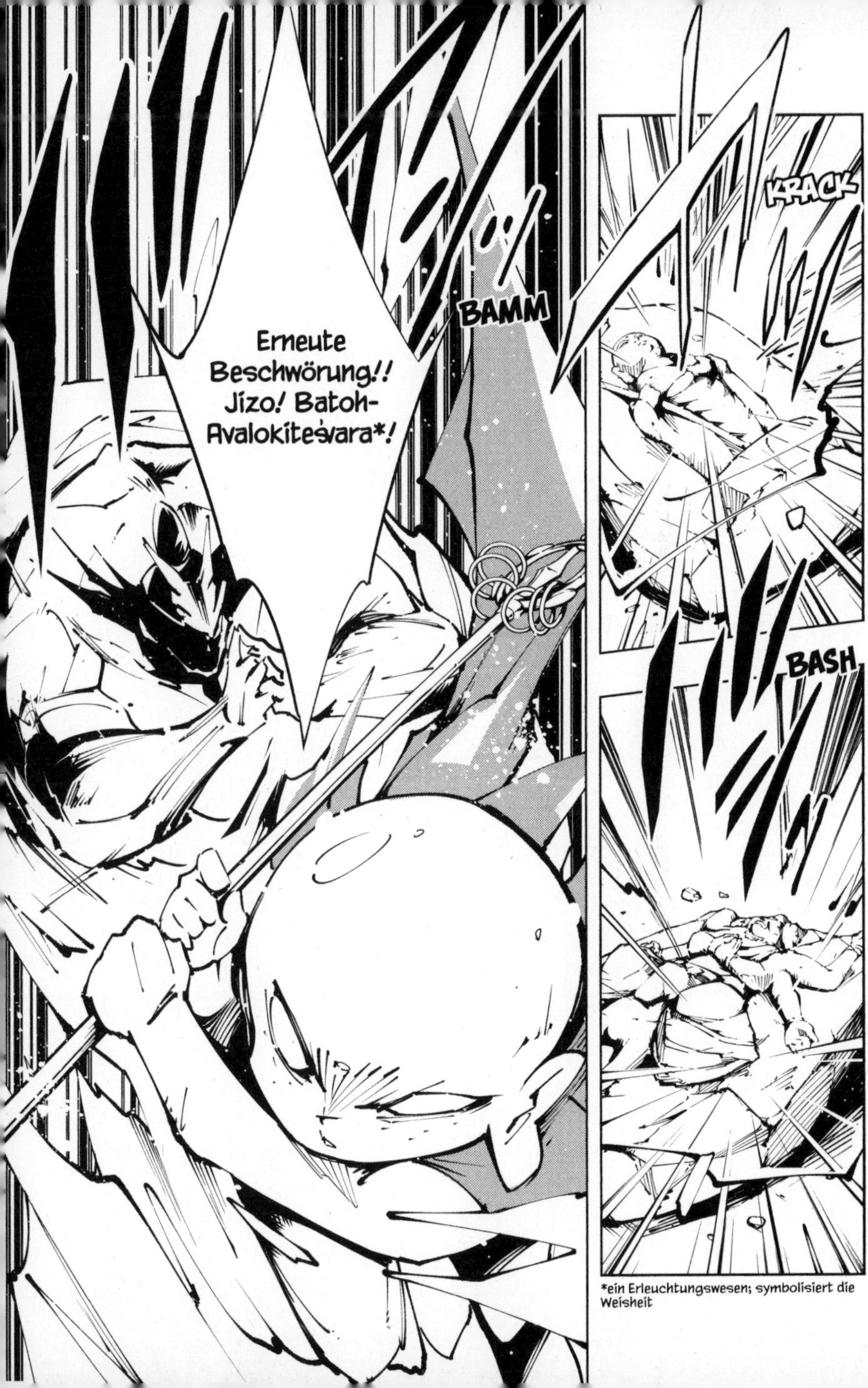

*ein Erleuchtungswesen; symbolisiert die Weisheit

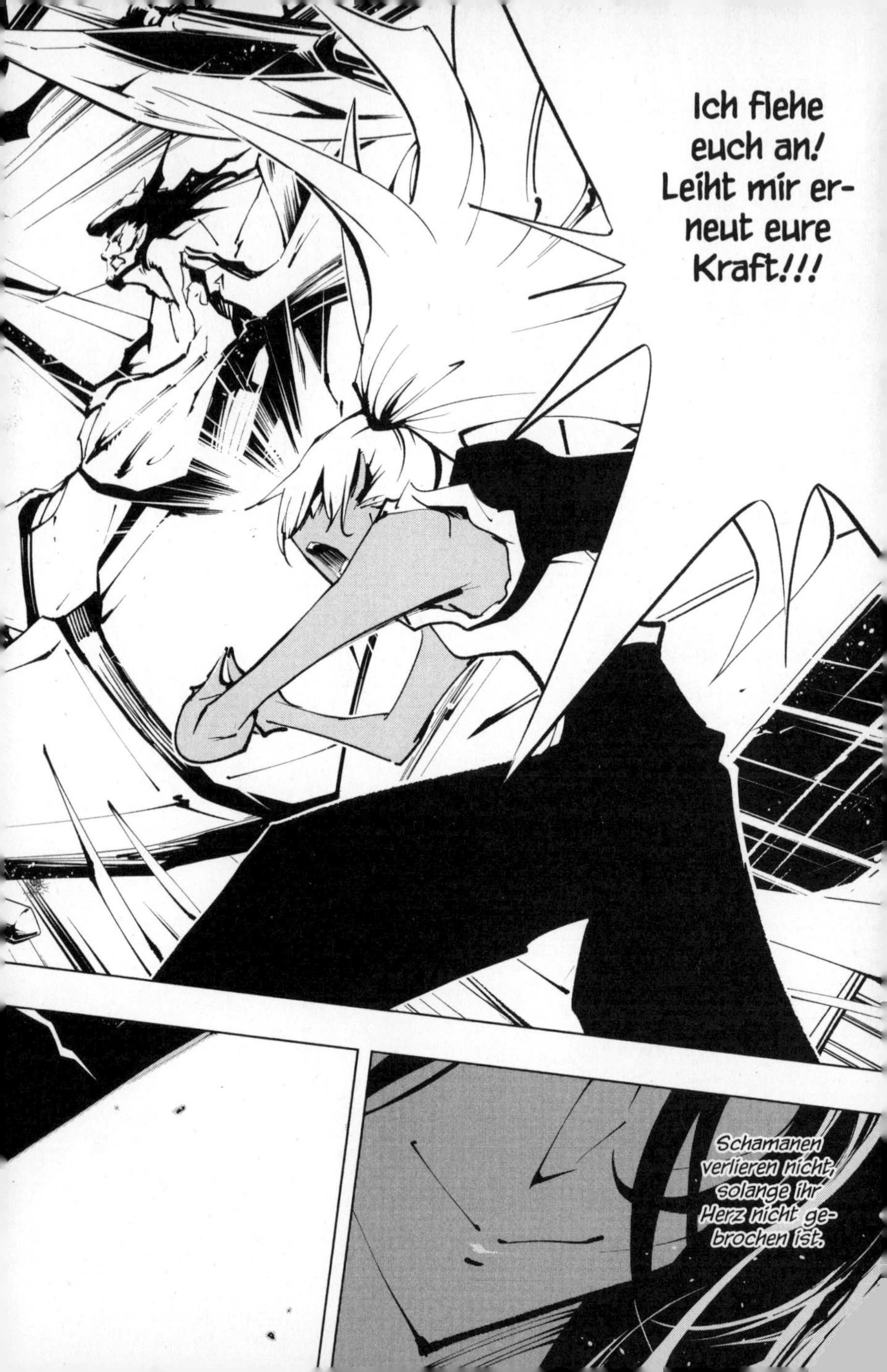
Ich flehe euch an! Leiht mir erneut eure Kraft!!!
Schamanen verlieren nicht, solange ihr Herz nicht gebrochen ist.

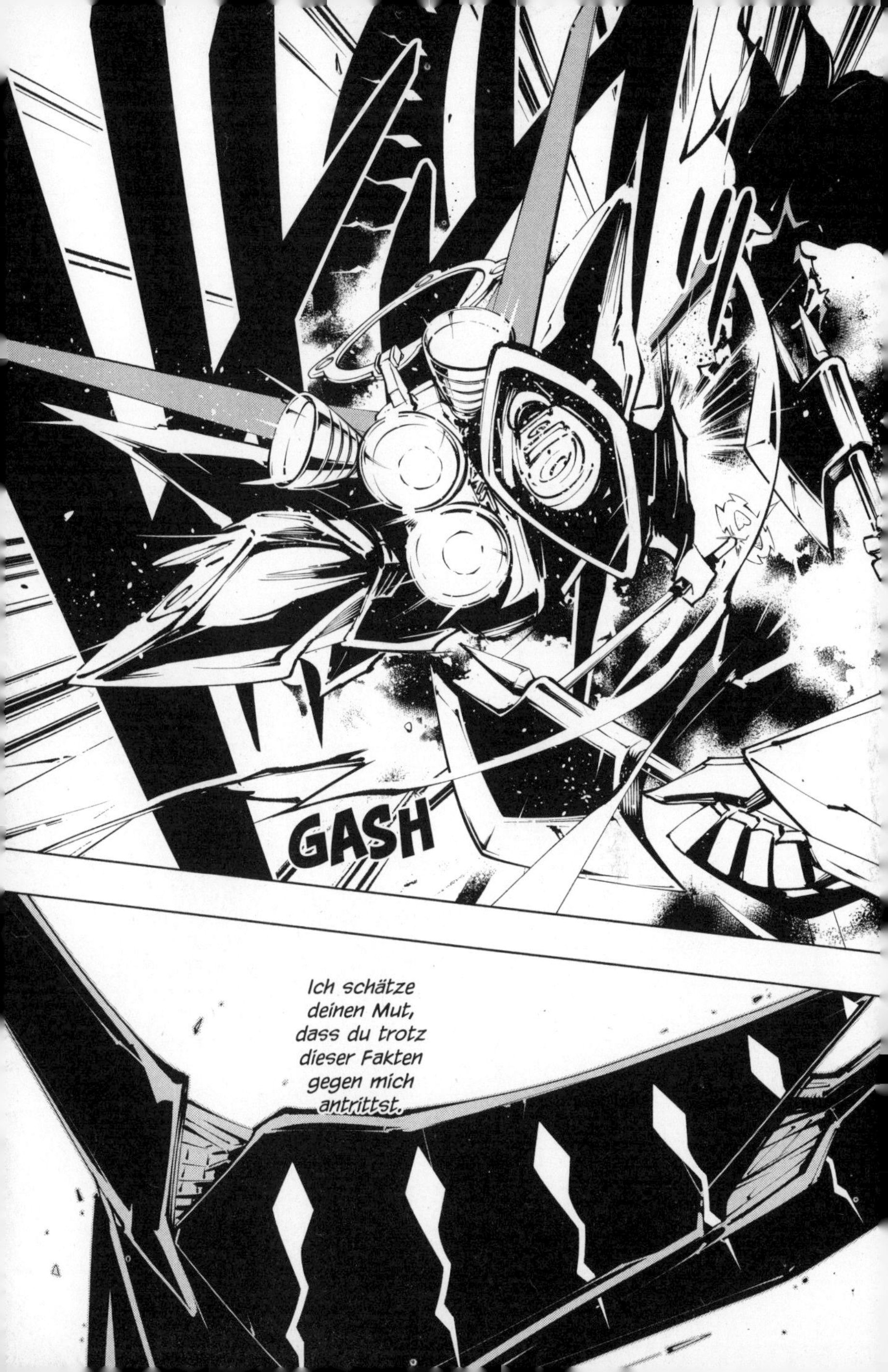
GASH
Ich schätze deinen Mut, dass du trotz dieser Fakten gegen mich antrittst.

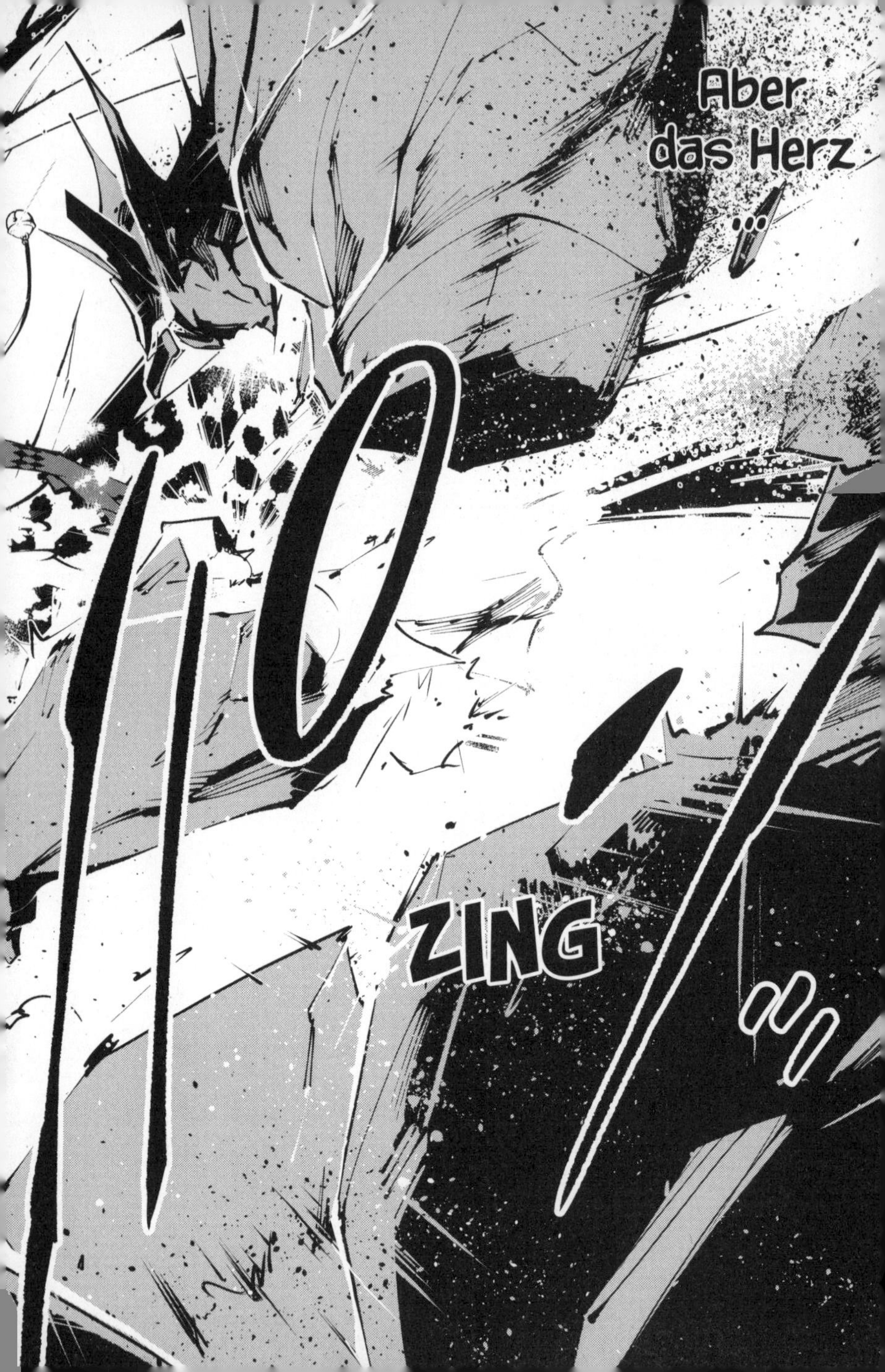
Aber das Herz …
ZING

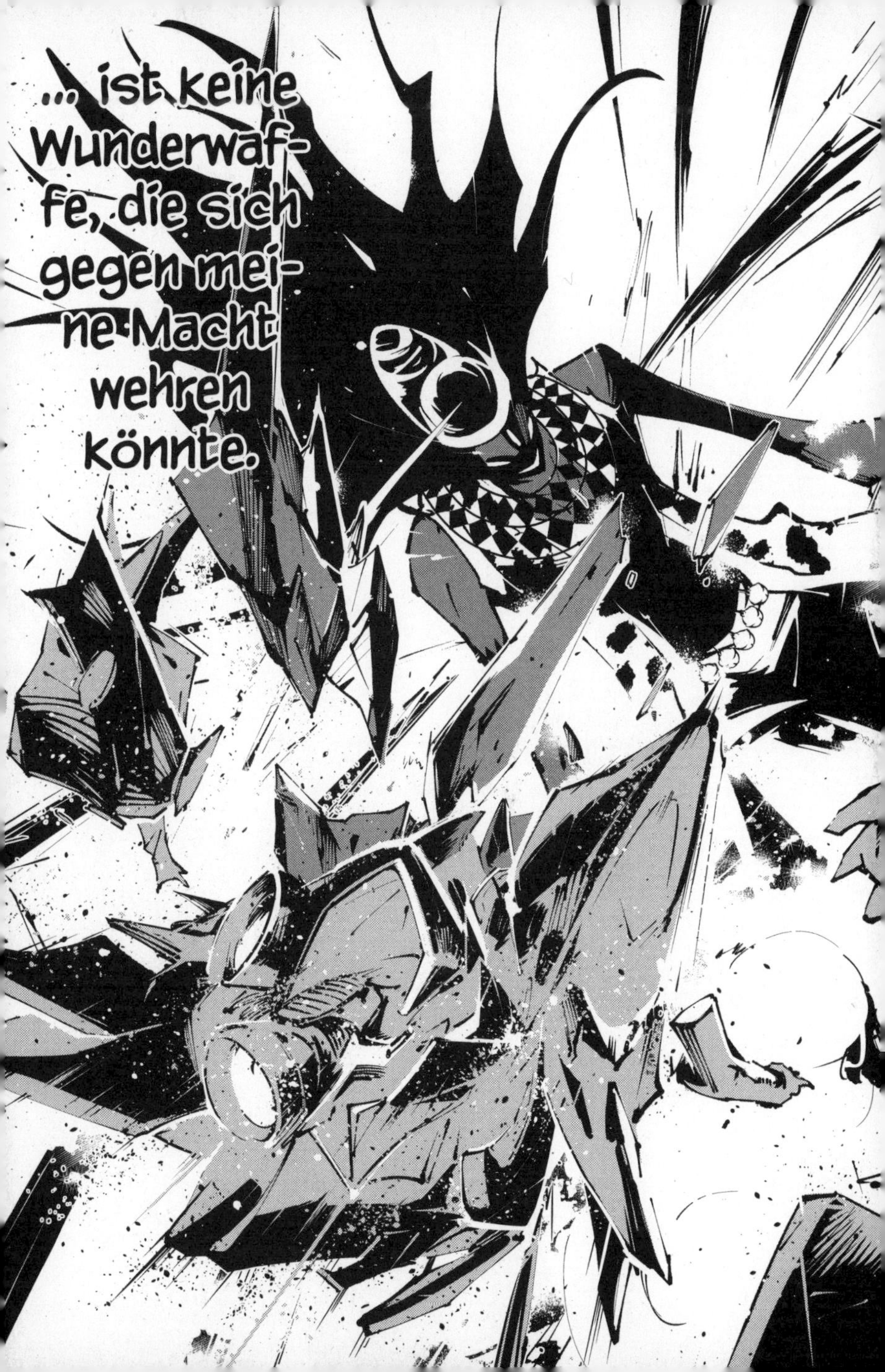
... ist keine Wunderwaf-fe, die sich gegen mei-ne Macht wehren könnte.

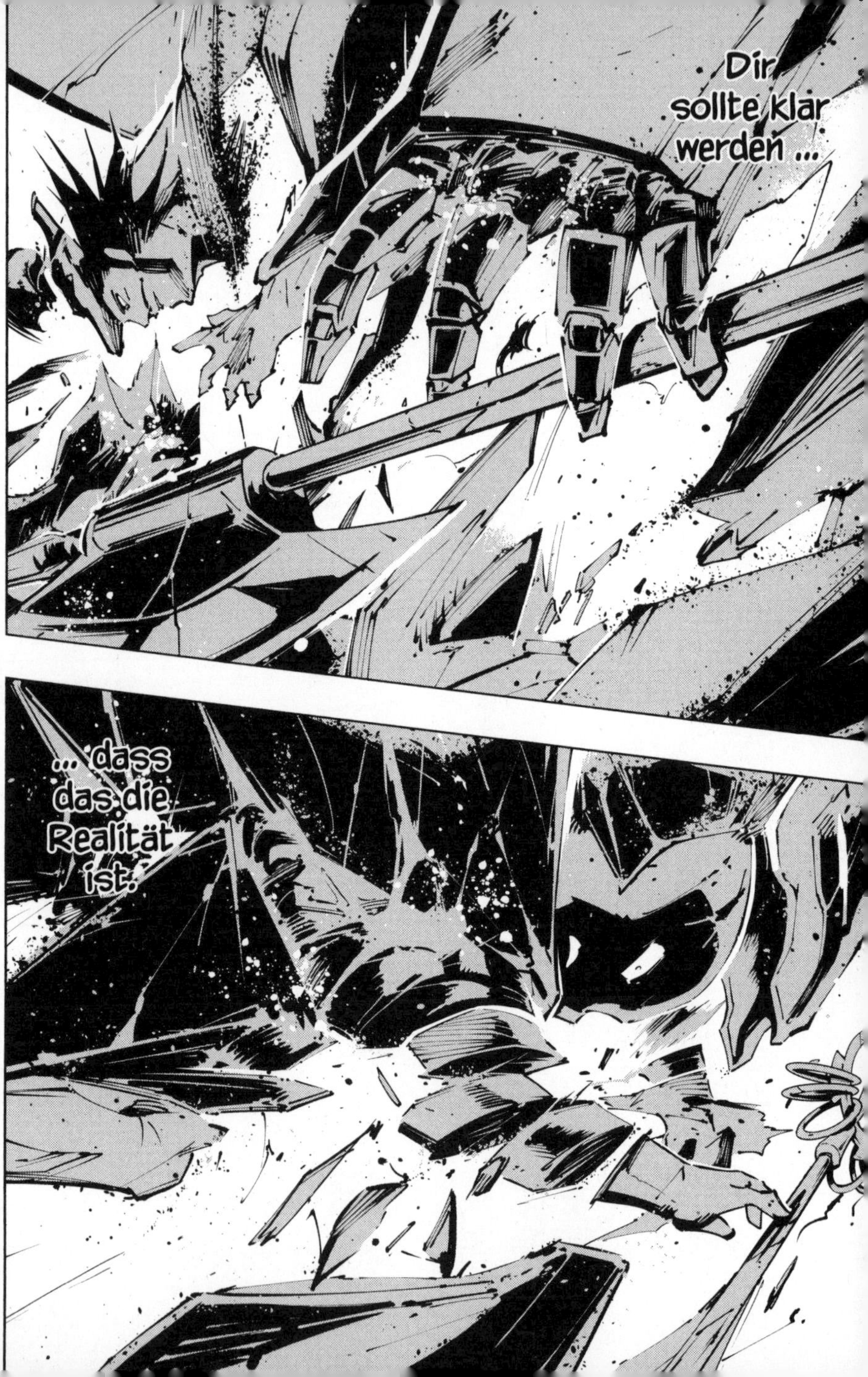
Dir sollte klar werden ...
... dass das die Realität ist.

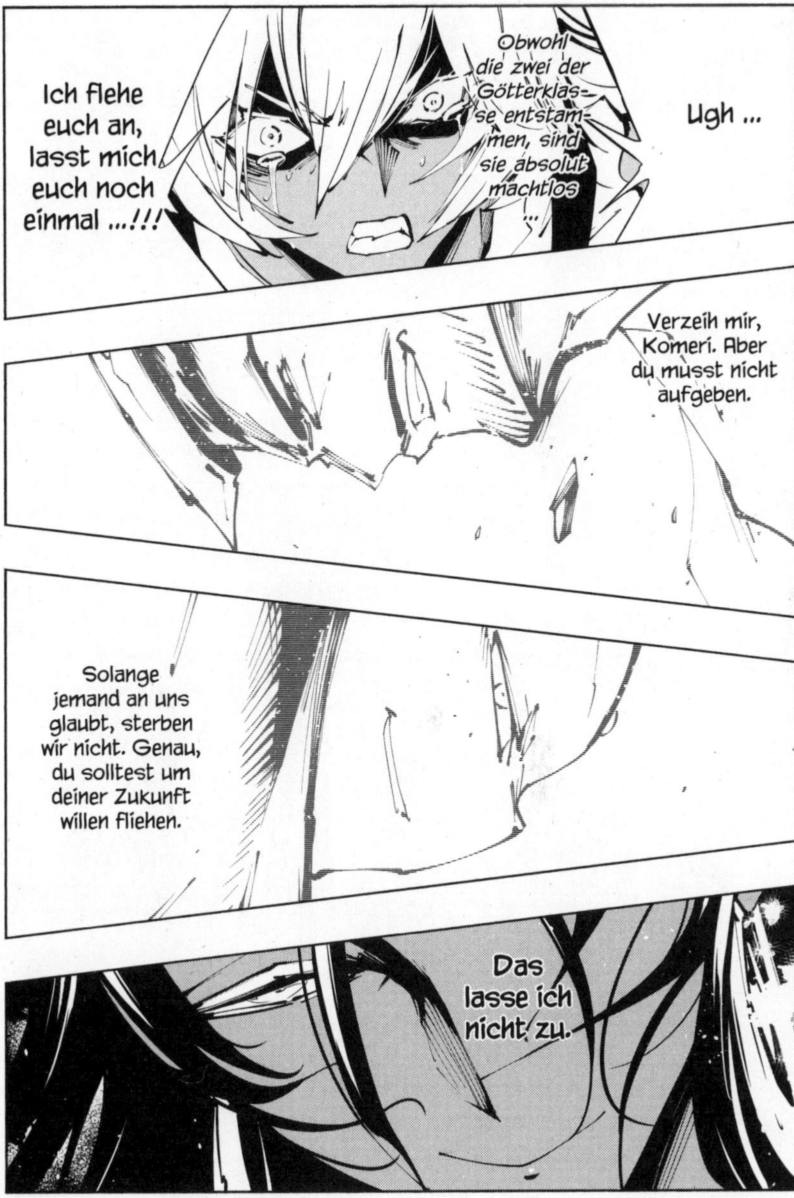
Ugh ...
Obwohl die zwei der Götterklasse entstammen, sind sie absolut machtlos ...
Ich flehe euch an, lasst mich euch noch einmal ...!!!
Verzeih mir, Komeri. Aber du musst nicht aufgeben.
Solange jemand an uns glaubt, sterben wir nicht. Genau, du solltest um deiner Zukunft willen fliehen.
Das lasse ich nicht zu.

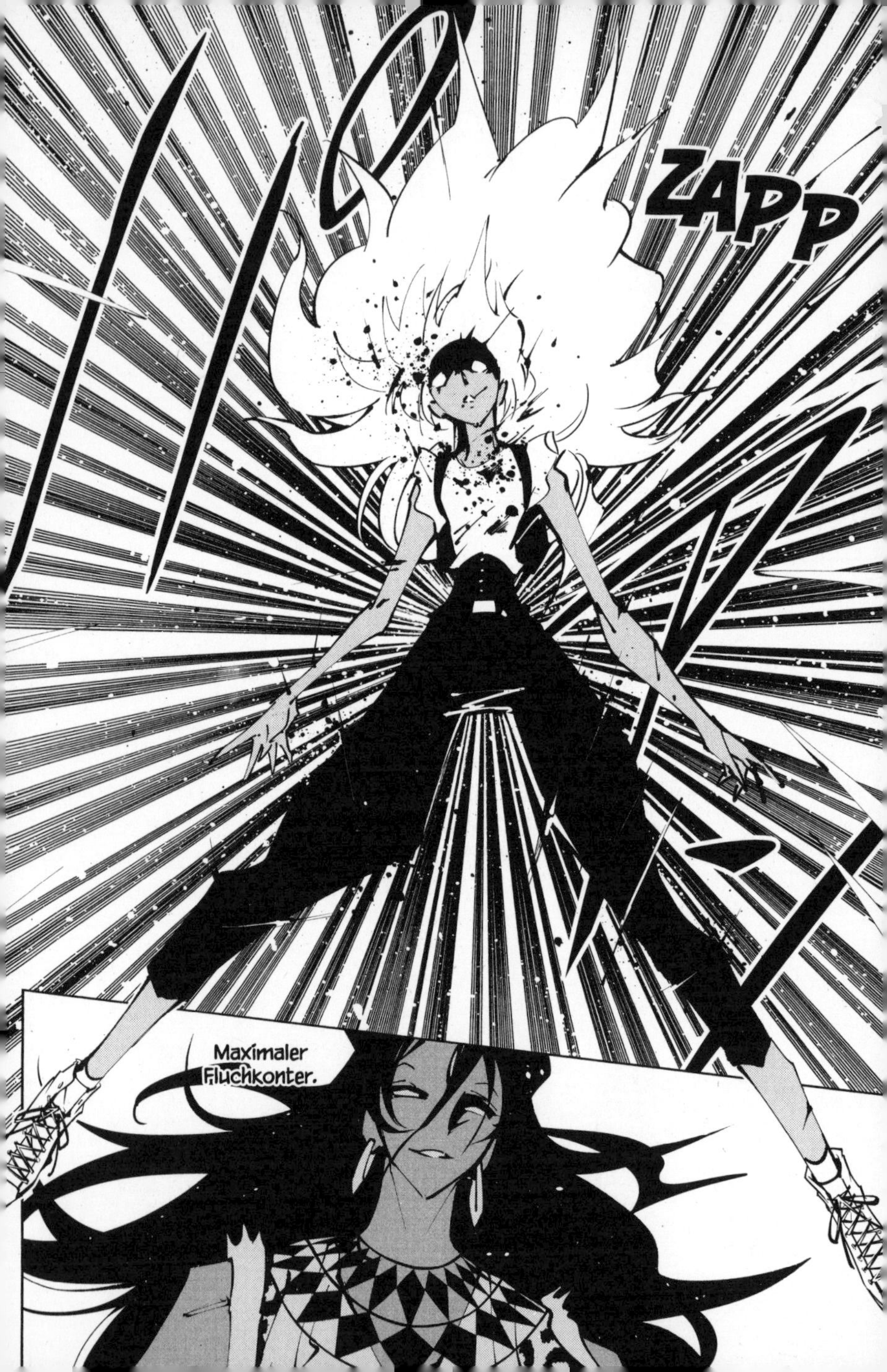
ZAPP
Maximaler Fluchkonter.

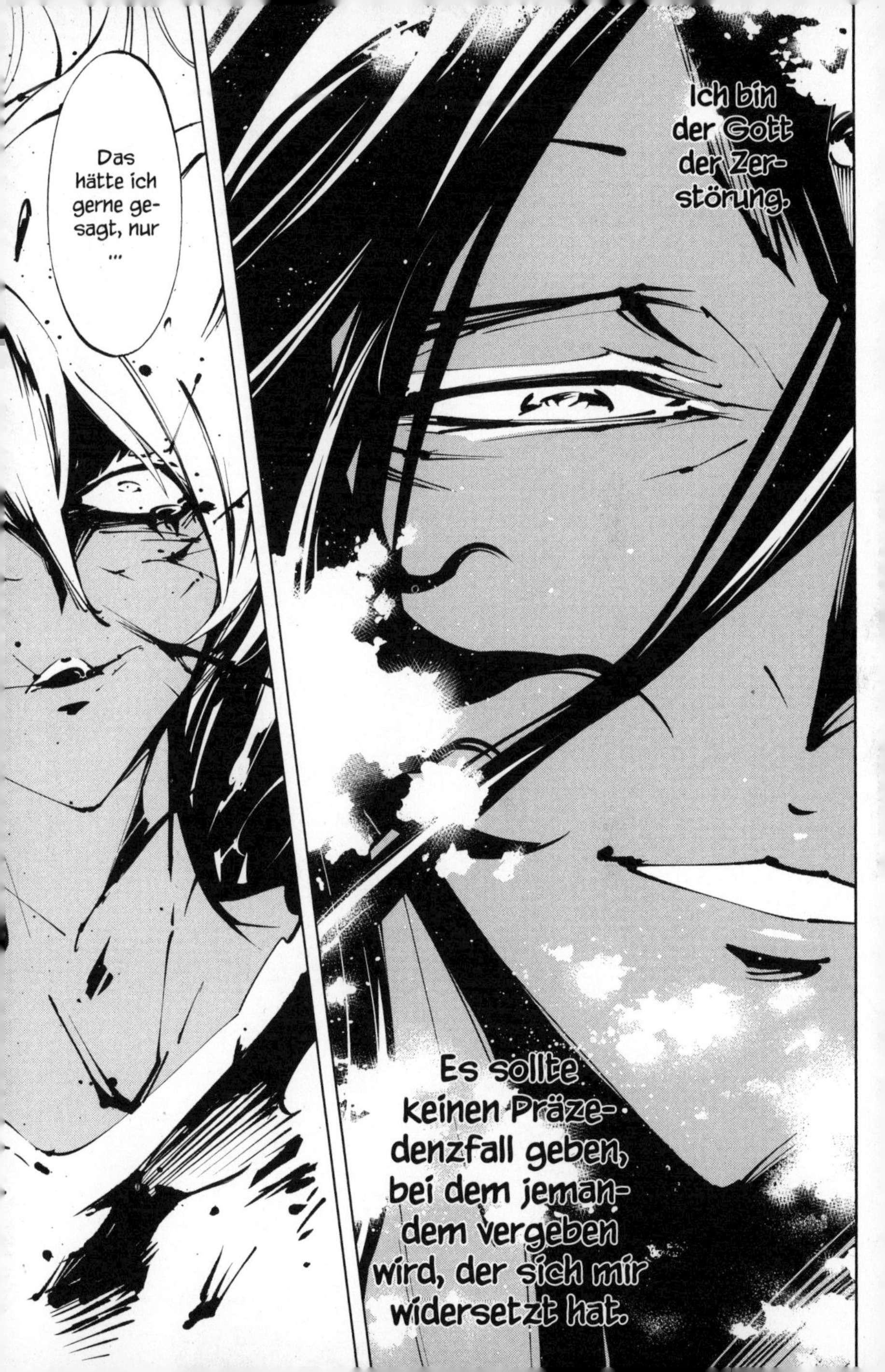

Ich bin der Gott der Zer-störung.
Es sollte keinen Präze-denzfall geben, bei dem jeman-dem vergeben wird, der sich mir widersetzt hat.
Das hätte ich gerne ge-sagt, nur ...

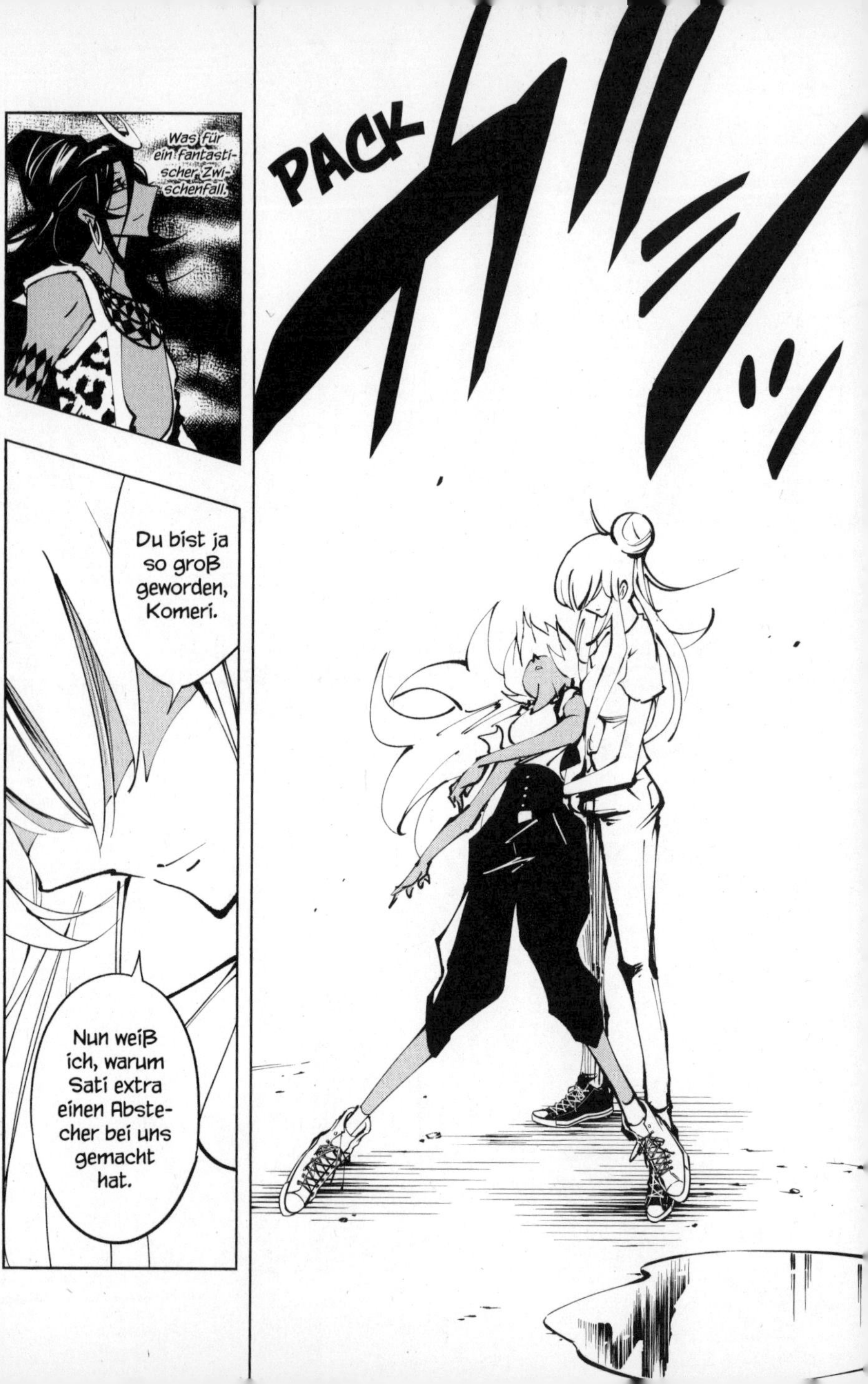
PACK
Was für ein fantastischer Zwischenfall.
Du bist ja so groß geworden, Komeri.
Nun weiß ich, warum Sati extra einen Abstecher bei uns gemacht hat.

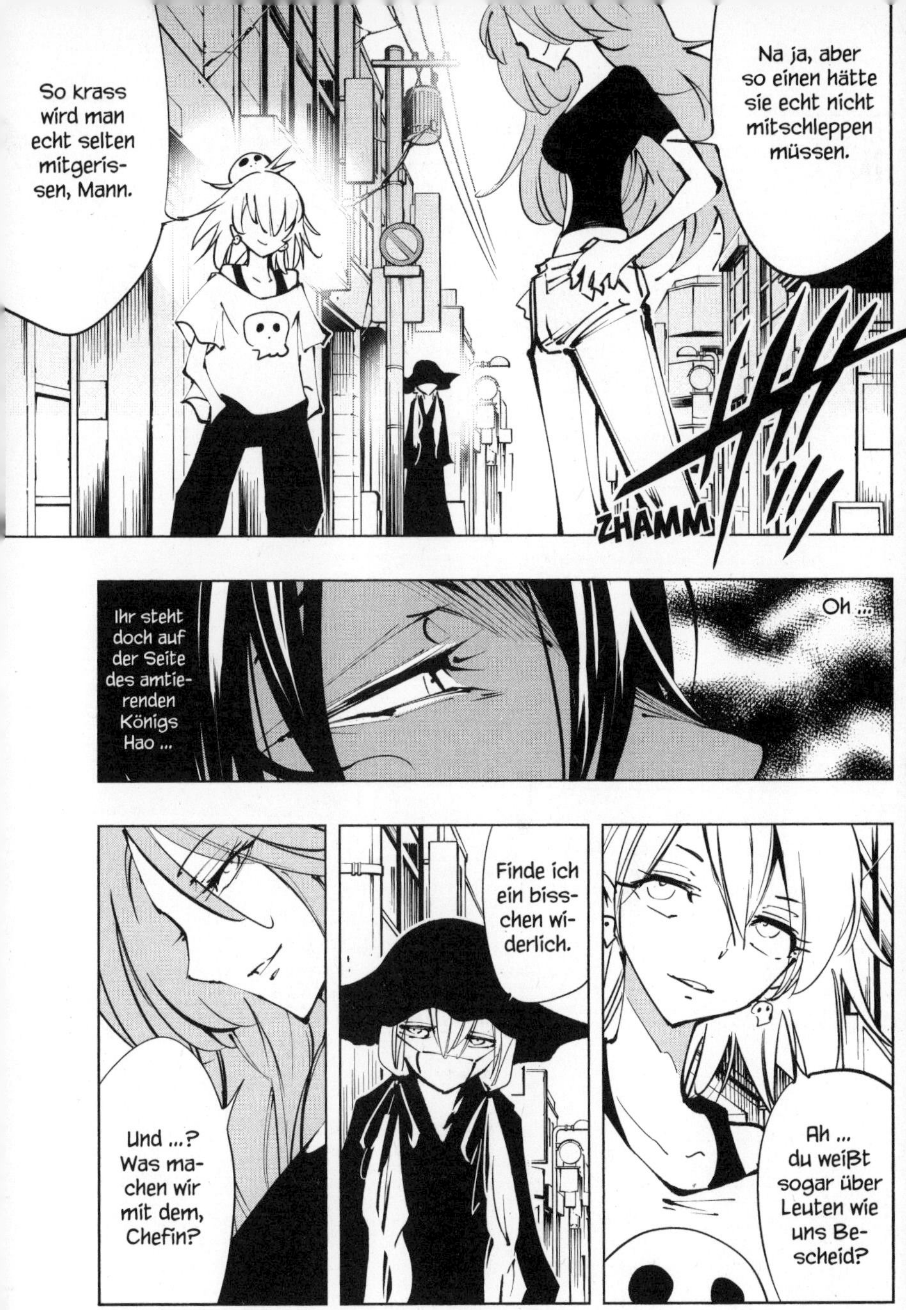

Na ja, aber so einen hätte sie echt nicht mitschleppen müssen.
So krass wird man echt selten mitgeris-sen, Mann.
ZHAMM
Oh ...
Ihr steht doch auf der Seite des amtie-renden Königs Hao ...
Ah ... du weißt sogar über Leuten wie uns Be-scheid?
Finde ich ein biss-chen wi-derlich.
Und ...? Was ma-chen wir mit dem, Chefin?

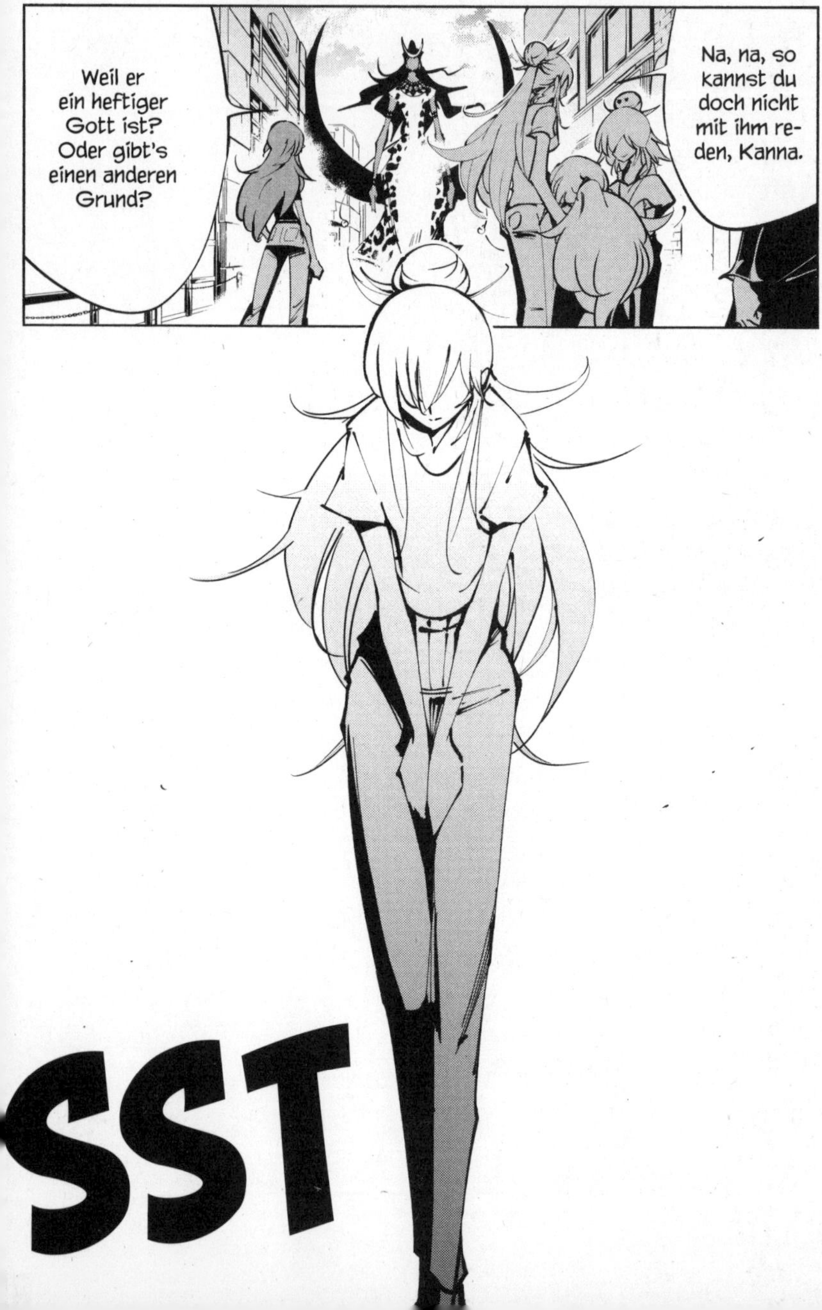
Na, na, so kannst du doch nicht mit ihm reden, Kanna.
Weil er ein heftiger Gott ist? Oder gibt's einen anderen Grund?
SST

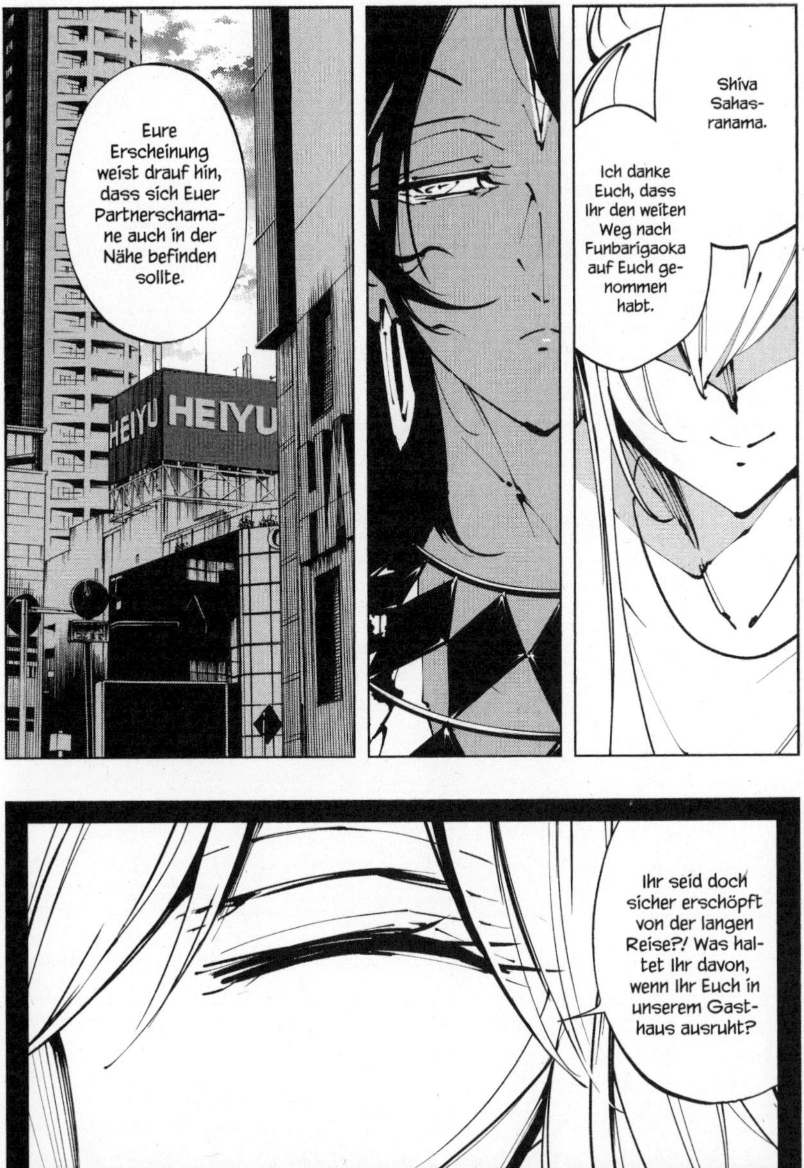
Shiva Sahasranama.
Ich danke Euch, dass Ihr den weiten Weg nach Funbarigaoka auf Euch genommen habt.
Eure Erscheinung weist drauf hin, dass sich Euer Partnerschamane auch in der Nähe befinden sollte.
HEIYU HEIYU
Ihr seid doch sicher erschöpft von der langen Reise?! Was haltet Ihr davon, wenn Ihr Euch in unserem Gasthaus ausruht?

SHAMAN KING
THE SUPERSTAR

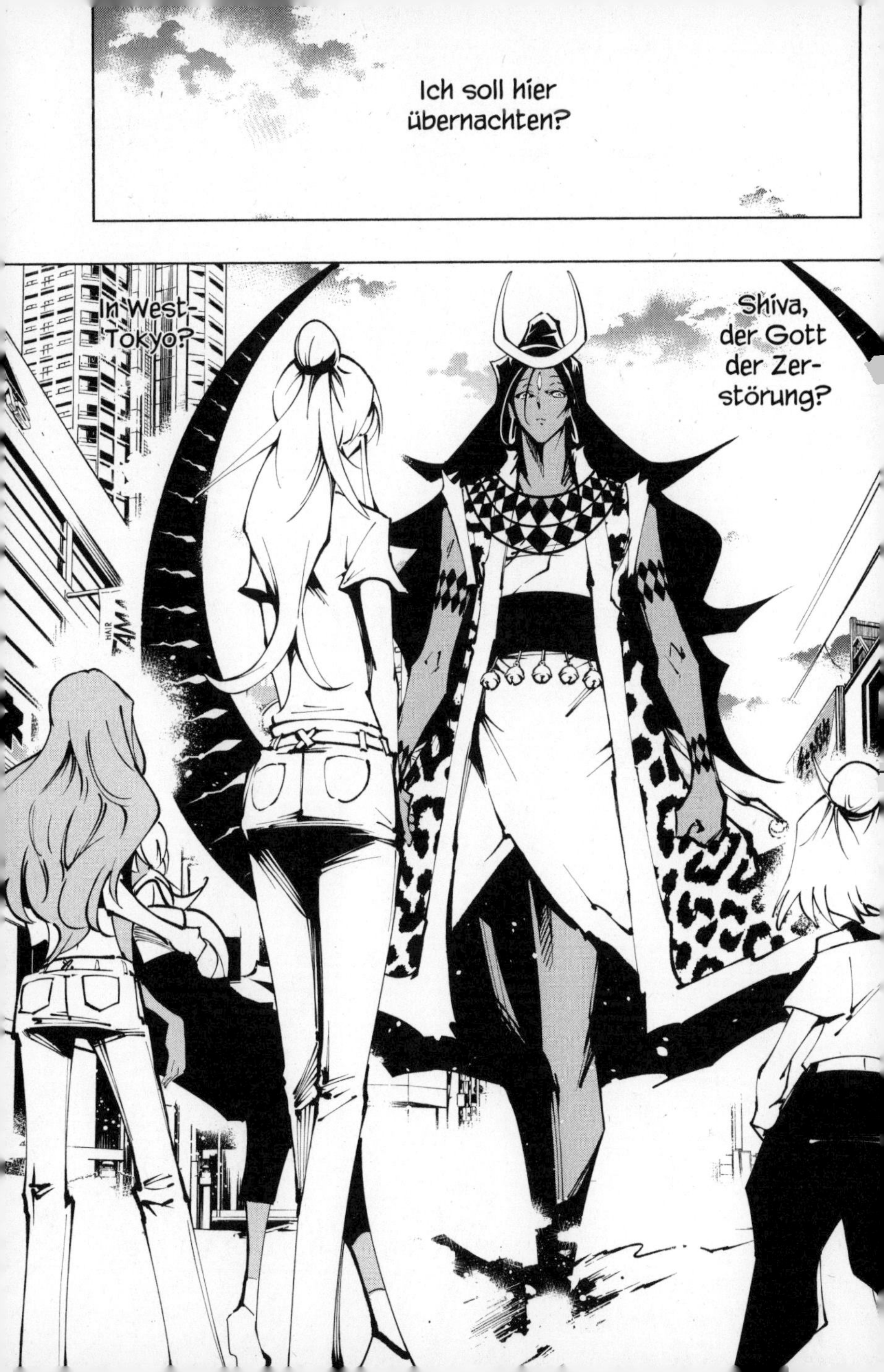
Ich soll hier übernachten?
Shiva, der Gott der Zerstörung?
In West-Tokyo?

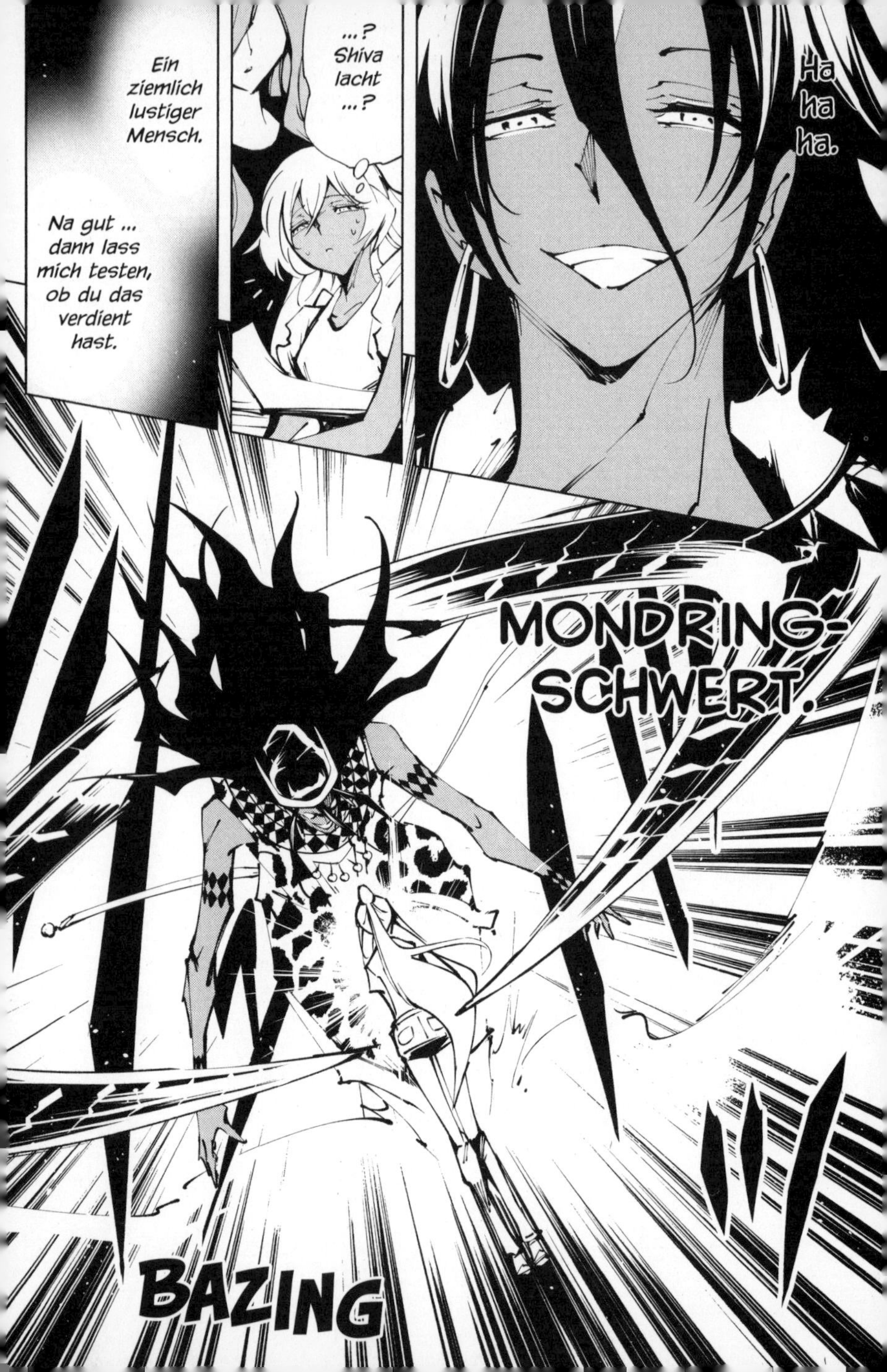

Ha ha ha.
...? Shiva lacht ...?
Ein ziemlich lustiger Mensch.
Na gut ... dann lass mich testen, ob du das verdient hast.
MONDRING-SCHWERT.
BAZING

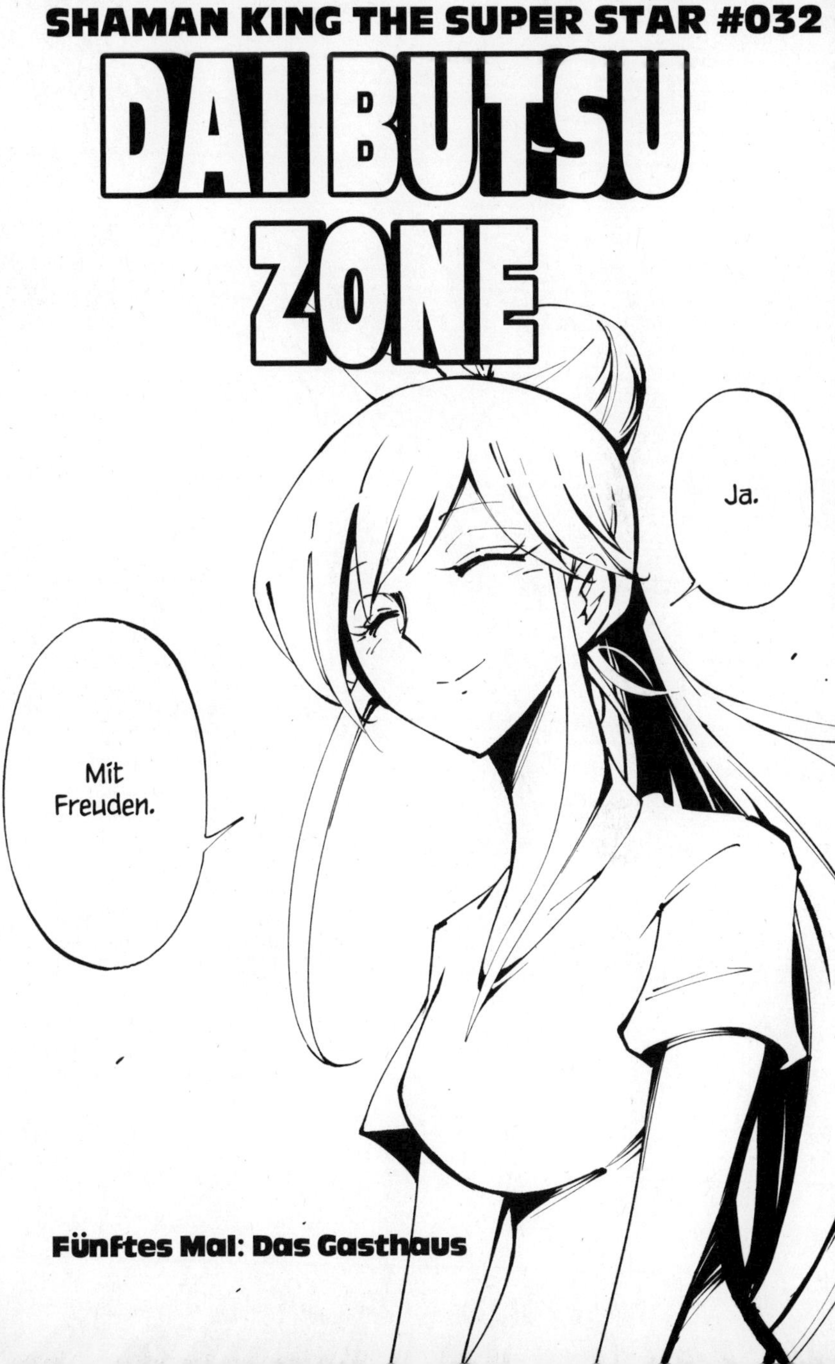
SHAMAN KING THE SUPER STAR #032
DAI BUTSU ZONE
Ja.
Mit Freuden.
Fünftes Mal: Das Gasthaus

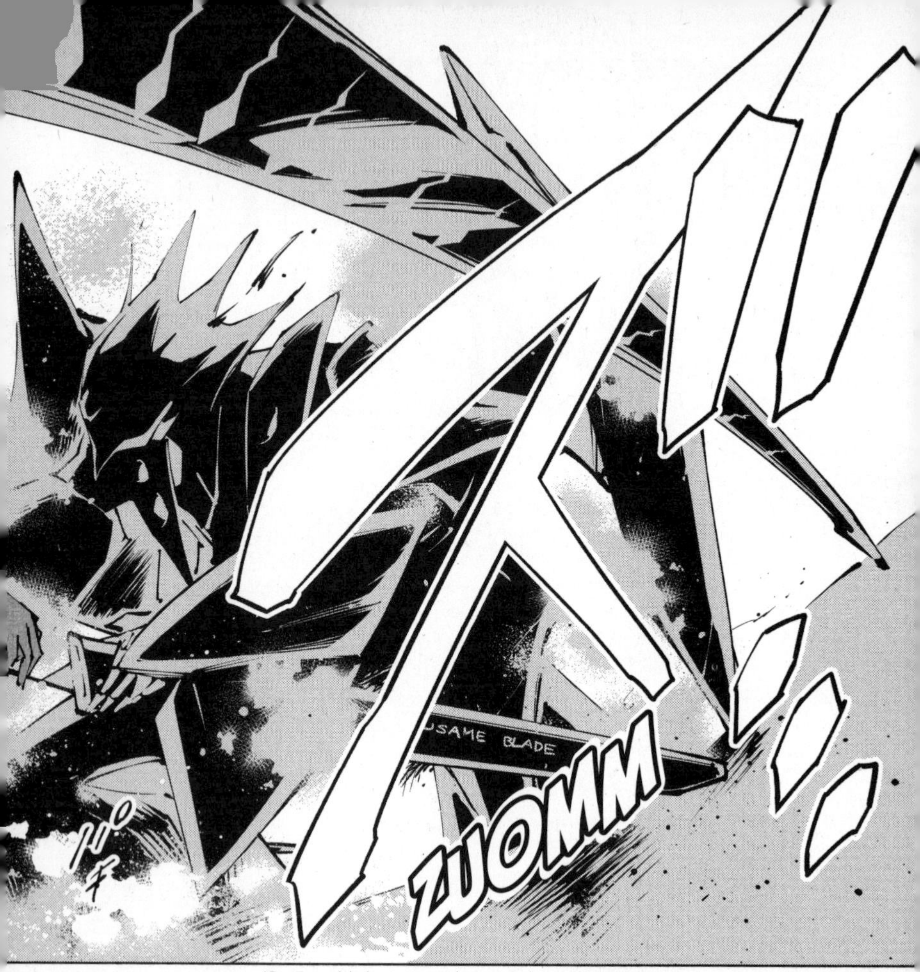

*Der Tengu ist ein Wesen aus der japanischen Mythologie, dargestellt als Mischung aus Mensch und Vogel. Die Tengus gelten als spirituelle Beschützer. Der Daitengu ist die mächtigere Variante.

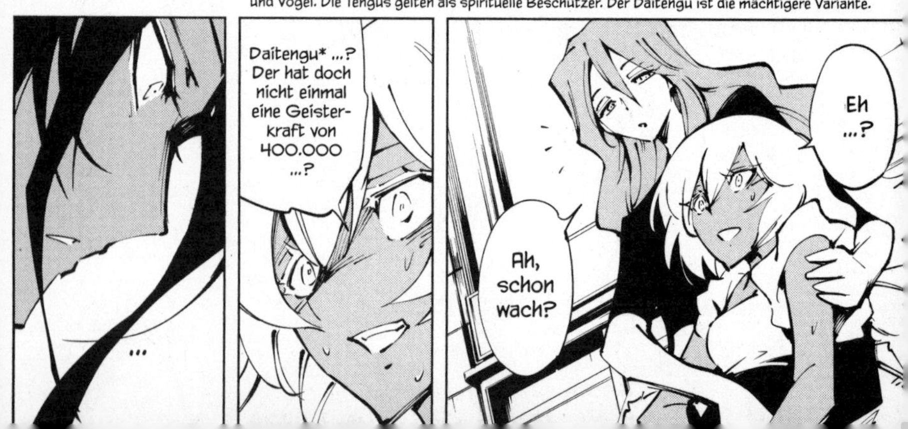

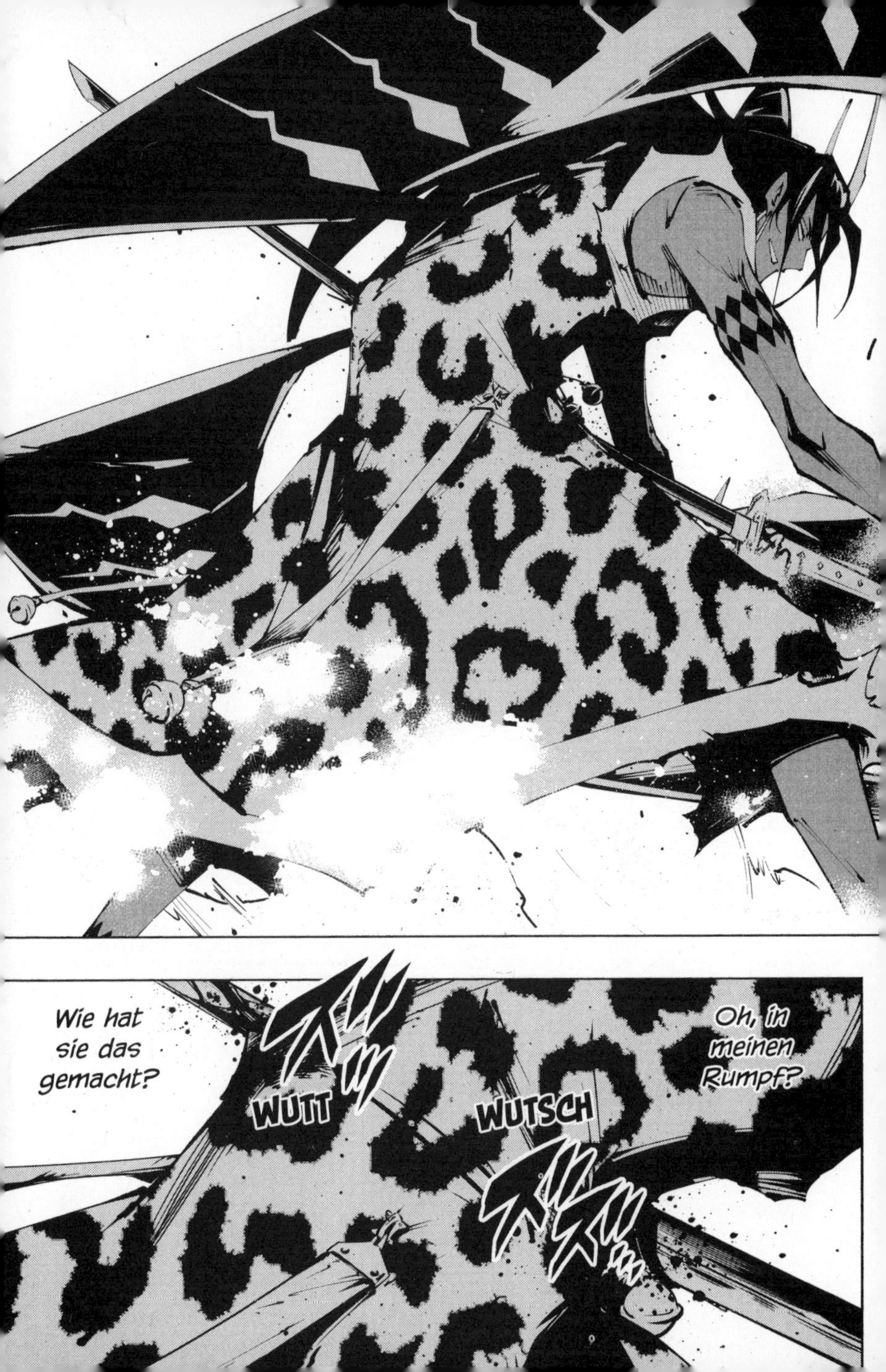

Oh, in meinen Rumpf?
WUTSCH
WUTT
Wie hat sie das gemacht?

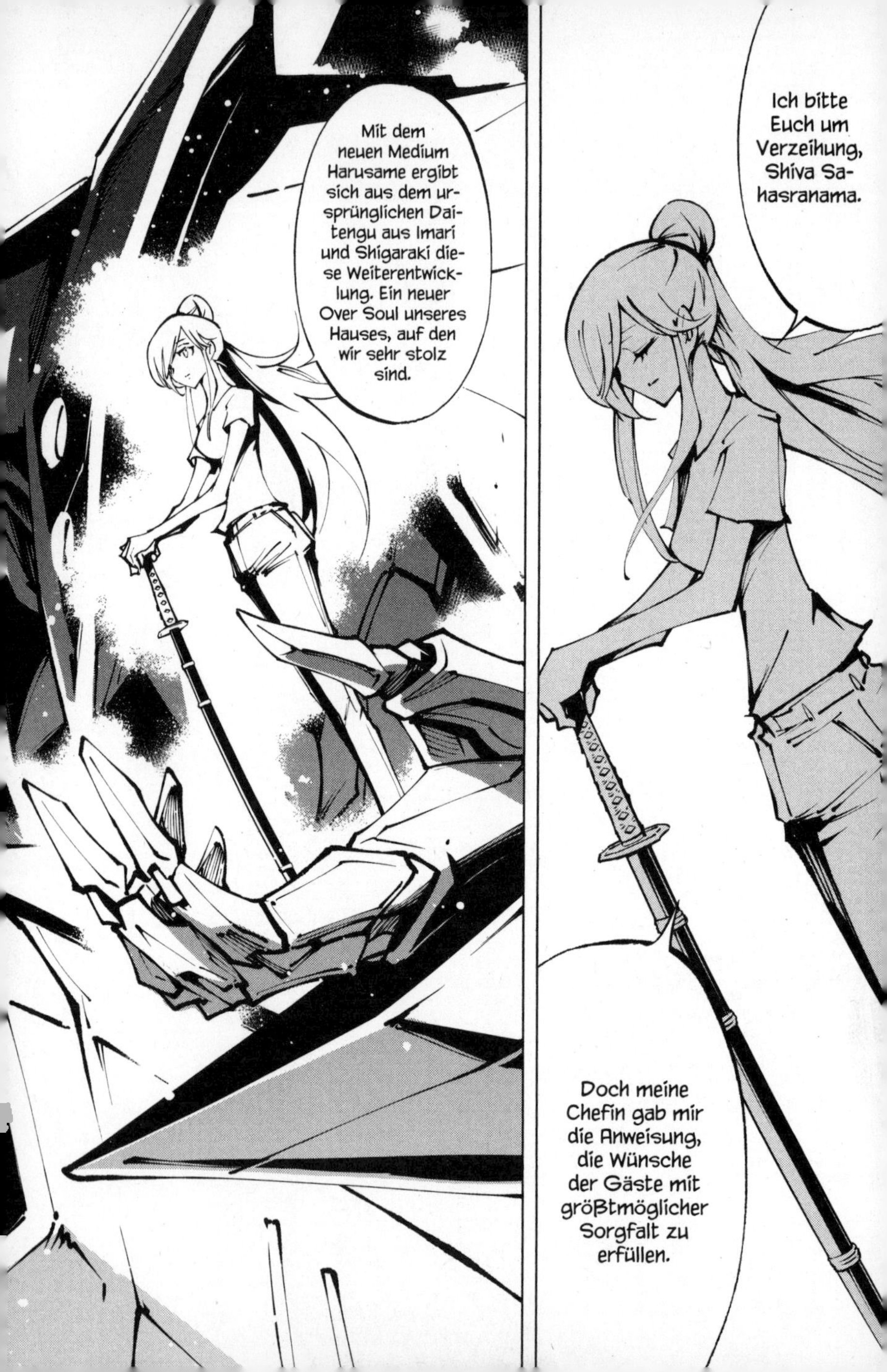
Ich bitte Euch um Verzeihung, Shiva Sahasranama.
Doch meine Chefin gab mir die Anweisung, die Wünsche der Gäste mit größtmöglicher Sorgfalt zu erfüllen.
Mit dem neuen Medium Harusame ergibt sich aus dem ursprünglichen Daitengu aus Imari und Shigaraki diese Weiterentwicklung. Ein neuer Over Soul unseres Hauses, auf den wir sehr stolz sind.

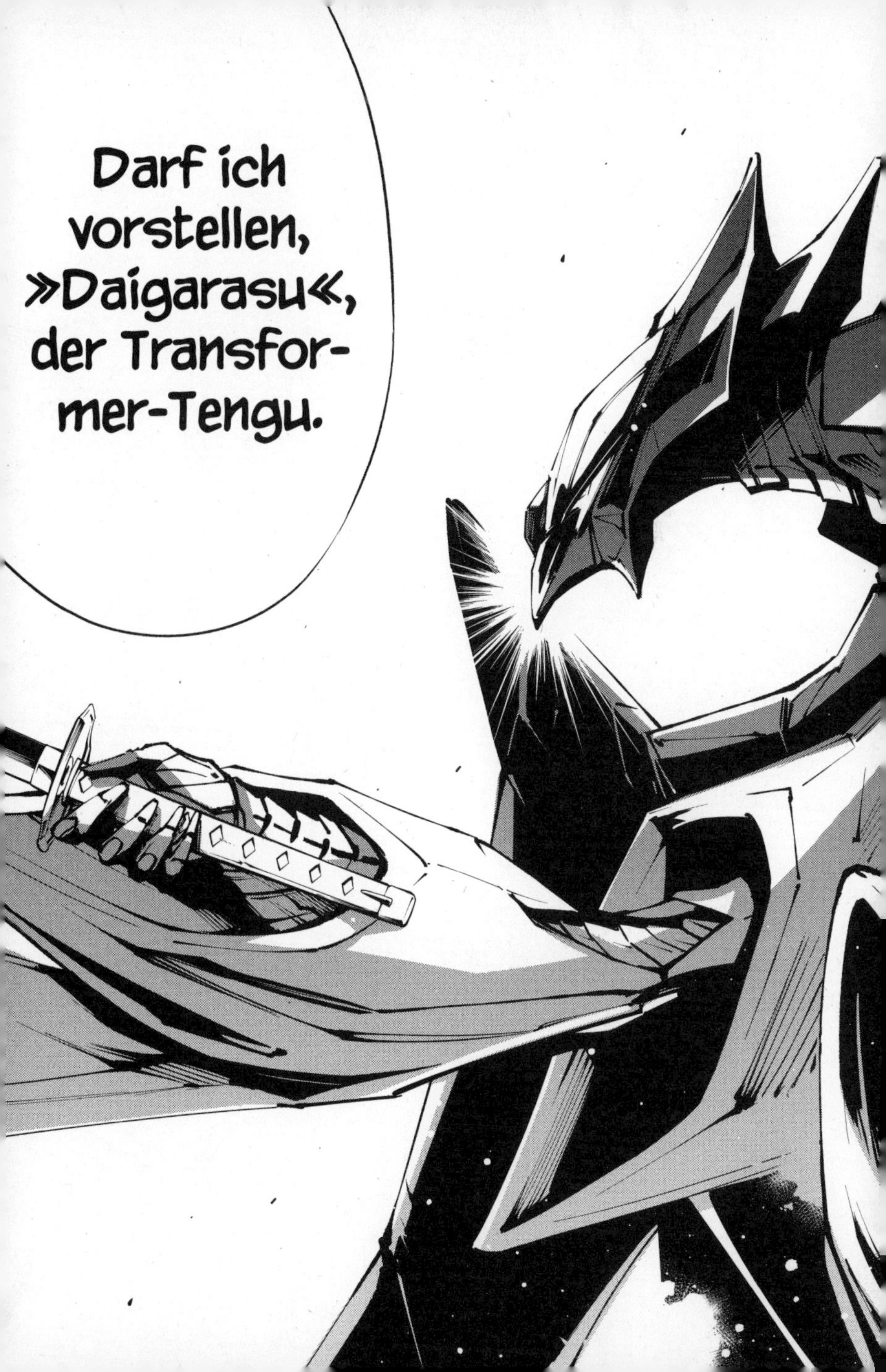
Darf ich vorstellen, »Daigarasu«, der Transformer-Tengu.

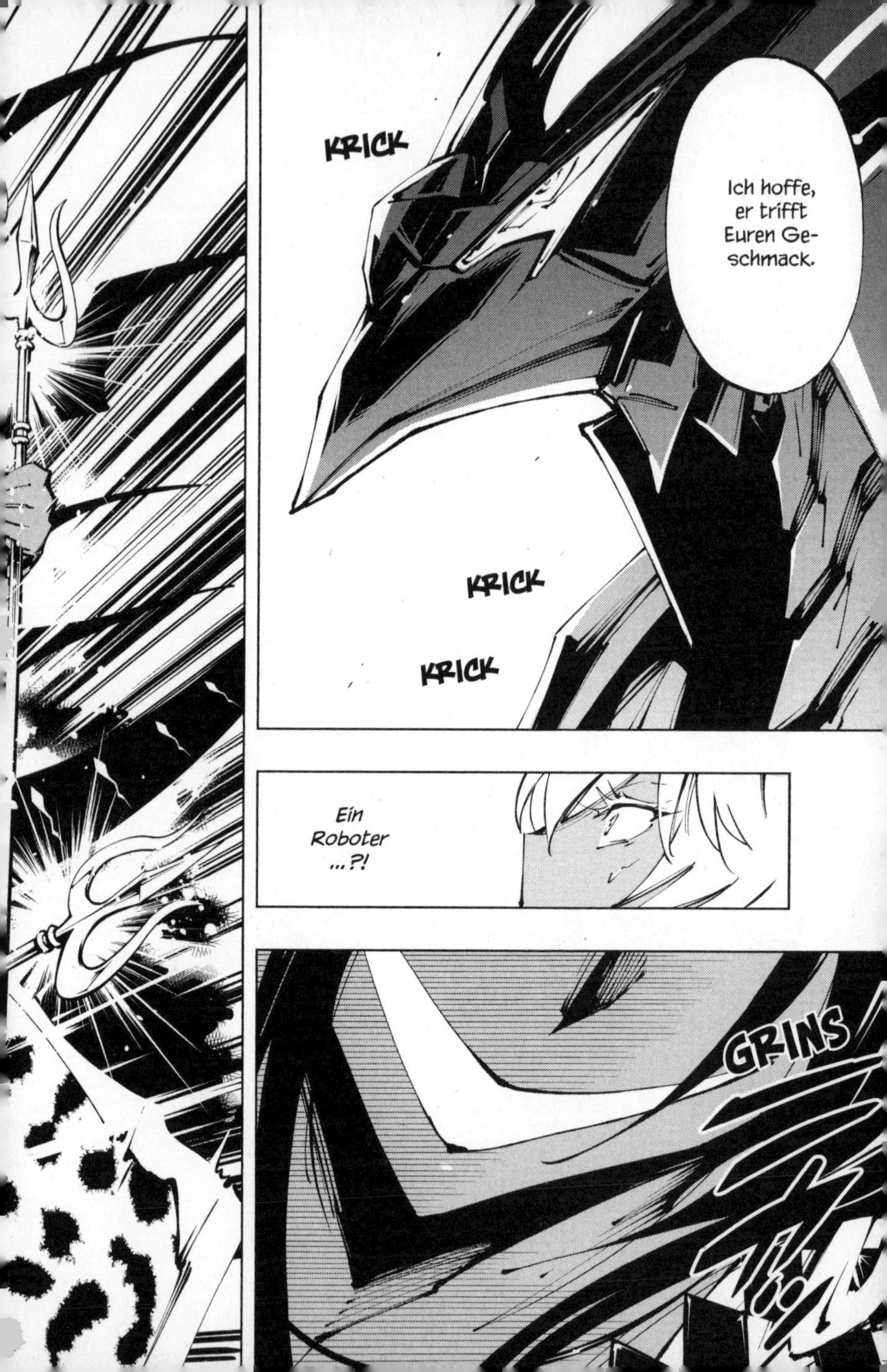
Ich hoffe, er trifft Euren Geschmack.
KRICK
KRICK
KRICK
Ein Roboter ...?!
GRINS

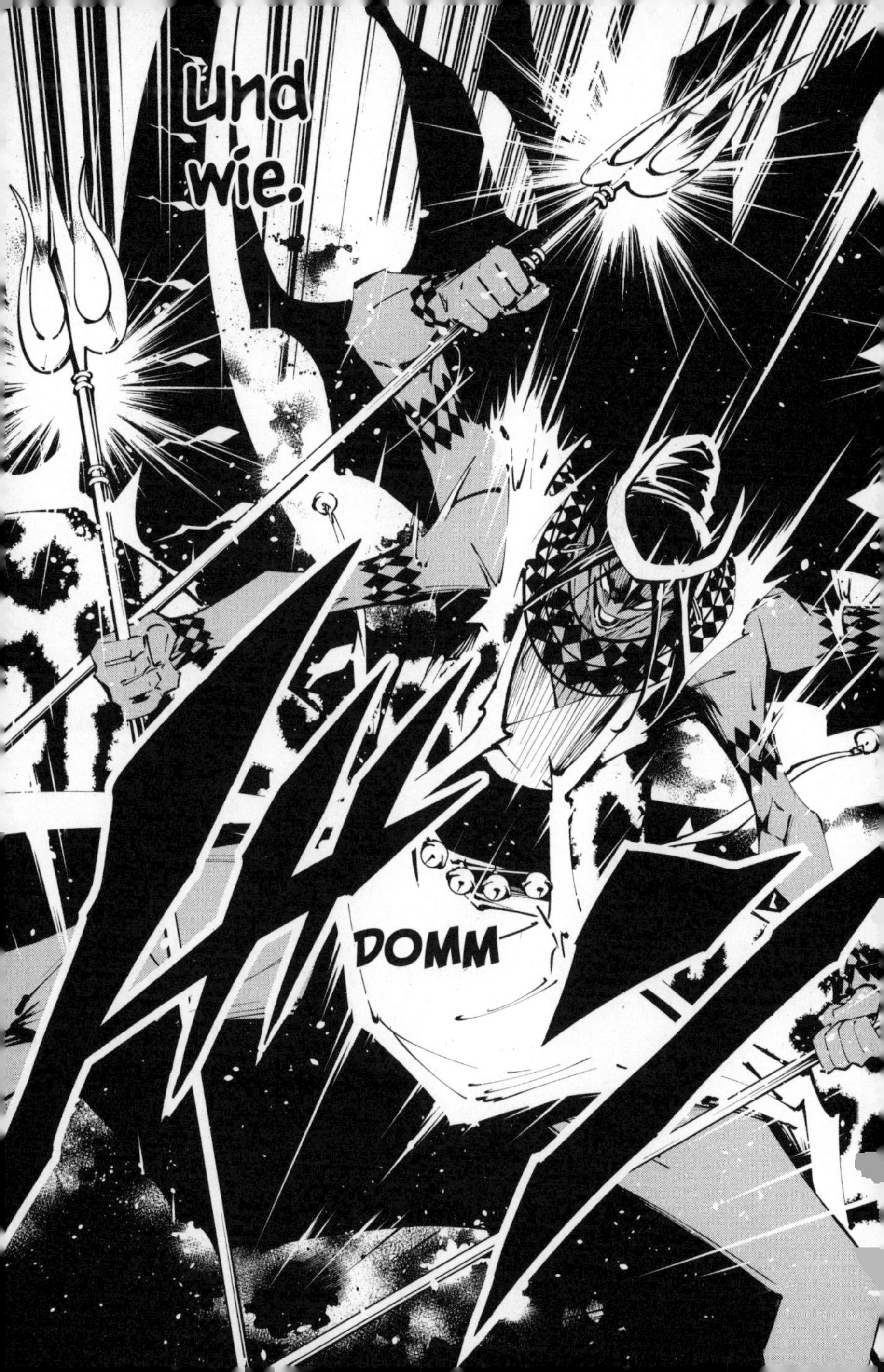
Und wie.
DOMM

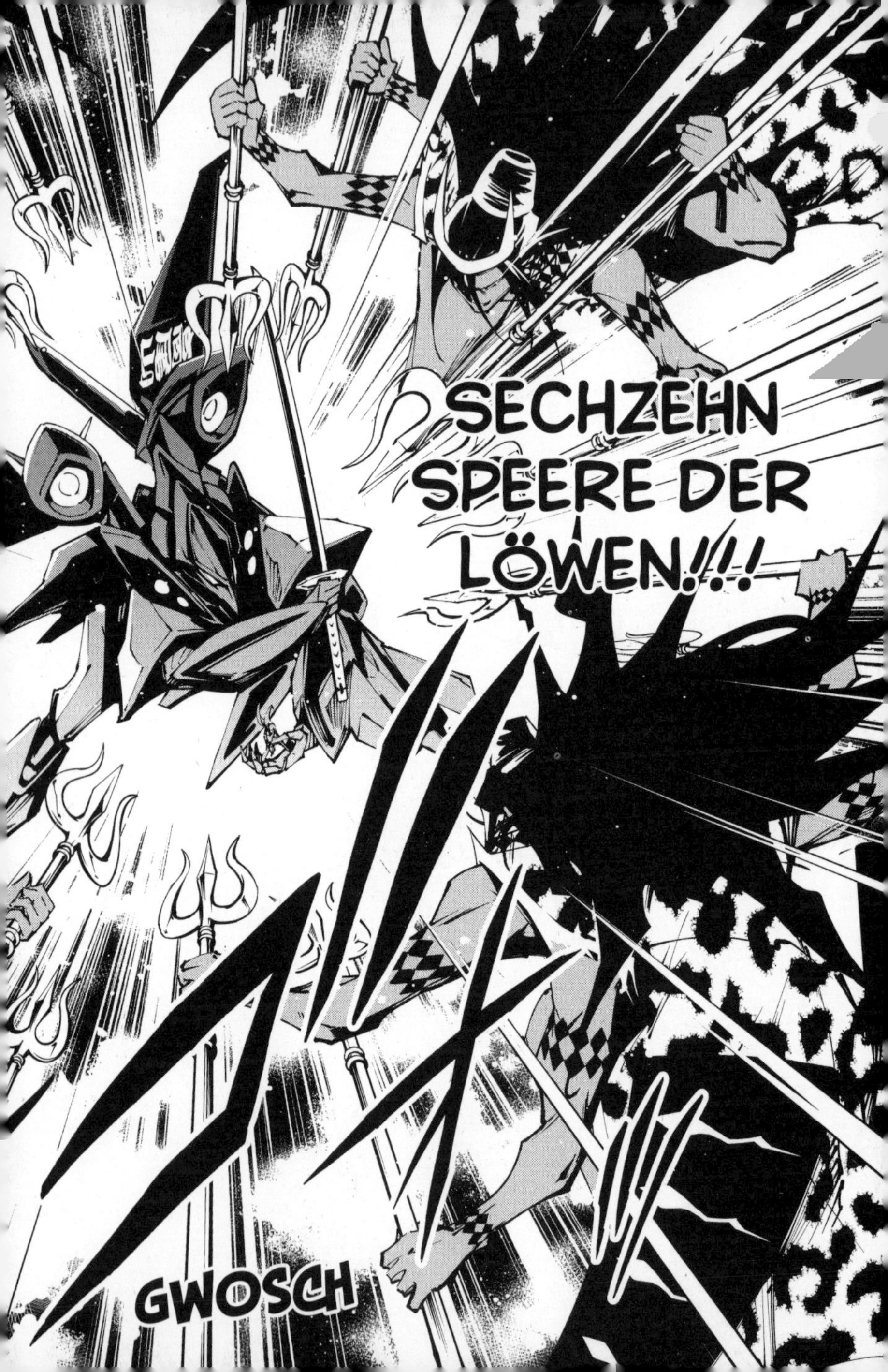
SECHZEHN SPEERE DER LÖWEN!!!
GWOSCH

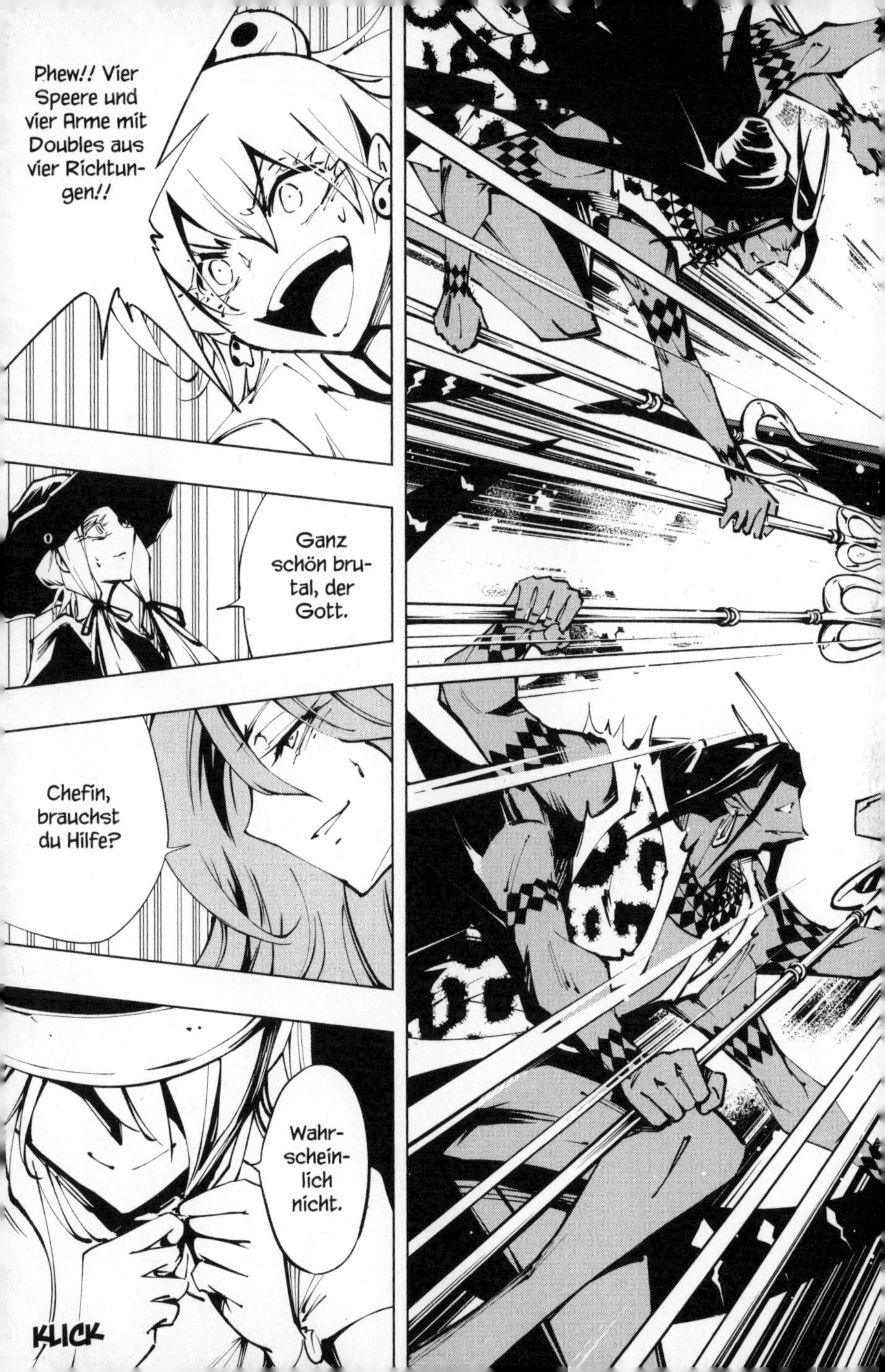
Phew!! Vier Speere und vier Arme mit Doubles aus vier Richtungen!!
Ganz schön brutal, der Gott.
Chefin, brauchst du Hilfe?
Wahrscheinlich nicht.
KLICK

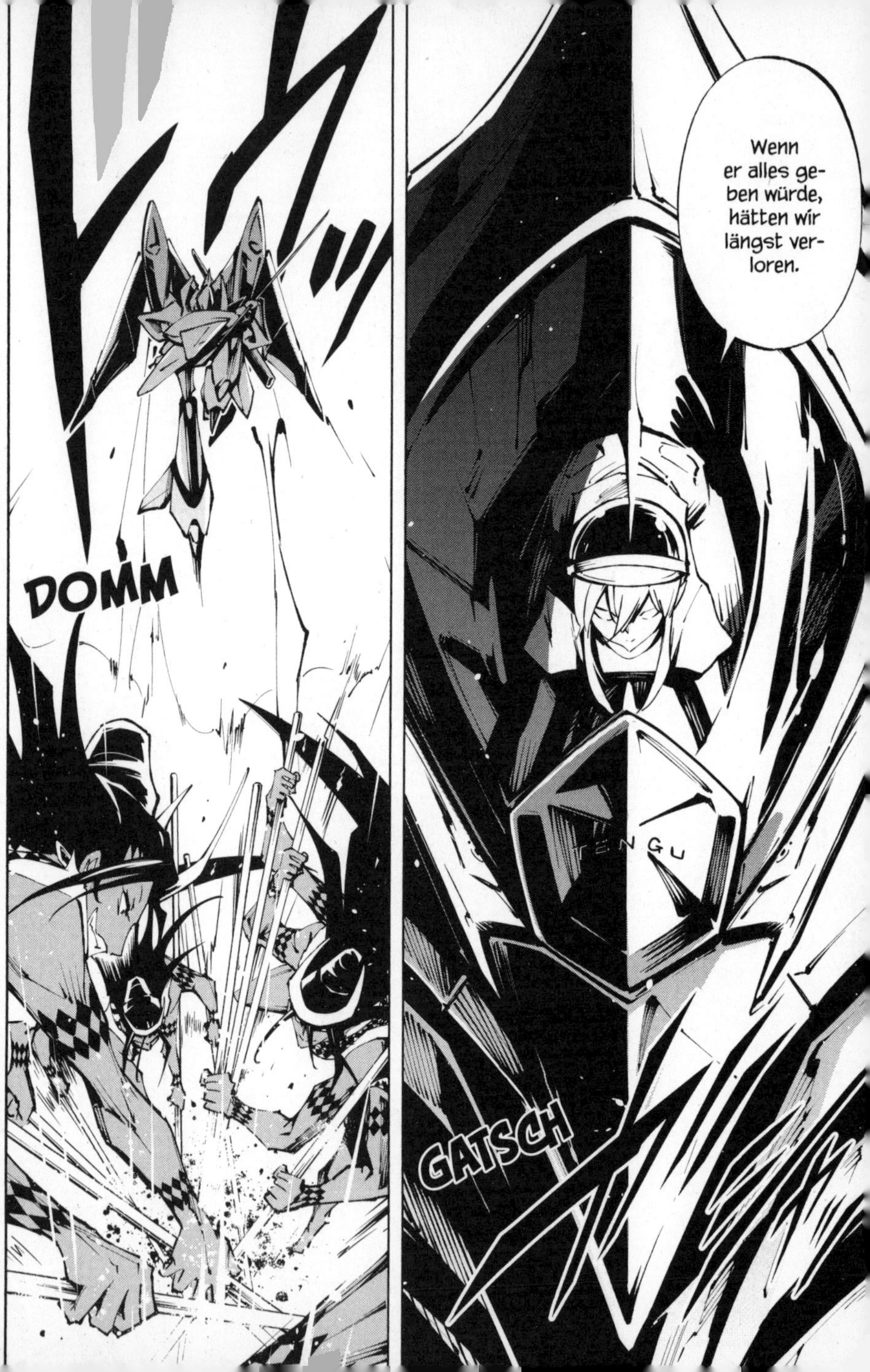
Wenn er alles geben würde, hätten wir längst verloren.
TENGU
GATSCH
DOMM

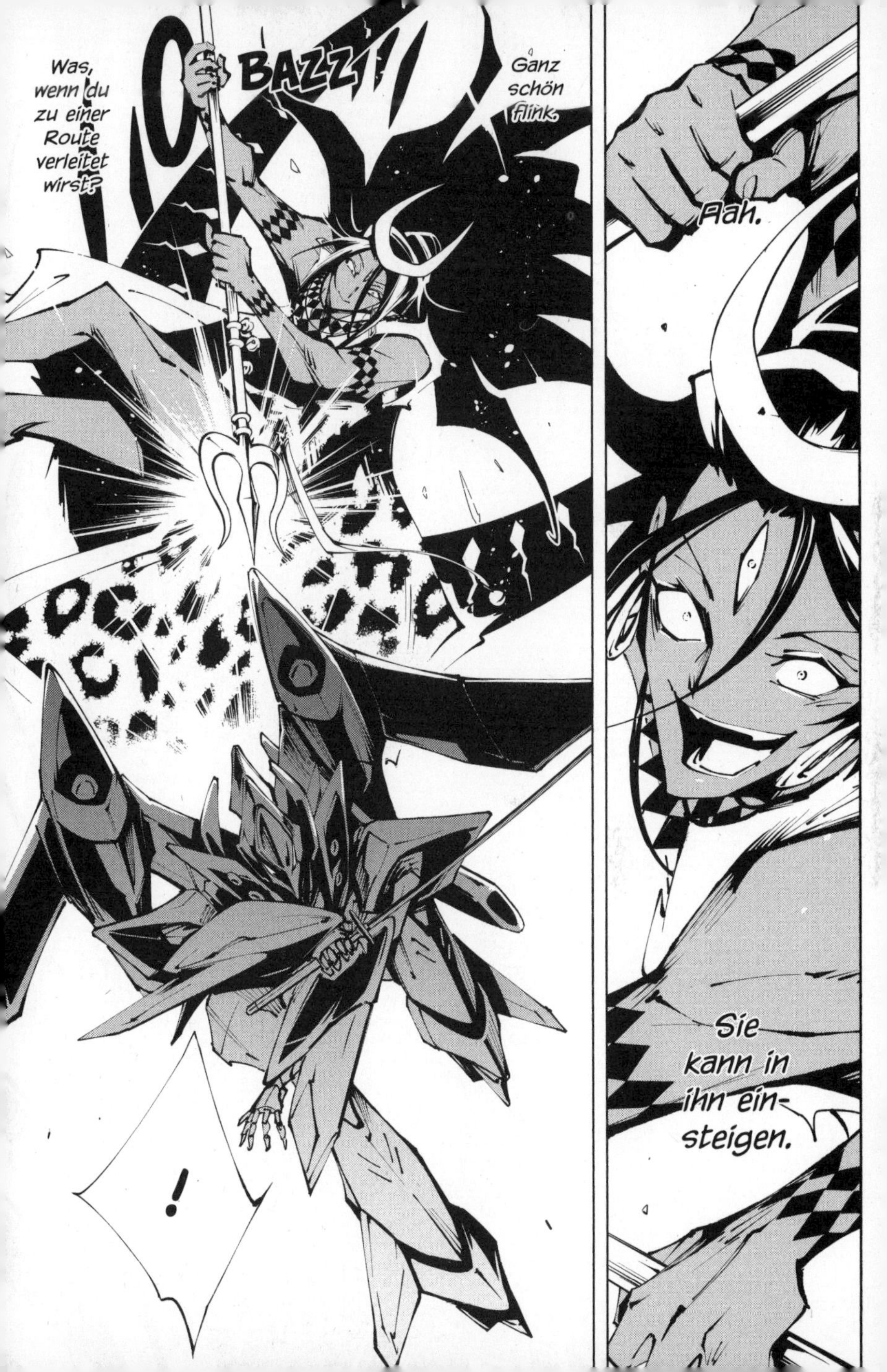
Aah.
Sie kann in ihn ein-steigen.
Ganz schön flink.
BAZZ
Was, wenn du zu einer Route verleitet wirst?
!

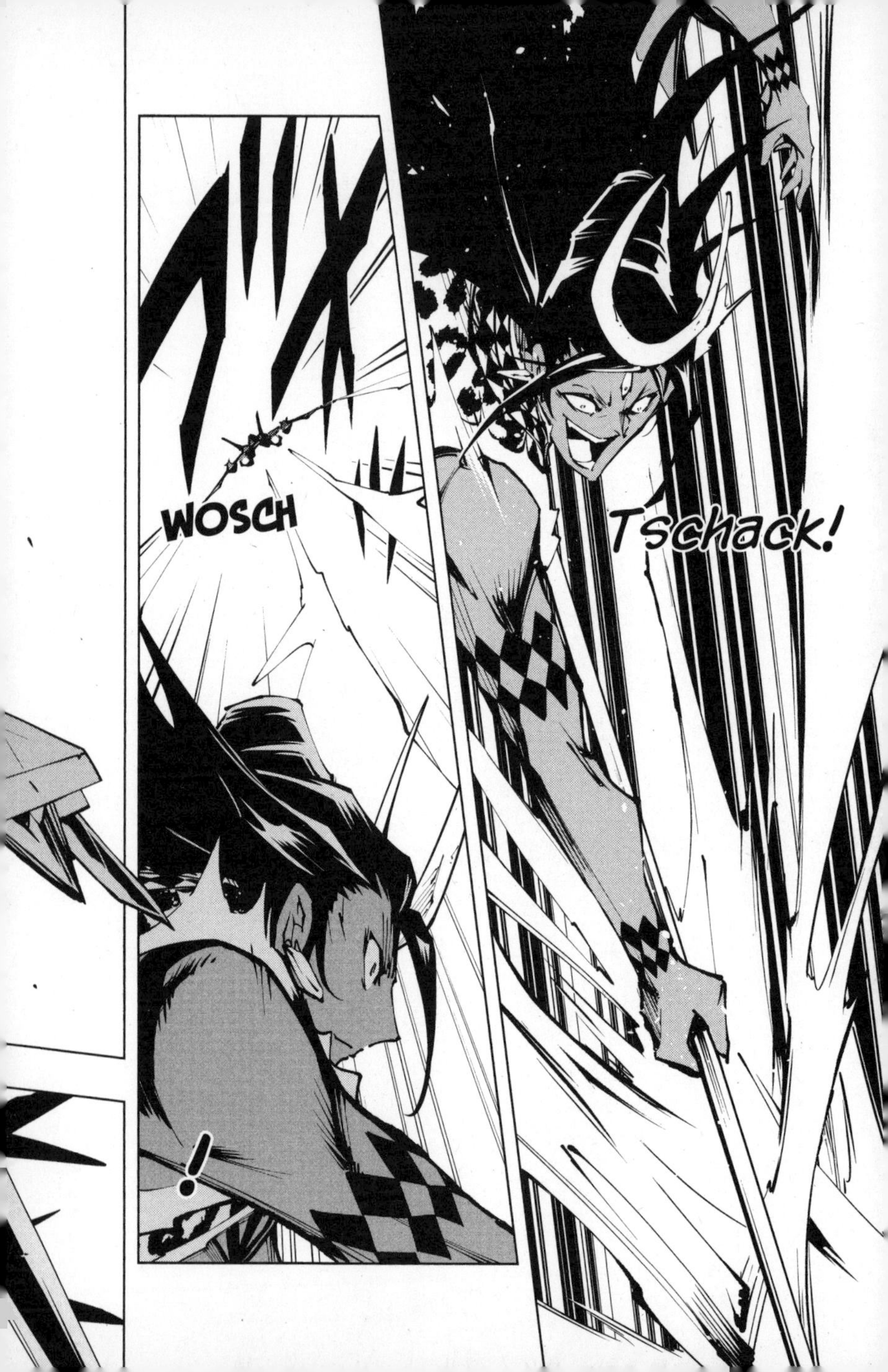
Tschack!
WOSCH
!

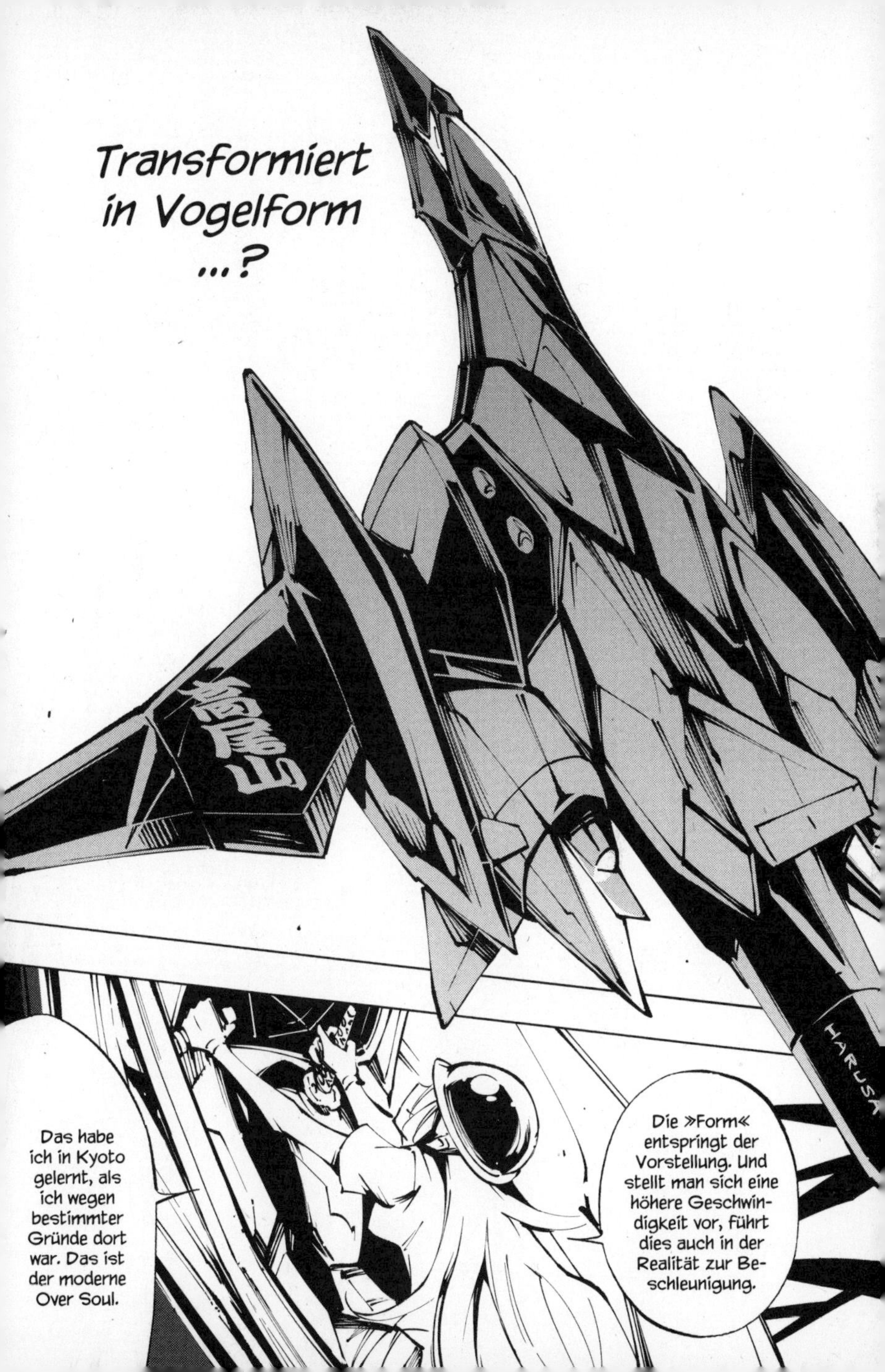
Transformiert in Vogelform ...?
HARUSA
Die »Form« entspringt der Vorstellung. Und stellt man sich eine höhere Geschwin-digkeit vor, führt dies auch in der Realität zur Be-schleunigung.
Das habe ich in Kyoto gelernt, als ich wegen bestimmter Gründe dort war. Das ist der moderne Over Soul.

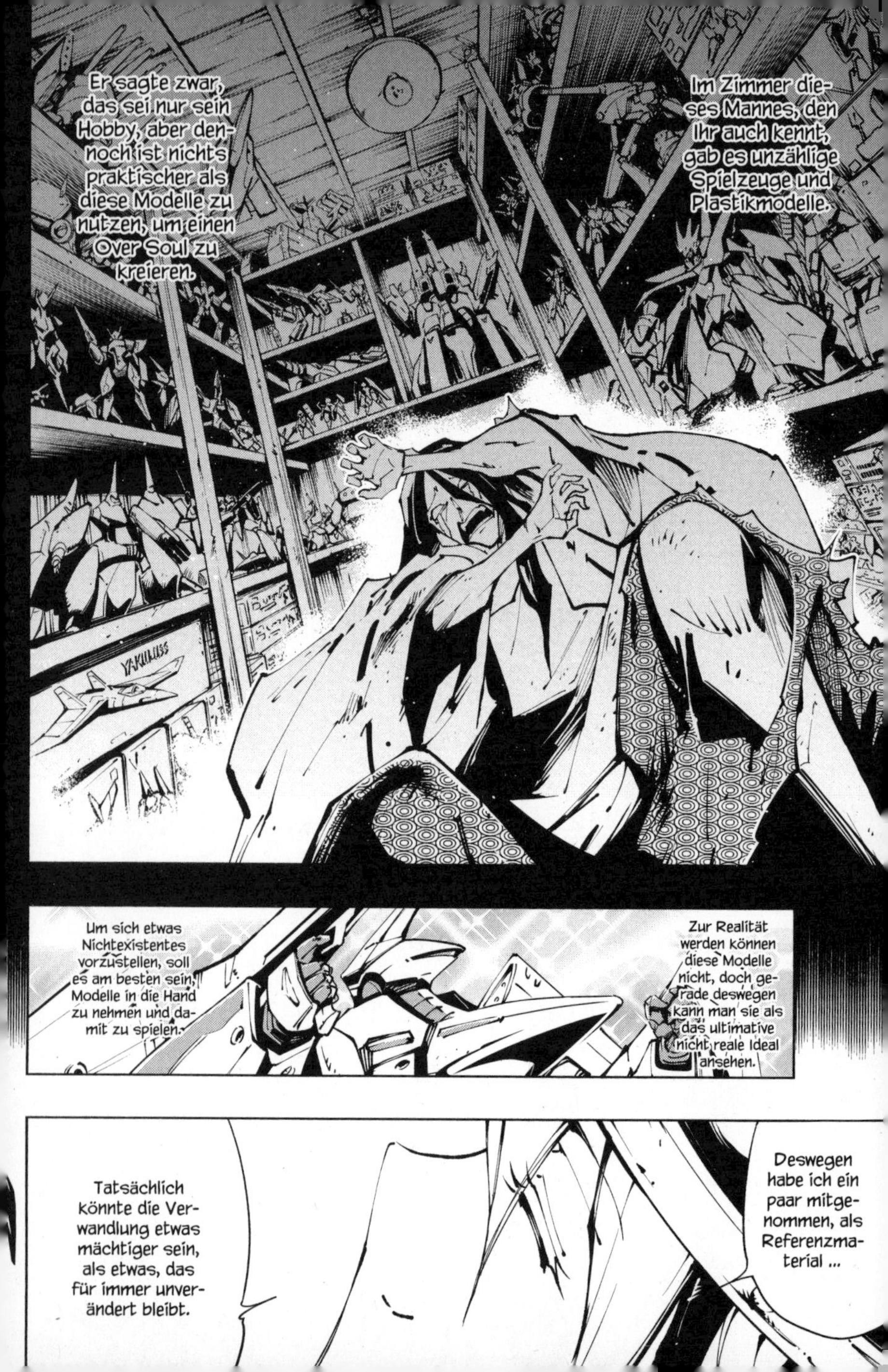

Im Zimmer dieses Mannes, den Ihr auch kennt, gab es unzählige Spielzeuge und Plastikmodelle.
Er sagte zwar, das sei nur sein Hobby, aber dennoch ist nichts praktischer als diese Modelle zu nutzen, um einen Over Soul zu kreieren.
YAKULUSS
Zur Realität werden können diese Modelle nicht, doch gerade deswegen kann man sie als das ultimative nicht reale Ideal ansehen.
Um sich etwas Nichtexistentes vorzustellen, soll es am besten sein, Modelle in die Hand zu nehmen und damit zu spielen.
Deswegen habe ich ein paar mitgenommen, als Referenzmaterial ...
Tatsächlich könnte die Verwandlung etwas mächtiger sein, als etwas, das für immer unverändert bleibt.

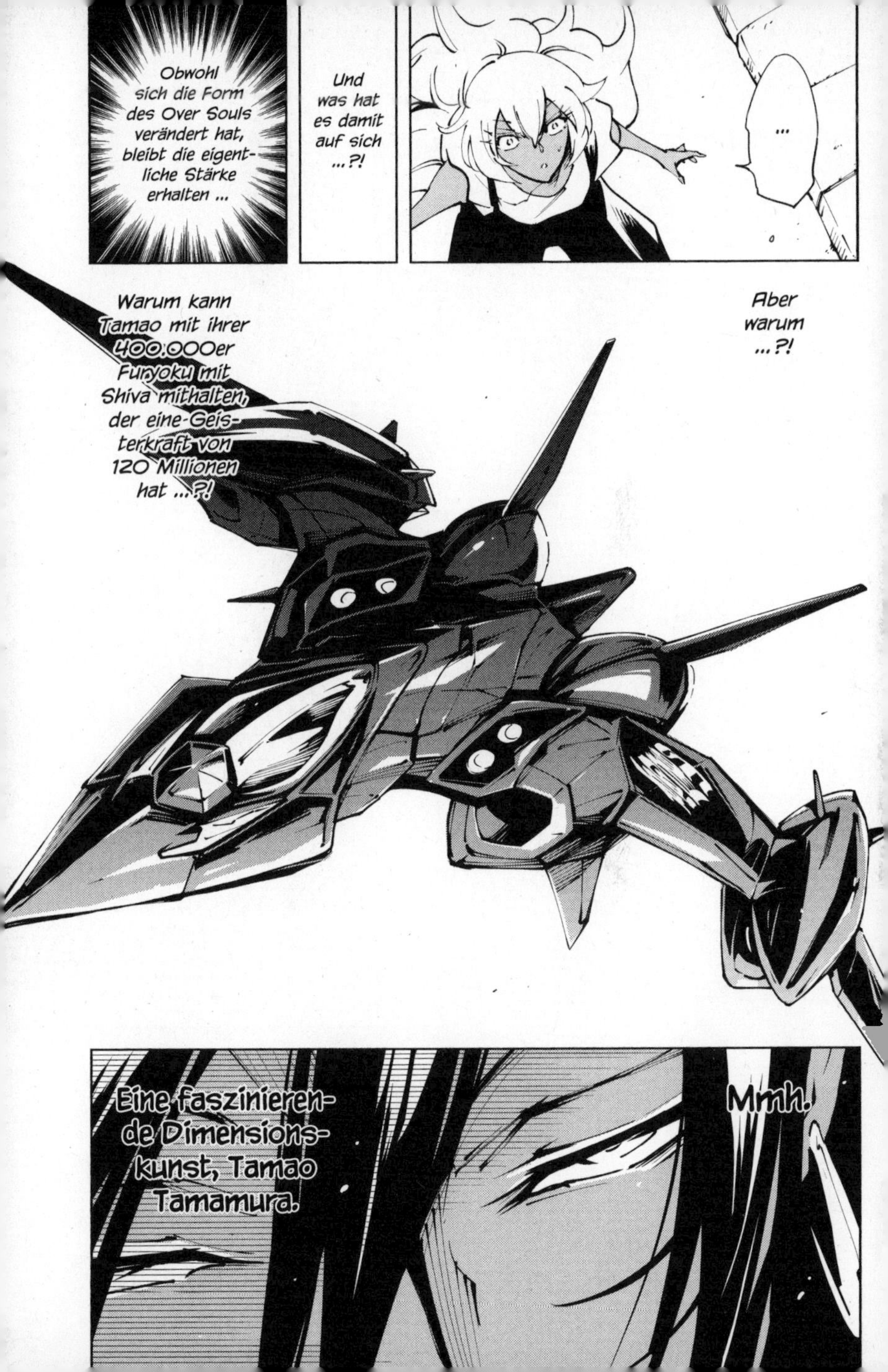

Obwohl sich die Form des Over Souls verändert hat, bleibt die eigentliche Stärke erhalten ...
Und was hat es damit auf sich ...?!
...
Aber warum ...?!
Warum kann Tamao mit ihrer 400.000er Furyoku mit Shiva mithalten, der eine Geisterkraft von 120 Millionen hat ...?!
Mmh.
Eine faszinierende Dimensionskunst, Tamao Tamamura.

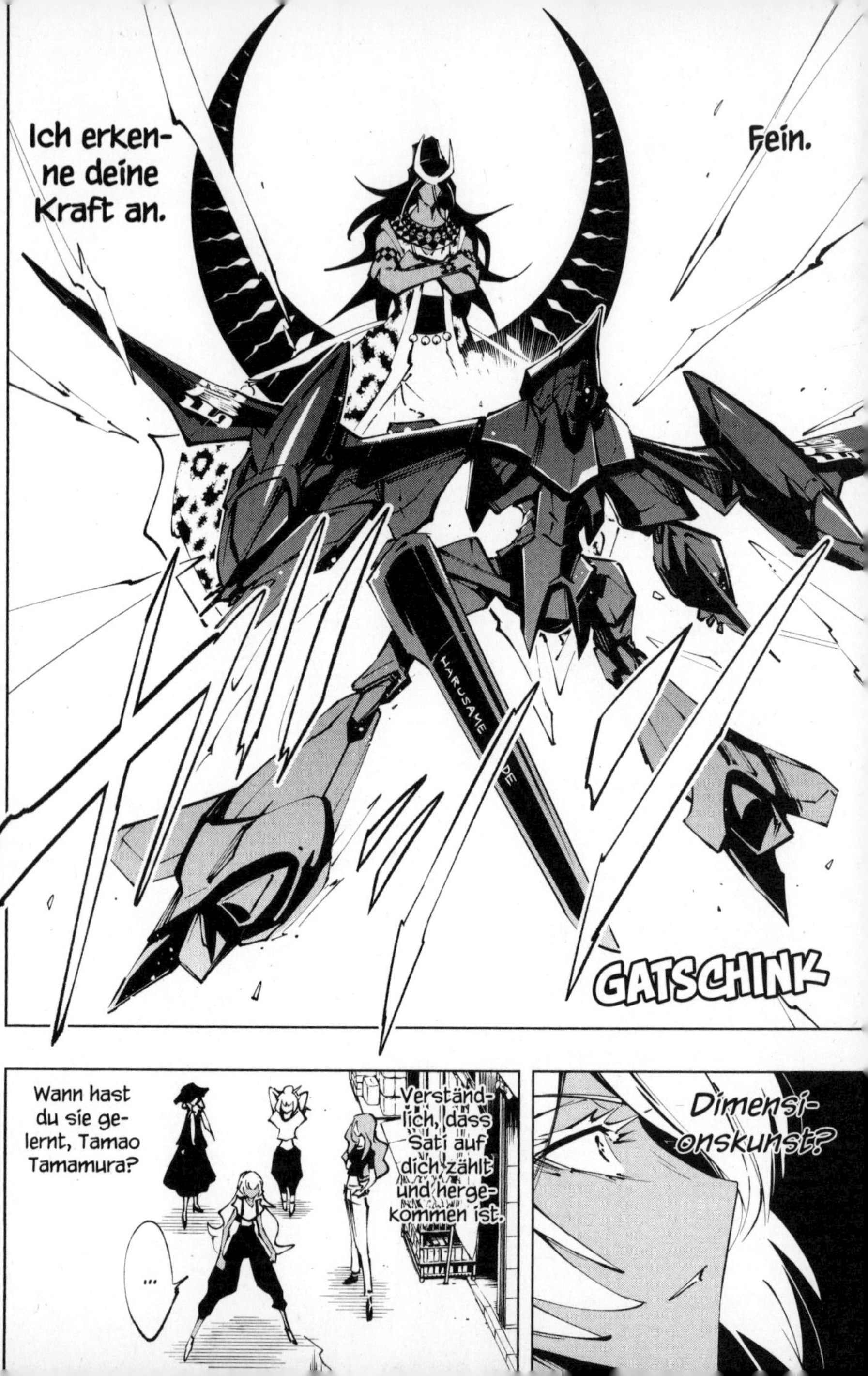
Fein.
Ich erken-
ne deine
Kraft an.
HARUSAME
GATSCHINK
Dimensi-
onskunst?
Verständ-
lich, dass
Sati auf
dich zählt
und herge-
kommen ist.
Wann hast
du sie ge-
lernt, Tamao
Tamamura?
...

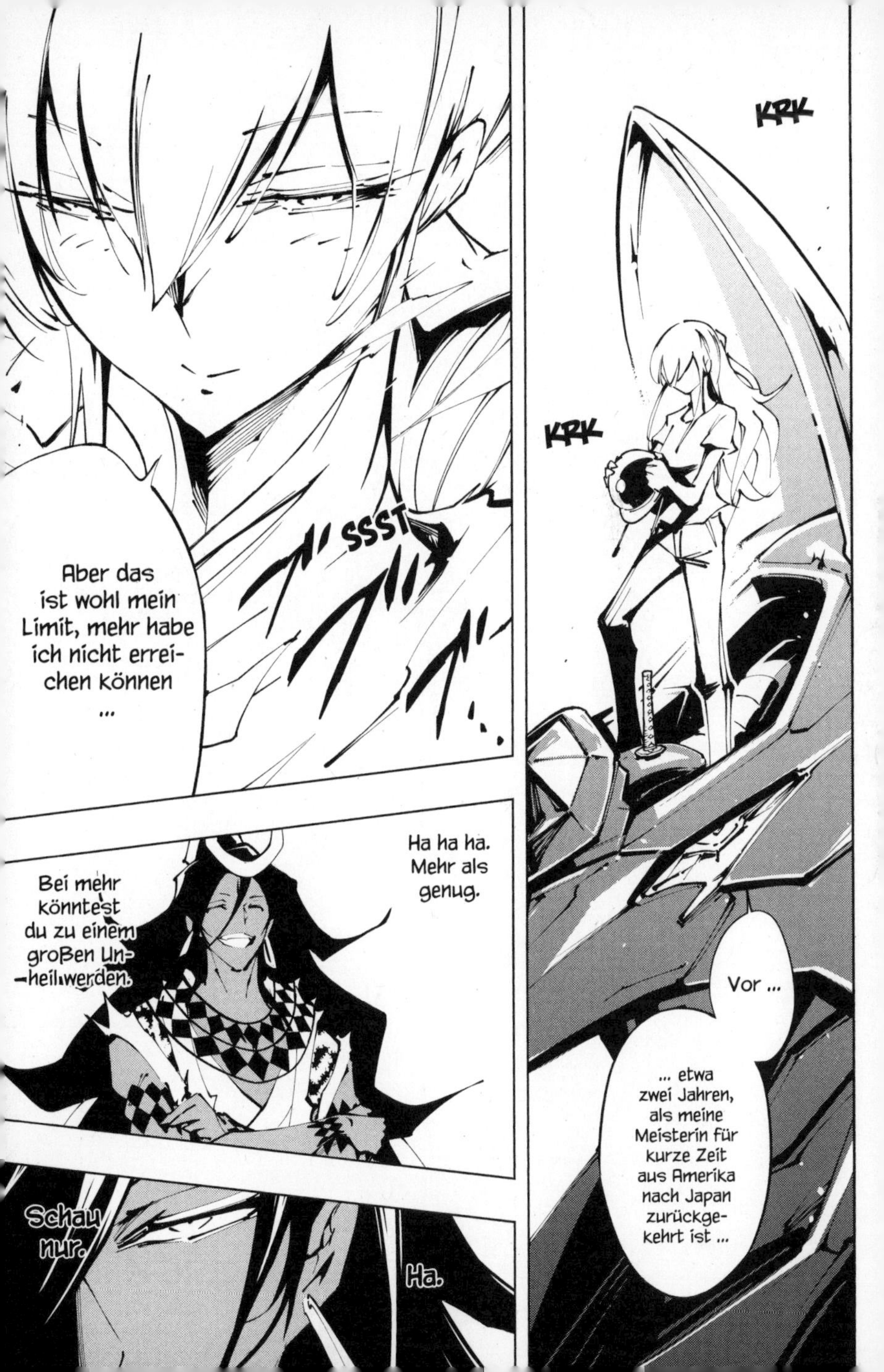
KRK
KRK
Vor ...
... etwa zwei Jahren, als meine Meisterin für kurze Zeit aus Amerika nach Japan zurückgekehrt ist ...
SSST
Aber das ist wohl mein Limit, mehr habe ich nicht errei-chen können ...
Ha ha ha. Mehr als genug.
Bei mehr könntest du zu einem großen Un-heil werden.
Ha.
Schau nur.

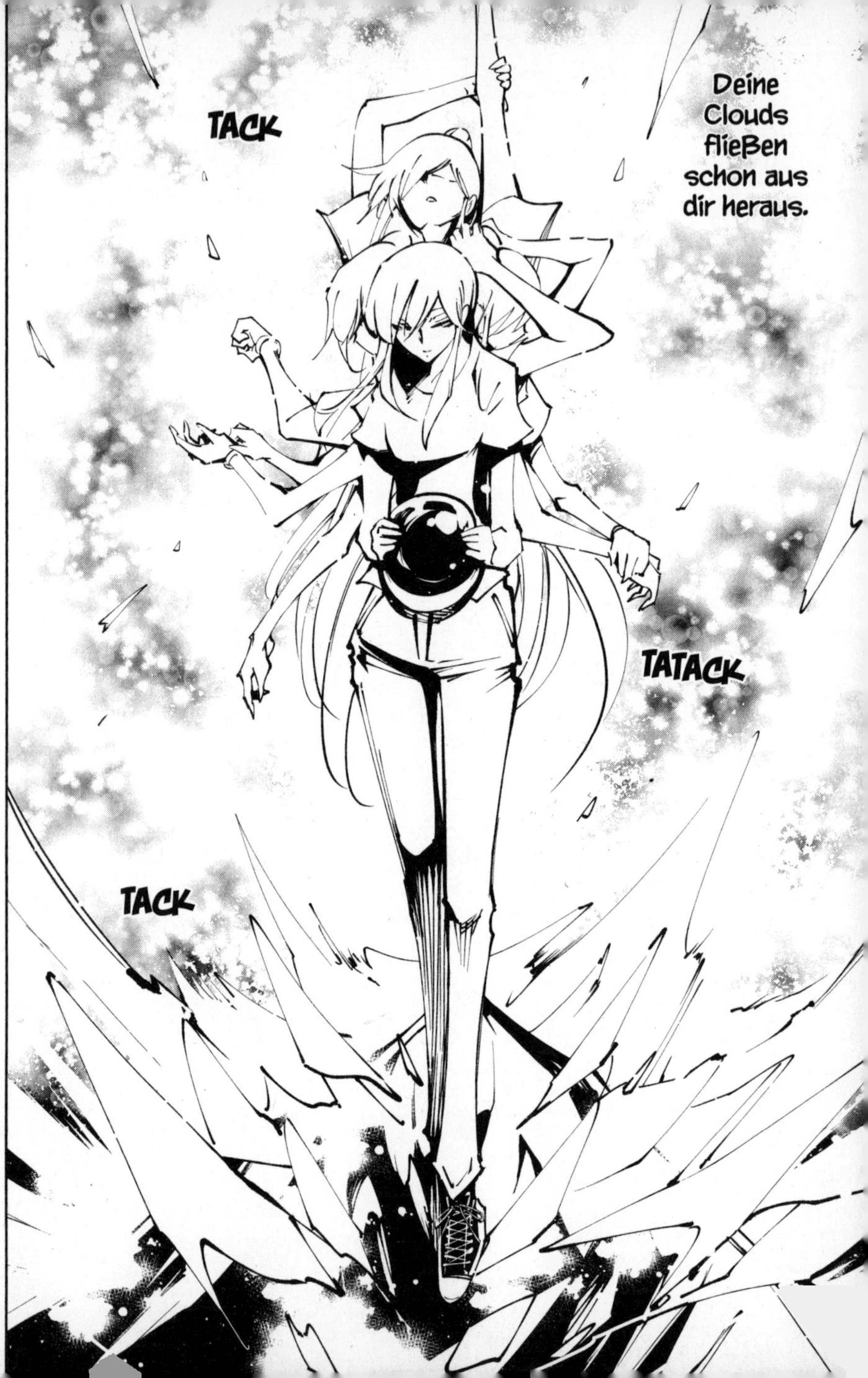
Deine Clouds fließen schon aus dir heraus.
TACK
TATACK
TACK

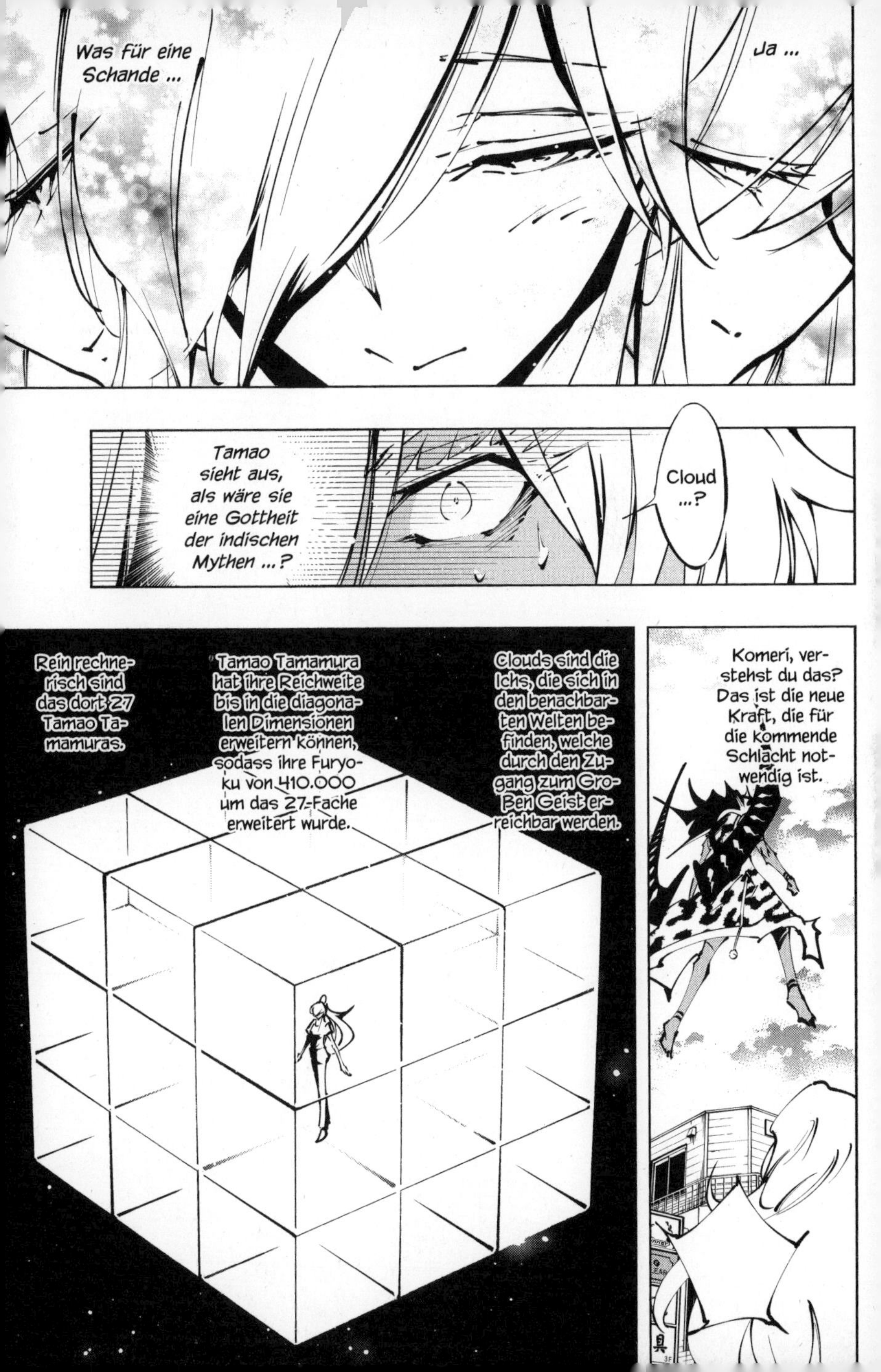
Ja ...
Was für eine Schande ...
Cloud ...?
Tamao sieht aus, als wäre sie eine Gottheit der indischen Mythen ...?
Komeri, verstehst du das? Das ist die neue Kraft, die für die kommende Schlacht notwendig ist.
Clouds sind die Ichs, die sich in den benachbarten Welten befinden, welche durch den Zugang zum Großen Geist erreichbar werden.
Tamao Tamamura hat ihre Reichweite bis in die diagonalen Dimensionen erweitern können, sodass ihre Furyoku von 410.000 um das 27-Fache erweitert wurde.
Rein rechnerisch sind das dort 27 Tamao Tamamuras.

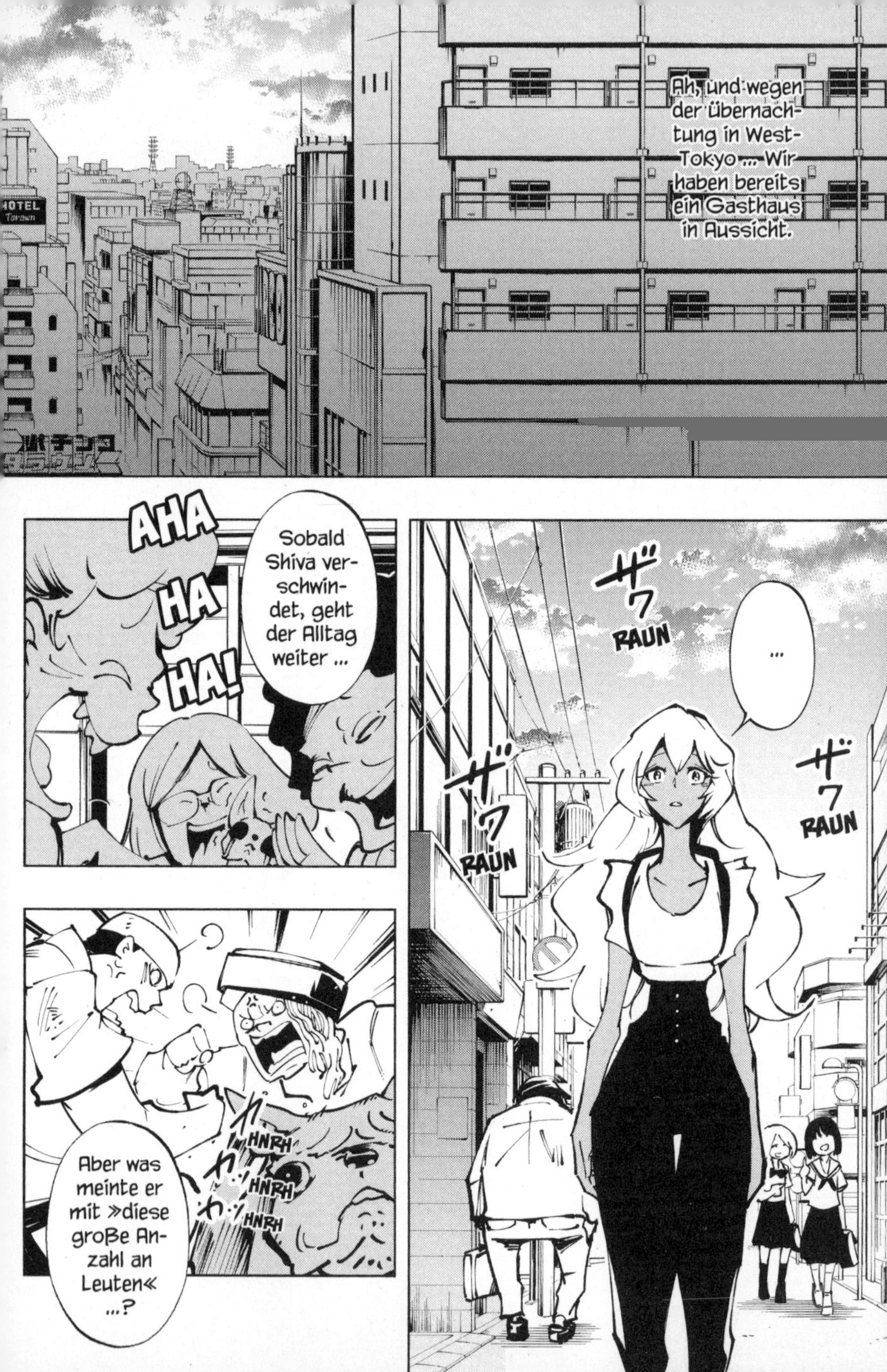

Ah, und wegen der Übernachtung in West-Tokyo ... Wir haben bereits ein Gasthaus in Aussicht.
ザワ RAUN
...
ザワ RAUN
ザワ RAUN
AHA HA HA!
Sobald Shiva verschwindet, geht der Alltag weiter ...
HNRH
HNRH
HNRH
Aber was meinte er mit »diese große Anzahl an Leuten« ...?

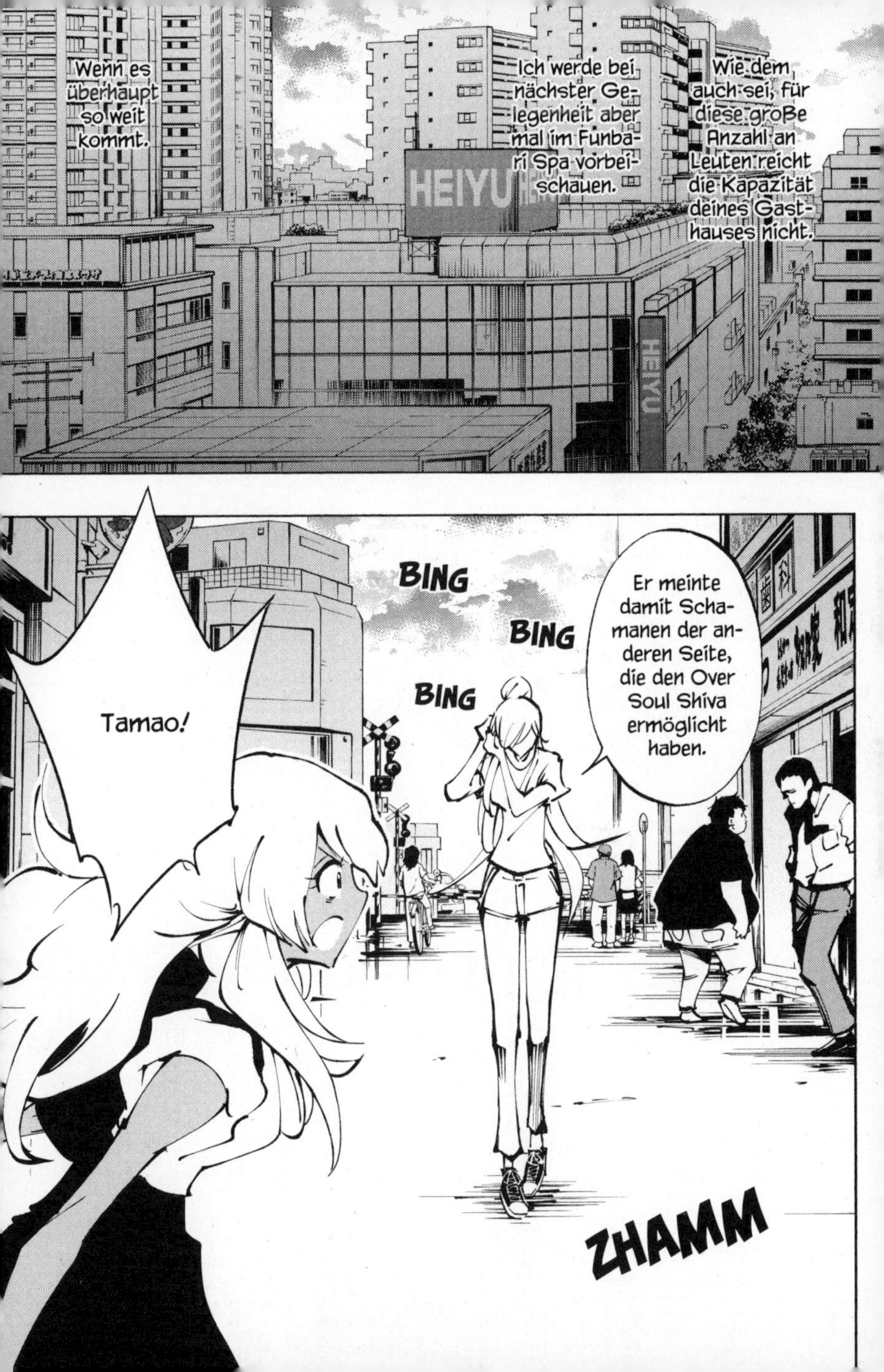
Wie dem auch sei, für diese große Anzahl an Leuten reicht die Kapazität deines Gasthauses nicht.
Ich werde bei nächster Gelegenheit abermal im Funbari Spa vorbeischauen.
Wenn es überhaupt so weit kommt.
HEIYU
HEIYU
Er meinte damit Schamanen der anderen Seite, die den Over Soul Shiva ermöglicht haben.
BING
BING
BING
Tamao!
ZHAMM

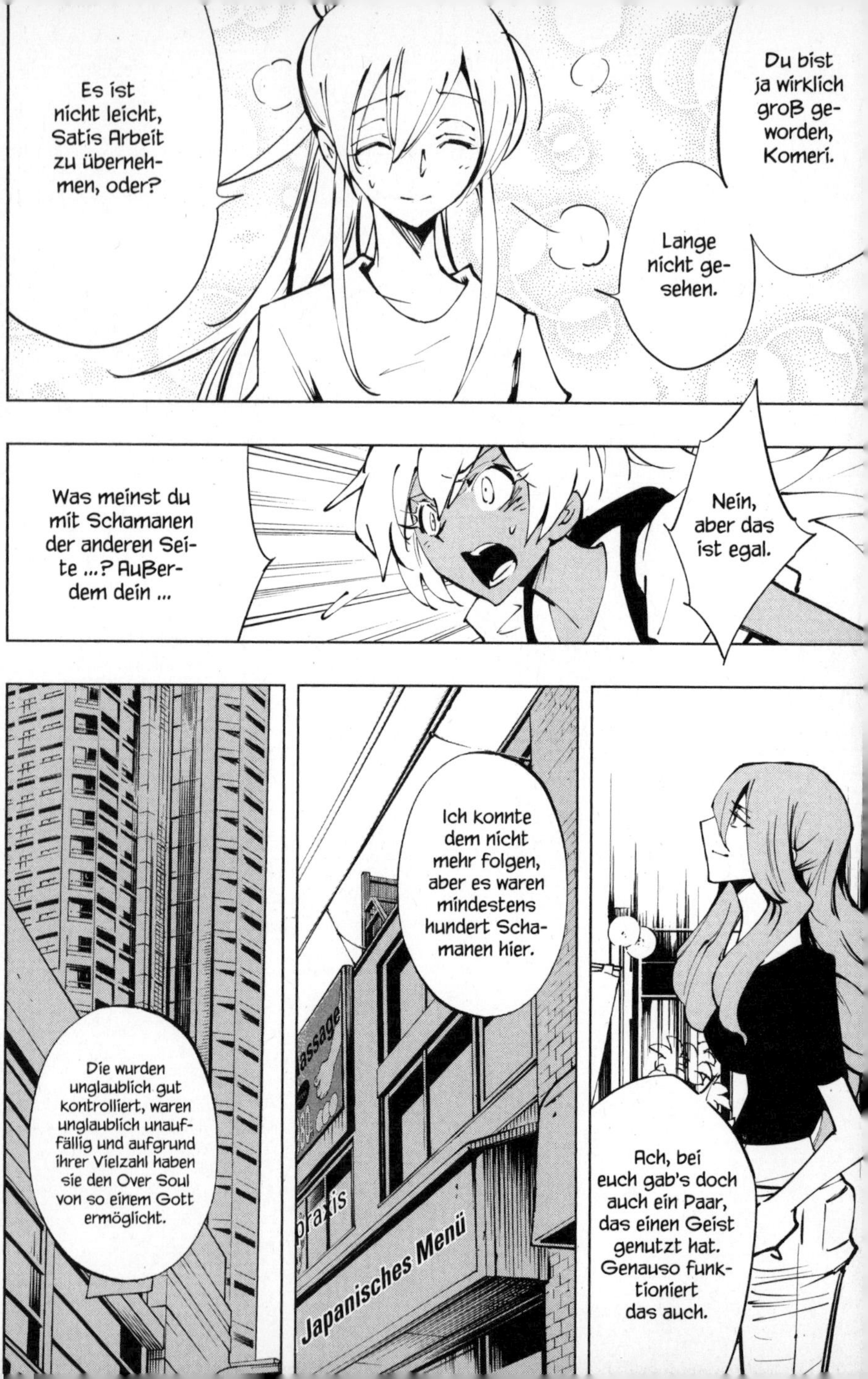
Du bist ja wirklich groß geworden, Komeri.
Lange nicht gesehen.
Es ist nicht leicht, Satis Arbeit zu übernehmen, oder?
Nein, aber das ist egal.
Was meinst du mit Schamanen der anderen Seite ...? Außerdem dein ...
Ach, bei euch gab's doch auch ein Paar, das einen Geist genutzt hat. Genauso funktioniert das auch.
Ich konnte dem nicht mehr folgen, aber es waren mindestens hundert Schamanen hier.
praxis
Japanisches Menü
Die wurden unglaublich gut kontrolliert, waren unglaublich unauffällig und aufgrund ihrer Vielzahl haben sie den Over Soul von so einem Gott ermöglicht.

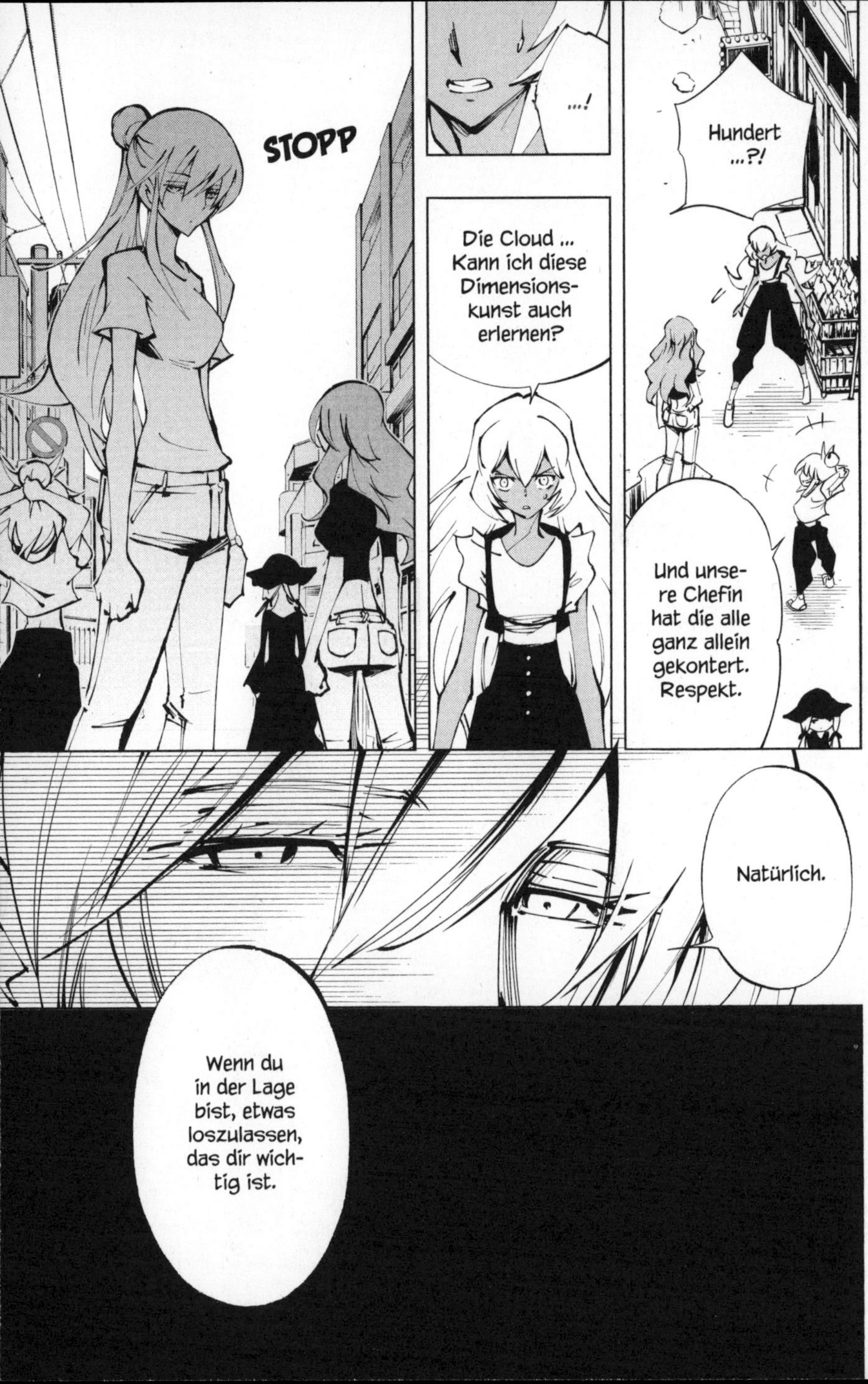
Hundert ...?!
Und unsere Chefin hat die alle ganz allein gekontert. Respekt.
...!
Die Cloud ... Kann ich diese Dimensionskunst auch erlernen?
STOPP
Natürlich.
Wenn du in der Lage bist, etwas loszulassen, das dir wichtig ist.

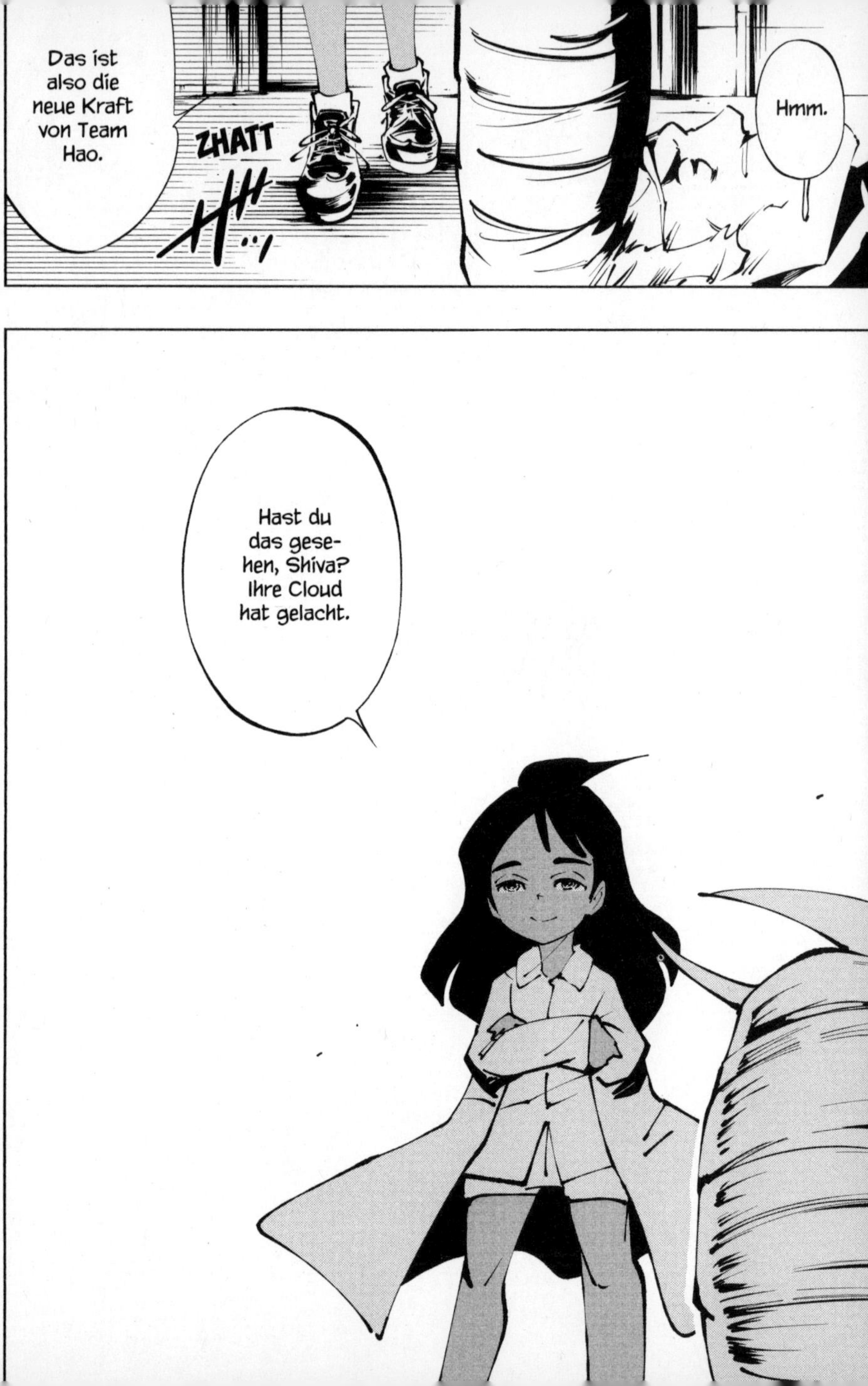
Hmm.
Das ist also die neue Kraft von Team Hao.
ZHATT
Hast du das gesehen, Shiva? Ihre Cloud hat gelacht.

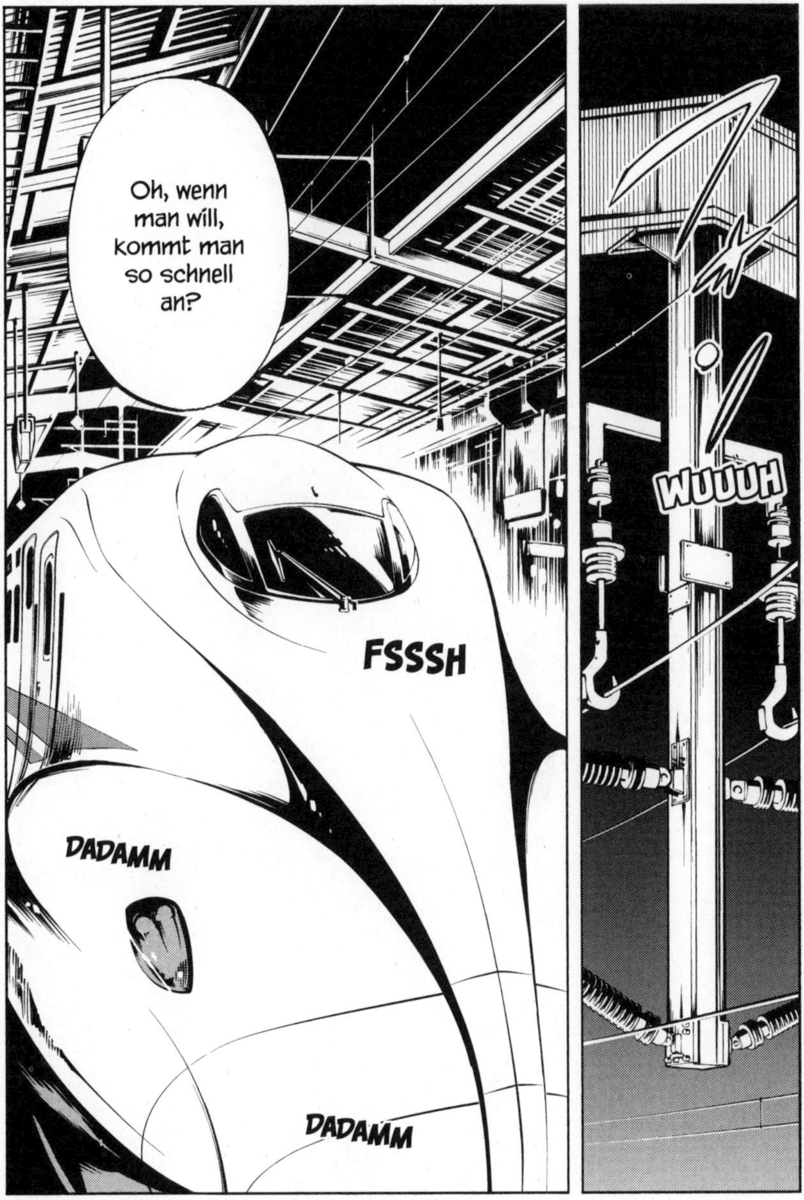
WUUUH
Oh, wenn man will, kommt man so schnell an?
FSSSH
DADAMM
DADAMM

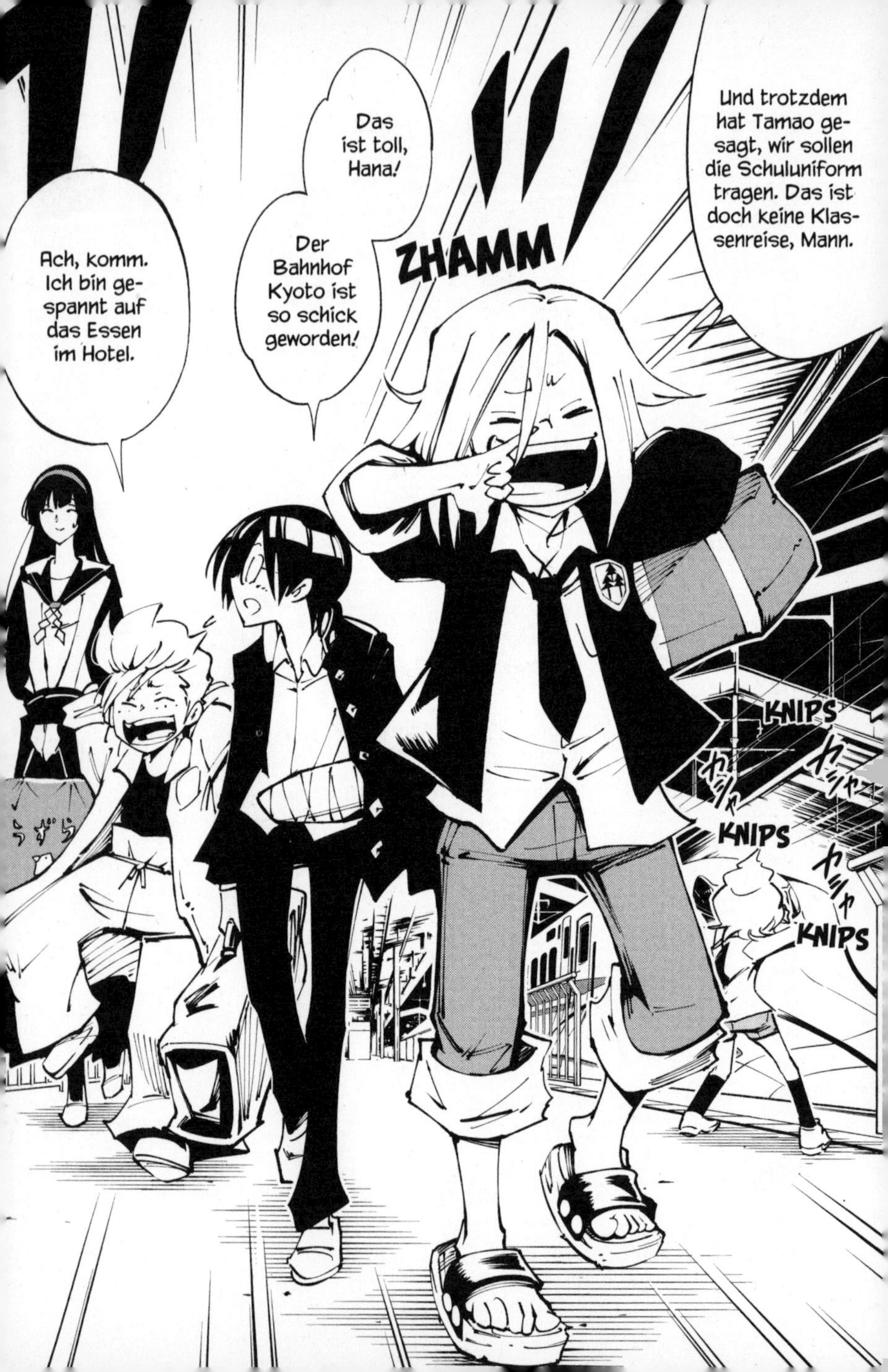

Und trotzdem hat Tamao gesagt, wir sollen die Schuluniform tragen. Das ist doch keine Klassenreise, Mann.
ZHAMM
Das ist toll, Hana!
Der Bahnhof Kyoto ist so schick geworden!
Ach, komm. Ich bin gespannt auf das Essen im Hotel.
KNIPS
KNIPS
KNIPS

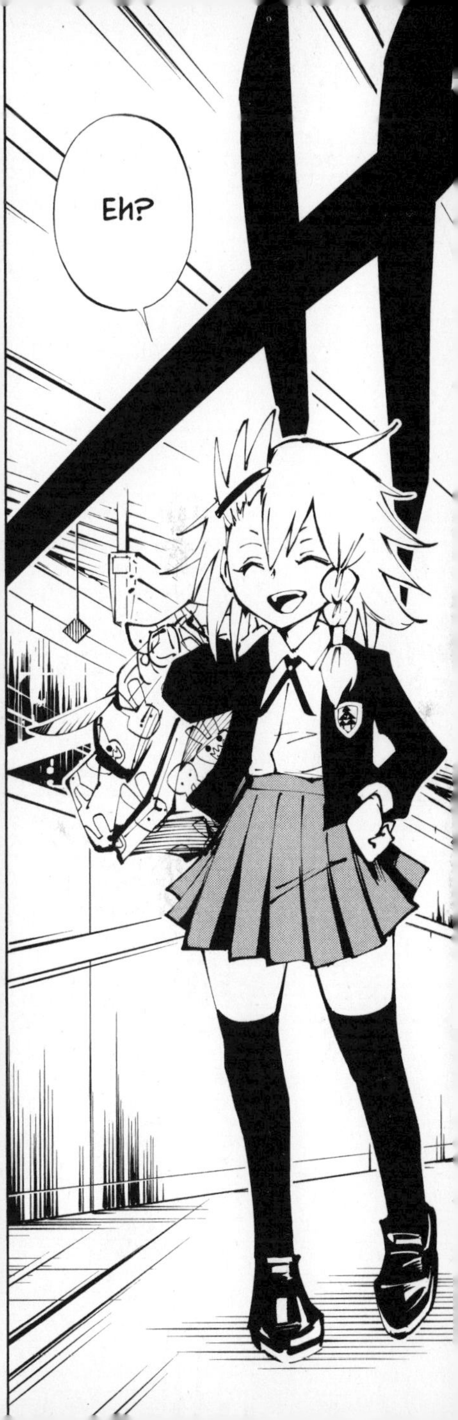

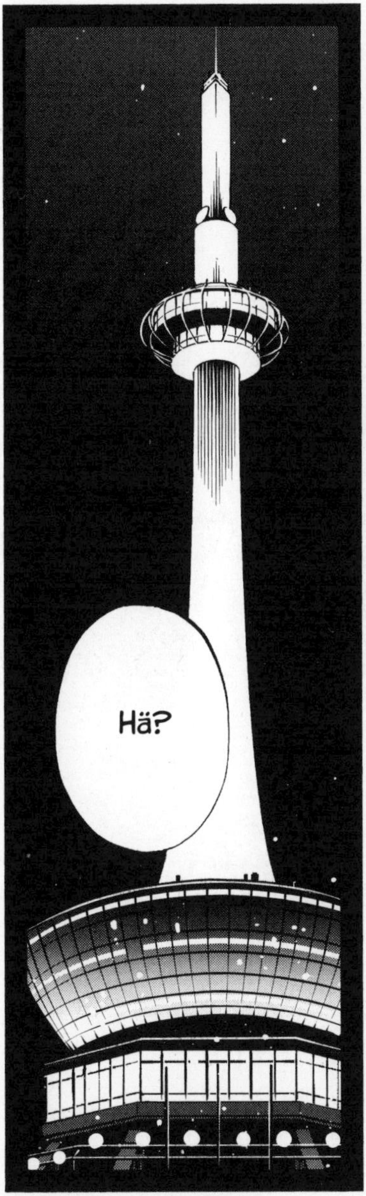

Fortsetzung folgt ...

TOKYOPOP GmbH
Hamburg

TOKYOPOP
1. Auflage, 2024
Deutsche Ausgabe/German Edition

Aus dem Japanischen von Hirofumi Yamada

Redaktion: Simone Meinecke
Lettering: Vibrant Publishing Studio
Coverdesign: Annika Meyer-Wülfing
Herstellung: Shujun Wong
Druck und buchbinderische Verarbeitung:
CPI–Clausen & Bosse GmbH, Leck
Printed in Germany

MIX
Papier
FSC® C083411
Wir achten auf die Umwelt.
Dieses Produkt besteht aus FSC®-zertifizierten und anderen kontrollierten Materialien.

ISBN 978-3-7593-0207-6

www.tokyopop.de

SHAMAN KING THE SUPERSTAR

STOPP!

Dies ist die letzte Seite des Buches!
Du willst dir doch nicht den Spaß verderben und das Ende zuerst lesen, oder?

Um die Geschichte unverfälscht und originalgetreu mitverfolgen zu können, musst du es wie die Japaner machen und von rechts nach links lesen. Deshalb schnell das Buch umdrehen und loslegen!

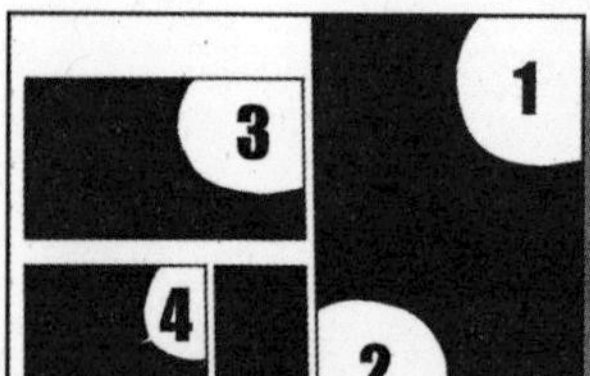

So geht's:

Wenn dies das erste Mal sein sollte, dass du einen Manga in den Händen hältst, kann dir die Grafik helfen, dich zurechtzufinden: Fang einfach oben rechts an zu lesen und arbeite dich nach unten links vor. Viel Spaß dabei wünscht dir TOKYOPOP®!